KB069423

소크라테스
헬스클럽

소크라테스 헬스클럽

발행일   2021년   6월 10일   초판 1쇄

지은이 | 현상필
펴낸이 | 정무영
펴낸곳 | (주)을유문화사

창립일 | 1945년 12월 1일
주   소 | 서울시 마포구 서교동 469-48
전   화 | 02-733-8153
팩   스 | 02-732-9154
홈페이지 | www.eulyoo.co.kr

ISBN 978-89-324-7444-1   03160

소크라테스 헬스클럽

현상필 지음

나는 운동한다
고로 존재한다

을유문화사

일러두기

1. 단행본(장편 소설, 장시 혹은 시집, 에세이집 등)과 잡지, 신문은 『 』, 책의 챕터, 신문 기사, 시, 단편 소설, 희곡, 미술 작품 제목 등은 「 」, 영화, 연극 및 공연, 노래, TV 프로그램, 게임 등은 〈 〉로 표기하였습니다.
2. 인명 및 지명, 기타 명칭은 국립국어원의 외래어 표기법을 따랐습니다. 단, 일부 굳어진 명칭은 일반적으로 사용하는 명칭을 따랐습니다.
3. 본문에서 언급하는 번역서는 국내에 출간된 도서가 있을 경우 그 제목을 따르고 원어 병기는 하지 않았습니다.

여는 글

미국의 사회심리학자 에이미 커디는 『프레즌스』에서 강력한 신체언어가 그 사람의 정신과 행동, 모두에 영향을 미친다고 주장했다. 그녀가 소개하는 여러 과학적 사례 중에서도 단연 인상적인 것은 파워포즈에 관한 실험이다. 실험 참가자들은 컴퓨터 모니터에 나타나는 파워포즈High-power poses 또는 로포즈Low-power poses[1] 중 하나를 60초씩 따라하도록 무작위로 배정됐다. 둘은 각각 다섯 가지 자세로 구성됐다. 예컨대 전자는 두 다리를 넓게 벌리고 서서 양팔로 허리를 짚거나, 의자 등받이에 몸을 기댄 채 깍지 낀 손을 머리 뒤에 대고 발은 책상 위에 올려놓는 식이다. 반

---

[1]   『자존감은 어떻게 시작되는가』(개정판)와 『프레즌스』(구판)에 쓰인
       명칭을 따랐다(알에이치코리아 2017, 2016).

면 후자는 어깨를 옹송그리고 고개를 숙인 채 두 손을 공손하게 포개어 놓거나, 양 팔로 자신의 허리를 보호하듯 감싸기도 하며, 한 손으로 자신의 목(경동맥)을 감싸는 자세를 취한다. 파워포즈는 다소 거만함이 느껴질 만큼 자심감이 강해 보이며, 로포즈는 상대적으로 소심하며 무력감을 보여 준다.

결과는 흥미로웠다. 양측의 피험자들은 실험 참가에 따른 보수 외에 2달러의 보너스를 추가로 받았다. 그리고 이들에게 주사위 게임으로 보너스를 두 배로 늘릴 기회를 제시했다. 그러자 파워포즈를 취했던 집단에서 33퍼센트가 확률 6분의 1 게임에 도전했다. 반면 로포즈 집단에서는 8퍼센트만이 모험을 감행했다. 뿐만 아니라 파워포즈를 취한 집단이 설문에서 자신을 더 강하다고 여겼다. 심지어 테스토스테론이 증가하고 스트레스 호르몬인 코르티솔이 감소하는 생리적 변화도 나타났다. 에이미 커디는 이 실험을 통해 "어떤 사람이 취하는 자세는 그 사람이 얼마나 강력한 감정 혹은 무력한 감정에 휩싸일지 결정하며 또 그 사람이 모험을 기꺼이 감수할지 여부에도 영향력을 행사한다"고 적었다. 무엇보다 파워포즈의 효과는 즉각적이며, 훈련이나 수양이 필요치 않아 면접이나 프레젠테이션 등을 앞둔 상황에서 쉽게 적용할 수 있다.

그러나 파워포즈는 지속 시간이 짧다. 마치 아플 때 바로 사용할 수 있는 일종의 가정상비약 내지 어려운 상황에서 떠올리는 간명하고 함축적인 금언金言과 같다. 나는 파워포즈에 대해 상당한 흥미를 느꼈지만, 책을 덮은 후에는 좀 더 본질적인 문제에 대해 생각했다. 에이미 커디가 '프레즌스'라고 명명한 이 심리 상태의 항상성을 유지할 수 있는 방법이 무엇일까? 아마 이 글을 읽는 여러분도 이내 짐작할 수 있을 것이다. 바로 운동이다. 파워포즈의 핵심은 자신의 강함을 몸짓으로 표현하는 데 있다. 이 자세를 통해 연출하는 넓은 어깨, 곧추선 허리, 활짝 편 가슴 등은 본래 뼈와 근육을 단련시켜서 얻을 수 있는 결과물이다.

피트니스 센터에서 운동하다 보면 팔을 양쪽으로 벌린 채 과장된 몸짓으로 팔자걸음을 걷는 남성들을 종종 볼 수 있다. 몇 년 전까지만 해도 나는 그런 행동을 퍽 우습다고 여겼다. 하지만 지금은 다른 시각으로 바라본다. 정도의 차이만 있을 뿐, 누구나 펌핑으로 한껏 단단해진 자신의 몸을 보면서 강력함을 느낀다. 자신감은 얼굴뿐 아니라 신체에서도 드러난다. FBI에서 활동했던 세계적인 행동 분석 전문가 존 내버로는 인간의 몸통은 그 사람의 건강과 직업, 감정을 말해 주는 '신체의 게시판'이라고 설명했다. 팔과 다리, 어깨 또한 마찬가지다.

그런데 포유동물과 경쟁하며 식량을 구하고 초원을 떠돌던 인류의 먼 조상들에게 V자형으로 발달한 근육질 상체와 식스 팩 복근이 주어졌다고 상상해 보자. 이는 자신감은커녕 생존에 커다란 위험 요소였을 것이다. 기근에 대비해 그들이 취했던 방법은 되도록 고열량의 음식을 섭취하고, 잉여 열량은 지방으로 비축하는 것이었다. 미국의 생리학자 린다 베이컨의 말을 빌리면, 수렵채집 사회에서 에너지를 빨리 써 버리고 지방을 저장하지 못했던 사람은 굶어 죽을 위험이 가장 높았다. 하지만 그들은 비만이나 성인병에 시달리지도 않았다. 우리 조상들은 현대의 운동선수보다 더 많은 활동량으로 움직였으며, 예민한 감각을 소유했고, 동물을 사냥하기 위해 수백 킬로미터를 능히 달릴 수 있었다.

한편 영장류 세계에서 건장한 체격은 짝짓기 경쟁에 있어 다른 수컷들보다 강하다는 것을 보여 주는 증거였다. 수컷 침팬지는 서열이 낮은 다른 수컷들 앞에서 가슴을 부풀리거나 몸을 곧추세운다. 인류는 이러한 성 선택에 따른 투쟁의 문화를 고스란히 간직하고 있다. 예컨대 브라질 아마존 지역의 메히나쿠족 사회에서 근육이 발달하고 체격이 큰 남자는 많은 여성과 교제할 수 있으며, 두려움과 존경을 한 몸에 받는다. 인류학에서 이런 영향력을 갖춘 이들을 빅맨Big man이라고 일컫는데, 문자 그대로 큰 사람을 뜻하지만 영향력과 권위를 가진 인물이라는 이중적 의미를 지닌다. 다른 수컷 동물들의 화려한 뿔이나 갈기, 볏, 깃털 등 과시용 장식물 또한 마찬가지다.

물론 우리는 강인함을 표시하는 외형적 요소와 내적 자질과의 균형을 더 중요하게 여긴다. 하지만 실제로 많은 사람이 한쪽에 치우친 이원론적 태도를 갖고 살아간다. 사무 역량이나 학습 능력 등 지적 영역의 발달에 적극적인 경우 대체로 몸을 단련하는 걸 내키지 않아 한다. 이런 가치관은 가깝게는 사고 활동을 하는 이성과 감각·운동 기관인 육체를 분리했던 데카르트의 심신이원론, 멀리는 플라톤의 영혼불멸론까지 거슬러 올라간다. 중세를 '암흑시대'라고 규정했던 14세기 이탈리아의 시인 프란체스코 페트라르카의 표현대로 '건강한 사람이 노를 젓고, 가장 지혜로운 사람이 키를 잡는다'는 식이다.

고대 그리스의 철학자들은 영혼-육체의 조화를 진지하게 모색했다. 우리는 영혼불멸론을 제시했다는 이유로 플라톤이 육체를 멸시했다고 여겨서는 안 된다. 그는 고대 그리스 4대 제전 중 하나인 이스트미아 제전에서 두 차례나 우승했을 만큼 뛰어난 레슬러였다. 플라톤이란 이름도 그의 코치가 붙여 준 것으로 '넓은 어깨'를 의미한다. 무엇보다 플라톤은 '아카데미아'라는 체육관 근처에 학교를 설립했다. 그가 제시한 이상 국가의 시민들은 격투 훈련을 하거나 완전 무장을 하고 달리기 시합을 한다. 아리스토텔레스 또한 산책로(페리파토스)를 갖춘 체육관인 리케이온에 학교를 세웠으며, 그곳에서 제자들과 함께 걸으며 철학적 담론을 나누었다. 이들의 스승이었던 소크라테스는 청년들을 만나기 위해 매일 아침 아카데미아와 리케이온을 오갔다. 아테네의 또 다른 체육관(키노사르게스)에서 탄생한 견유학파 철학자들은 소크라테스의 강인함과 인고, 절제를 본보기로 삼았다.

흥미로운 사실은 그 시대의 대다수 그리스인은 철학자들과 달리 영혼과 육체를 하나로 보았다는 점이다. 그보다 수백 년 앞서 『일리아스』와 『오디세이아』를 남긴 위대한 시인 호메로스 역시 마찬가지다. 그는 몸을 빠져나간 프시케(영혼, 숨)를 지하 세계에서 아무런 의식이나 감정 없이 피를 쫓는 유령처럼 묘사했다. 영혼은 몸 없이 홀로 존재할 수 없다고 보았다. 트로이 전장을 누비던 영웅들은 각자의 탁월성을 몸으로 입증했다. 호메로스는 귀족들에게 살아 있는 동안 손과 발로 이룬 업적이야말로 가장 고귀한 것이라고 권고했다.

헤라클레스와 테세우스, 아킬레우스 같은 영웅뿐 아니라 많은 신이 미술 작품 속에서 근육질의 벌거벗은 몸으로 묘사된다. 예술가들은 알몸으로 체육관에서 운동하는 청년들과 전사들에게서 영감을 얻었다. 건장한 육체에 신적 아름다움이 깃들어 있다고 믿었던 것이다. 올림픽을 비롯한 범 그리스 경기의 우승자에게는 자신의 조각상을 이와 같은 모습으로 세울 수 있는 특권이 주어졌다. 이들에게 운동 경기는 신에게 바치는 신성한 선물이었다. 최고의 기량을 선보이고 경쟁이 치열할수록 신의 기쁨 또한 커진다고 믿었다. 때문에 수백만의 페르시아군이 그리스를 침공했을 당시에도 올림피아의 경기장은 관중들의 환호로 가득했다. 체력 단련은 시민의 특권이자 의무였다. 올리브 기름을 발라 한낮의 태양 아래에서 반짝이던 탄탄한 피부와 활력 넘치는 움직임. 사람들은 이를 바라보며 '아름답다(칼로스)'고 말했다.

나는 그리스 신화와 역사를 읽으며 몸에 각별한 지위를 부여하고 운동을 사랑하는 시민들의 모습을 상상했다. 체육관에서 바벨을 들어올리거나 스파링을 하며 자신의 한계를 경험하는 것도 교양의 일환이 될 수 있다. 이런 몸에는 자신감뿐 아니라 잠재력에 대한 깊은 신뢰, 숱한 실패에서 얻은 겸손을 아우르는 품위 같은 게 배어 있다. 또 한편으론 몸에 대한 지나친 관심을 염려하는 철학자들의 조언도 들을 수 있었다. 크세노폰의 회상록과 플라톤의 대화편에 등장하는 소크라테스는 다양한 목소리를 들려주며 우리 스스로 균형을 찾을 수 있게 해 준다.

그리스 고전을 오랫동안 연구한 전문가나 관련 학문에 관심이 많은 독자가 보기에 여기서 다루는 내용들이 편협하거나 가볍다고 느낄 수도 있다. 이는 당연히 저자의 부족한 소양 때문이지만, 한편으로는 다른 시각에서 서술을 유지하기 위한 나름의 선택이었다는 변명도 미리 밝혀 둔다.

원고를 완성하기까지 꼬박 2년이라는 시간이 걸렸다. 처음 원하는 답을 스스로 찾는다는 마음으로 원전을 읽고 초고를 다듬던 하루하루는 전에 없이 즐거웠다. 하지만 모니터 앞에 열 시간 넘게 앉아 있으면서 A4 반 페이지도 못 쓰는 날에는 스스로에 대한 분노와 압박감에서 좀처럼 빠져나오지 못했다. 아내 수진의 전폭적인 지지와 헌신이 없었다면 지난 여정은 훨씬 더 힘들고 외로웠을 것이다. 그리고 반려묘들(릴리, 준, 다애, 타로)은 언제나 책상 주변을 지키며 한밤의 서재를 적막에서 구해 주었다. 마지막으로 편집부의 최원호 과장과 조소연 과장, 두 분에게도 고마움을 전한다.

차례

1장

경기장의 영웅들

"자기 몸을 돌보는 임무를 등한히 하여,
자신이 신체적으로 가장 아름답고
가장 강하게 되는 것을 보기도 전에
늙는다는 것은 수치스러운 일이네.
자신을 등한히 한 자는
이런 것들을 볼 수 없을 걸세."[1]

— 소크라테스

1 크세노폰, 『소크라테스 회상록·소크라테스의 변론』, 오유석 옮김,
   부북스, 2018, 3권 12장 8절, 194~195쪽

육체라는 그릇

언젠가 한 강연회에 참석한 내빈이 축사 중 이런 말을 했다. "우리가 인문학을 공부하면 도래하는 4차 산업혁명에서 경쟁력을 갖춘 인재가 될 수 있습니다." 그 말 속에 담긴 선한 의도를 부정하는 건 아니지만 열심히 시와 소설을 탐닉하고, 고전을 필사하며 철학자의 잠언을 옮겨 적는다고 해서 그것이 진로에 별 도움을 주지 못한다. 오히려 인문학의 가치는 반복되는 경쟁 속에서 쉽게 소진되거나 상처받지 않는 내면의 근육을 길러준다는 데 있다. 우리가 시인의 눈으로 세상을 바라본다는 건 매끄러운 일상과 '불화'하는 감각을 장착한다는 것을 의미한다. 그동안 당연하게만 여겼던 관행과 습관의 세계를 뛰어넘을 수 있는 도움닫기 능력을 기르는 것이다.

이성복 시인의 말처럼 "습관과 무감각은 우리를 살게 해 주지만" 한편으로는 "우리를 삶과 절연絶緣"[2]시킨다. 소크라테스는 인간이 이성을 이용해 자신의 무의식적 믿음과 습관을 깨닫고, 새로운 사고를 함으로써 좋은 습관을 만들 수 있다고 가르쳤다. 한 번의 강연, 한 권의 독서로 삶이 바뀔 수 없듯, 철학을 통해 우리 삶을 바꾸기 위해서는 오랜 반복 훈련이 필요하다. 고대 그리스의 철학은 이성적 사고 못지않게 실천을 중요시했다. 때문에 철학을 흔히 건강과 운동에 비유하곤 했다. 고대 그리스인은 지적 훈련뿐 아니라 신체 단련을 통해 미덕을 가질 수 있다고 믿었다.

기원전 399년 소크라테스는 국가의 종교를 부정하고 새로운 신을 들여와 젊은이들을 타락시켰다는 죄목으로 고발당해 사형을 선고받는다. 아리스토파네스는 「구름」에서 소크라테스가 궤변을 가르쳐 청년들을 패륜아로 만든다고 비꼬았다. 하지만 크세노폰은 스승을 회고하는 글에서 이런 혐의들에 대해 완강하게 부정하며 반론을 제시한다. 소크라테스는 당대의 소피스트들과 달리 가르침의 대가로 돈을 받지 않았다. 그는 아고라에서 무심하게 지나가는

---

2   이성복, 『불화하는 말들』, 문학과지성사, 2015, 31쪽

행인들에게 다가가 질문을 던졌다. 그의 질문은 관습과 상식의 세계에 균열을 일으켰다. 몸에서 비롯하는 모든 욕구를 극복하려고 노력했던 소크라테스는 몸을 단련함으로써 자제력을 키울 수 있다고 여겼다. 그가 청년들을 만나기 위해 매일같이 들렀던 곳은 공공 체육관인 '김나시온'과 레슬링 연습장 '팔라이스트라'다.

흔히 육체를 영혼이 담긴 그릇이라고 말한다. 고대 그리스는 인류 역사상 가장 단단하고 화려한 그릇을 빚었다. 맞다. 지금 나는 영혼이 아닌 육체에 대해 말하고 있다. 물론 고전기 그리스(기원전 5~4세기)에는 페리클레스를 비롯해 소크라테스와 플라톤, 페이디아스(조각가), 헤로도토스와 투키디데스, 아이스킬로스와 소포클레스 같은 이들이 등장해 정치·철학·예술의 황금시대를 열었다. 하지만 그것만으로는 퍼즐이 완성되지 않는다. 이제 우리가 주목해야 할 것은 1000피스 퍼즐이 99.9퍼센트 완성에 이르렀을 즈음 비로소 사라졌다는 걸 깨닫는 남은 퍼즐 한 조각, 바로 그리스인들의 몸과 운동에 관한 이야기다.

스튜디오와 체육관의 헤라클레스

고대 그리스에는 신화와 역사의 경계가 모호했던 시기
가 있다. 신화Myth의 어원은 그리스어 미토스Mythos다. 원
래 미토스는 사실과 지어낸 이야기를 모두 포함하는 말이
었다. 고대 그리스인은 사실로서의 역사와 허구인 신화를
엄격히 구분하지 않았다. 문자가 발명되기 전부터 전해져
왔고, 호메로스와 헤시오도스 같은 시인들이 기록으로 남
긴 옛이야기 속에서 신과 영웅, 인간들은 같은 시공간을
공유했다. 고대 올림픽을 비롯한 여러 운동 경기의 기원도
이런 이야기에서 찾을 수 있다.

제우스와 알크메네 사이에서 태어난 영웅 헤라클레스
는 헤라의 저주를 받아 실성한 상태에서 아내 메가라가 낳
은 세 아들을 활로 쏘아 죽인다. 자신의 죄를 정화하고자

했던 헤라클레스는 신탁에 따라 미케네와 티린스의 왕 에우리스테우스에게 봉사하며 열두 가지 과업을 수행한다. 그는 네메아의 사자와 레르네 늪의 히드라 죽이기를 비롯해 여신 아르테미스가 아끼는 사슴 잡기, 지옥문을 지키는 케르베로스 데려오기 등의 위업을 달성했다. 헤라클레스의 고행은 그리스 전역을 무대로 삼은 12종 경기였다고 할 수 있다.

호주의 고인류학자 피터 매캘리스터는 『남성 퇴화 보고서』에서 현대의 근육질 남성을 '호모 매스큘리누스 모더누스Homo masculinus modernus'라고 불렀다. 호모 매스큘리누스 모더누스는 마블과 DC코믹스에 등장하는 영웅들의 기본 자질이다. 그들의 근육은 유니폼 위로도 선명하게 드러난다. 고대 그리스의 근육질 영웅들이 다시 부활한 건 지난 반세기 사이의 일이다. 이런 현상을 어떻게 이해해야 할까? 어쩌면 헤라클레스와 프로메테우스의 만남이 답을 줄 수 있을 것이다.

프로메테우스는 물과 흙으로 인간을 빚어냈으며, 제우스가 지상에서 거둬들인 불을 몰래 회향 속에 숨겨 인간들에게 돌려주었다. 이 사실을 안 제우스는 대장장이의 신 헤파이스토스를 시켜 프로메테우스를 카우카소스 산에 못 박은 다음 매일 낮 동안 독수리가 그의 간을 파먹는 형벌을 내린다. 하지만 이 고통은 훗날 헤라클레스가 과업 수행 중 프로메테우스의 형장을 우연히 지나가다가 독수리를 활로 쏴 죽임으로써 끝난다.

프로메테우스는 인간들에게 불로 상징되는 지식과 기술을 전해 준 티탄 신족이다. 우리가 모든 상상과 지식을 현실로 옮길 수 있다고 믿는 과학과 혁신도 프로메테우스의 산물이라고 볼 수 있다. 아이러니하게도 그는 이오의 13대째 후손이 자신을 제우스의 형벌에서 구할 것임을 예언했으나, 애초에 형벌 그 자체를 피하지는 못했다. 마침내 예언의 실현으로 프로메테우스의 고통을 끊어 낸 이가 바로 헤라클레스다. 헤라클레스는 지식과 기술의 편견에 물들지 않은 힘과 야성野性을 지닌 인간을 상징한다.

지금도 우리는 영웅들의 과업을 재현한 게임에 열광한다. 액션 어드벤처 게임 〈어쌔신 크리드: 오디세이〉는 펠로폰네소스 전쟁이 배경이지만 페르세우스와 헤라클레스, 테세우스, 오이디푸스 등 여러 영웅들의 활약을 모티프로 한 미션이 나온다. 넷플릭스가 제작한 서바이벌 프로그램 〈얼티밋 비스트마스터〉에 등장하는 여러 장애물 코스는 극한의 난이도로 각국에서 출전한 선수들의 체력과 순발력 등을 시험한다. 미노타우로스의 미궁은 이제 거대한 TV쇼 세트로 재탄생했다. 람보와 록키, 두 영웅 페르소나를 가진 배우 실베스터 스탤론은 시즌1의 시작을 알리며 이렇게 말한다. "참가자들은 육체적·정신적으로 세상에서 가장 힘든 장애물 코스에 도전합니다. 인간과 비스트가 벌이는 궁극의 대결이죠." 공룡 형상의 세트에 설치된 모든 장애물은 비스트라고 총칭하는데, 신화 속 영웅들이 제압했던 괴물을 연상시킨다. 참가자들은 모험의 '관문' 안으로 뛰어들기 전까지 각 장애물에 대한 난이도를 정확히 파악할 수 없다. 마치 풍문으로만 존재하는 미지의 괴물과 같다. 오래전 출정했으나 소식이 끊긴 용사들처럼, 앞서 도전한 선수들의 실패는 장애물 공략에 대한 힌트를 주지 않는다. 미궁으로 들어가는 테세우스에게 실타래를 준 아리아드네 같은 조력자도 없다. 찰나의 실수는 탈락으로 이어진다. 시간의 압박은 점프와 낙하 타이밍, 경사와 마찰력 등을 감지해 내는 데에 잘못된 선택을 유도한다. 탈락과 동시에 선수들이 입수하는 물은 "야수의 피Beast blood"라고 부른다.

NBC가 제작한 〈타이탄 게임〉과 〈스파르탄: 얼티밋 팀 챌린지〉 역시 제목에서부터 그리스 신화와 역사를 모티프로 사용한다. 〈타이탄 게임〉에서는 45킬로그램의 거대한 기둥을 잡아당기는 '헤라클레스 풀Herculean pull'과, 각 예선전의 우승자를 뽑는 종합 장애물 경기인 '올림포스 산

Mount olympus'이 등장한다. 국내에서 오랫동안 인기를 끌었던 〈출발 드림팀〉 역시 유사한 포맷의 프로그램이다. 코치나 회원 구분 없이 누구나 참여할 수 있는 크로스핏 대회에는 바벨 스내치 같은 전통적인 종목 외에도 장애물 코스와 수영, 어썰트 바이크 등 다양한 과제가 등장한다. 군대에서 실시하는 유격 훈련의 장애물 코스도 마찬가지다. 물론 대부분의 전역자들은 그 시절을 떠올리는 것만으로도 몸서리를 치겠지만.

최강의 레슬러, 헤라클레스

　헤라클레스는 스파르타와 마케도니아에서 왕가의 시
조로 추앙받았다. 헤로도토스는 『역사』에서 그가 기원전
14세기 무렵에 실존했던 인물이라고 적었다. 신화 속에서
헤라클레스는 모든 그리스 영웅을 통틀어 가장 강인한 육
체와 힘을 지녔다. 필멸의 존재임에도 불사의 올림포스 신
들 앞에서 위축되지 않는 자신감은 신체적 능력에서 비롯
한다. 헤라클레스는 4대 범凡 그리스 제전 중 올림피아 제
전과 네메아 제전을 창시한 인물로도 알려져 있으며, 무
적무패의 레슬링 실력을 자랑한다. 헤라클레스는 어린 시
절부터 많은 영웅에게서 훈련받았다. 양부인 암피트리온
은 전차 모는 기술을, 아우톨리코스(오디세우스의 외할아
버지)는 레슬링을, 에우리토스는 활 쏘는 법을, 카스토르

네메아의 사자를 목 졸라 죽이는 헤라클레스(서기 150~200년경)

레슬링 시합에서 안타이오스를 죽이는 헤라클레스
(기원전 515~510년경)

는 전투 기술을 가르쳐 주었다. 일찍이 지상의 어떤 존재도 헤라클레스와 싸워 이길 수 없었다. 그가 돌도 채 지나지 않은 아기였을 때에는 헤라가 보낸 뱀을 맨손으로 죽였으며, 열여덟 살 무렵에는 키타이론 산의 사자를 때려잡기도 했다. 또 테베에 무리한 조공을 요구하던 미니아인들을 정복하여 그 보답으로 공주 메가라를 아내로 얻었다. 그리스 로마 신화를 저술한 미국의 고전학자 이디스 해밀턴의 표현처럼 헤라클레스를 정복할 수 있는 것은 오로지 초자연적 힘밖에 없었다. 반면 충동적이고 감정적인 성격은 그의 강력함과 대조된다.

에우리스테우스 밑에서 그가 맡은 첫 번째 과업은 어떤 무기로도 상처입힐 수 없는 네메아의 사자를 죽이는 것이었다. 헤라클레스는 사자에게 가는 도중 몰로르코스라는 사람의 집에서 묵게 된다. 그리고 주인에게 자신이 30일 후에 무사히 돌아오면 제우스에게 제물을 바치고, 자신이 죽어 못 돌아오거든 자신에게 제물을 바쳐달라고 부탁했다. 헤라클레스는 레슬링 기술을 사용해 사자의 목을 조여 질식시켰다. 일설에는 그가 온몸에 셀러리 잎을 두르고 사자의 목을 30일간 졸랐다고 한다. 몰로르코스는 약속대로 제우스에게 제물을 바쳤다. 그의 업적을 기념해 네메아 제전이 탄생했으며, 경기 우승자는 셀러리관을 받았다고 한다.

네메아 제전 창설에 관한 다른 이야기도 있다. 오이디푸스는 자신에게 내려진 가혹한 운명을 깨닫고 테베를 쫓기듯이 떠난다. 그런 자신을 보면서도 아무런 도움을 주지 않는 아들들에게 그는 저주를 내렸다. 이후 에테오클레스와 그의 동생 폴리네이케스는 1년씩 번갈아가며 왕위에 오르기로 계약을 맺었다. 하지만 먼저 통치를 시작한 에테오클레스가 왕권을 넘겨주지 않자 폴리네이케스는 장인인 아르고스의 왕 아드라스토스의 원조를 받아 테베로 진격했다. 일곱 장수가 이끄는 원정군은 테베로 가던 중 네메아에 도착해 물을 찾아다녔다. 왕실의 하녀였던 힙시필레는 어린아이인 오펠테스를 혼자 놔두고 장수들에게 샘이 있는 곳을 안내했다. 하지만 그사이에 아이가 뱀에게 물려죽는 사고가 발생한다. 테베의 장수들은 뱀을 죽인 후 오펠테스의 장례를 치르며 아이를 위해 네메아 경기를 창설했다. 그 당시 열렸던 경기 종목과 우승자는 다음과 같다. ① 전차 경주: 아드라스토스 ② 달리기: 에테오클로스 ③ 권투: 티데우스 ④ 멀리뛰기와 원반던지기: 암피아라오스 ⑤ 창던지기: 라오도코스 ⑥ 레슬링: 폴리네이케스 ⑦ 활쏘기: 파르테노파이오스.

헤라클레스는 올림피아 제전의 창시자 또는 재건자로 알려져 있다. 그가 맡은 다섯 번째 과업은 엘리스의 왕 아우게이아스가 소유한 광대한 외양간을 청소하는 것이었다. 이곳에서는 많은 가축이 사육되고 있었지만 여러 해 동안 청소를 하지 않아 분뇨가 넘쳤다. 헤라클레스는 왕을 찾아가 하루 만에 청소를 끝내는 조건으로 가축의 십분의 일을 받기로 합의했다. 아우게이아스의 아들 필레우스를 증인으로 세운 그는 알페이오스 강과 페네이오스 강의 물줄기를 끌어와 외양간을 청소했다. 하지만 왕은 헤라클레스가 에우리스테우스의 명령을 받았다는 이유로 대가를 치르지 않았다. 이어 헤라클레스와 아들 필레우스를 추방했다. 훗날 헤라클레스는 엘리스를 다시 찾아와 약속을 어긴 아우게이아스와 그의 자식들을 죽이고 필레우스에게 왕권을 넘겼다. 헤라클레스는 승리를 기념하며 올림피아에서 제전을 창설했다. 이때 제우스도 인간의 모습을 하고 헤라클레스와 레슬링 시합을 했다. 헤라클레스는 제우스를 이겼고, 제우스는 신과 같은 아들의 힘을 축하했다.

한편, 올림피아 제전은 펠롭스가 창설했고, 헤라클레스가 이를 재개했다는 설도 있다. 제우스의 손자(이며 후에 아가멤논의 할아버지가 되는) 펠롭스는 엘리스 지방의 피사Pisa를 다스리던 오이노마오스의 딸 히포다메이아에게 청혼했다. 아레스의 아들인 오이노마오스는 자신이 사위의 손에 죽게 되리라는 신탁 때문에 딸을 그 누구와도 결혼시킬 생각이 없었다. 그는 딸의 결혼을 상으로 걸고 구혼자들과 전차 경주를 벌였으며, 지는 이들의 목숨을 빼앗았다. 오이노마오스는 아레스에게 받은 무구와 말 덕분에 모든 구혼자에게 승리할 수 있었다. 하지만 펠롭스 역시 포세이돈에게 받은 마차가 있었다. 완벽한 승리를 위해 펠롭스는 오이노마오스의 마부인 미르틸로스를 매수해 왕이 타는 전차의 바퀴가 빠지도록 만들었다. 결국 오이노마오스는 경기 도중 전차에서 떨어져 죽고, 펠롭스가 피사의 왕이 됐다. 그러나 펠롭스는 원래 히포다메이아에게 연정을 품고 있었던 미르틸로스를 바다로 던져 살해한다. 그는 바다에 떨어지면서 펠롭스의 가문에 저주를 걸었다. 이후 펠롭스는 자신의 승리를 기념하는 한편 죽은 자들을 위해 장례 경기를 열었는데, 이것이 올림피아 제전의 시초라고 전해진다.

헤라클레스는 과업을 수행하는 과정에서 여러 차례 레슬링 도전을 받는다. 아마조네스의 여왕 히폴리테의 허리띠를 가져오는 아홉 번째 과업을 완수하고 돌아가던 헤라클레스는 포세이돈의 손자 폴리고노스와 텔레고노스에게 레슬링 도전을 받고 시합에서 이들을 죽였다. 헤라클레스는 다음 열 번째 과업으로 세계의 서쪽 끝에 있는 에리테이아 섬으로 가 머리와 몸통이 셋인 거인 게리오네스의 소떼를 몰아가고 있었다. 그런데 황소 한 마리가 무리에서 이탈해 시칠리아 섬으로 갔다. 이곳의 왕 에릭스는 황소를 자신의 가축들 틈에 섞어 놓고 헤라클레스에게 레슬링 시합에서 자신을 이겨야만 그것을 데려갈 수 있을 것이라고 말한다. 이 시합에서 세 번 승리한 헤라클레스는 에릭스를 죽이고 황소를 되찾았다.

프레드릭 레이튼, 「알케스티스를 지키려 죽음과 싸우는 헤라클레스」,
1869~1871년경

헤라클레스가 가장 고전한 상대는 포세이돈과 대지의
여신 가이아 사이에서 태어난 거인 안타이오스다. 그는 헤
스페리데스('서쪽', '저녁'의 요정이라는 뜻)들이 지키는 황
금사과를 찾아오는 열한 번째 과업을 수행하던 중 리비아
를 지나쳤다. 그곳의 왕 안타이오스는 자신의 영토를 지
나가는 모든 사람에게 레슬링 시합을 강요해 죽이고 있었
다. 헤라클레스도 그와 레슬링 시합을 벌였는데, 안타이오
스는 어머니의 영향으로 몸이 대지에 닿아 있는 동안에는
죽지 않을뿐더러 힘이 더 강해졌다. 하지만 상대의 강점을
파악한 헤라클레스는 안타이오스를 공중으로 들어올린

니콜라 베르탱, 「아켈로오스와 싸우는 헤라클레스」, 1715~1730년경

다음 허리를 꺾는 기술(베어허그)로 죽인다. 이 대결은 고
대부터 중세에 이르기까지 많은 예술가에게 인기 있는 소
재가 되었다.

다음 경기는 저승에서 벌어진다. 그는 열두 번째 과업으
로 머리 셋에 용의 꼬리를 가진 케르베로스를 잡기 위해
저승으로 내려갔다. 이곳에서 헤라클레스는 하데스의 소
를 관리하던 메노이테스에게 레슬링 도전을 받는다. 헤라

클레스는 메노이테스의 허리를 붙잡고 갈비뼈들을 분질렀으며, 페르세포네의 부탁을 받고서야 그를 놓아주었다. 헤라클레스는 저승에 이어 죽음마저도 무릎 꿇린다. 그는 에우리피데스의 비극 「알케스티스」에서 남편 아드메토스 대신 죽음을 택한 알케스티스를 구하기 위해 죽음의 신(타나토스)을 레슬링 기술로 제압한다. 또 그는 칼리돈에서 데이아네이라에게 구혼할 때 강의 신 아켈로오스와 경쟁해야 했다. 헤라클레스는 황소로 변한 아켈로오스와 레슬링 시합을 벌여 한쪽 뿔을 꺾어 버렸다.

이스트미아 제전을 개최한 테세우스

펠로폰네소스에서 여러 과업을 달성한 헤라클레스가
도리스인의 영웅이라면, 테세우스는 아테네와 아티카의
영웅이다. 테세우스는 헤라의 저주로 아내 메가라와 세 아
들을 죽여 절망 속에 주저앉은 헤라클레스에게 손을 내밀
어 그의 죄를 정화해 주기도 했다. 그 또한 뛰어난 레슬링
과 권투 실력을 자랑한다. 테세우스의 아버지는 아테네의
왕 아이게우스다. 아들이 없어 고민하던 그는 델포이에서
'아테네의 정상에 이를 때까지 포도주 담은 가죽 부대의
마개를 풀지 말라'는 신탁을 받는다. 아이게우스는 이름난
예언자이기도 한 트로이젠의 왕 피테우스에게 신탁의 내
용을 들려줬다. 이 신탁이 아테네 아크로폴리스에 도착하
기 전까지 다른 여성과 동침하지 말라는 뜻임을 이해한 피

테세우스는 아이게우스를 취하게 한 뒤 자신의 딸 아이트라를 그의 침소로 들여보냈다. 아이트라가 임신했다는 사실을 안 아이게우스는 커다란 바위 밑에 칼과 신발을 넣은 후, 만약 사내아이가 태어나거든 바위 밑에서 징표를 빼낼 수 있을 때 자신을 찾아오라고 전했다. 장성한 테세우스는 바위를 밀어내고 칼과 신발을 찾아 아테네로 떠났다.

테세우스가 아이게우스를 만나러 가는 과정은 헤라클레스의 과업을 떠올린다. 그는 종형從兄이기도 한 헤라클레스의 업적을 흠모하고 있었다. 테세우스는 일부러 안전한 바닷길 대신 육로를 선택해 곳곳에 있던 괴물과 악당을 응징한다. 그가 다섯 번째로 만난 자는 엘레우시스의 왕 케르키온Kerkyon이다. 케르키온은 자신의 영토를 지나가는 여행자에게 레슬링을 강요해 시합 도중 죽이는 행위로 악명 높았다. 하지만 기술이 더 뛰어난 테세우스가 케르키온을 머리 위로 들어올린 다음 땅에 메어쳐 죽였다.

테세우스의 모험에서 가장 빛나는 업적은 미노타우로스Minotauros(미노스의 황소)를 죽인 것이다. 그가 아이게우스와 재회할 무렵 아테네는 크레타의 왕 미노스에게 조공을 강요받고 있었다. 한 세대쯤 전부터 아티카의 마라톤은 황소의 횡포로 피해가 극심했다. 헤라클레스가 일곱 번째 과업으로 크레타에서 잡은 뒤 다시 풀어 준 황소다. 아테네에서 열린 판아테나이아 제전 경기에서 미노스의 아들 안드로게오스가 전 종목을 석권하며 우승했고, 아이게우스는 그를 황소와 대결하라고 보냈으나 오히려 죽임을 당하는 사고가 발생한다(이 황소는 테세우스에게 죽는다). 한편으로는 외지인의 우승에 불만을 가진 아테네인들이 안드로게오스를 살해했다고도 한다. 이에 미노스가 복수를 위해 군대를 이끌고 아테네를 침공했는데, 기근과 전염병까지 덮쳤다. 아테네는 신탁에 따라 휴전의 조건으로 9년에 한 번씩 소년과 소녀를 크레타에 바치기로 했다. 소년 소녀들은 다이달로스가 만든 라비린토스(미궁)에 갇혀 미노타우로스의 먹이가 됐다. 테세우스는 세 번째 공물을 자처하여 미궁에 들어가 미노타우로스를 죽인 다음, 미노스의 딸 아리아드네의 도움으로 그곳을 빠져나왔다.

플루타르코스는 우리에게 『영웅전』으로 알려진 『비교열전』을 집필하면서 테세우스를 역사적 인물로 상정하고 로물루스(로마의 건설자)와 비교했다. 그는 여기서 미노타우로스에 대해 사뭇 다른 이야기를 함께 소개하고 있다. 미노스 왕 수하에는 타우로스라는 이름을 가진 장군이 있었다. 크레타에서는 안드로게오스를 추모하는 장례 경기가 열렸는데, 타우로스가 여러 차례 우승했다. 왕국의 2인자였던 타우로스는 성격이 흉포했고, 경기에서 부상으로 받은 아테네의 소년 소녀들을 노예로 삼아 심하게 학대했다. 더구나 그는 왕비 파시파에와도 가깝게 지냈기 때문에 미노스의 노여움을 샀다. 새로 열리는 안드로게오스 경기에서도 타우로스가 승리를 장담했는데, 왕은 그의 패배를 바라며 테세우스를 출전시켰다. 테세우스는 레슬링 시합에서 타우로스에게 승리하며 수모를 안겼다. 미노스는 기뻐하며 아테네의 공물을 면제해 주었다.

헤라클레스가 올림피아 제전과 네메아 제전을 개최했듯, 테세우스 또한 코린토스에서 포세이돈을 위해 이스트미아 제전을 개최했다(아이트라가 아이게우스와 동침할 때 포세이돈도 그녀와 접촉했다고 하며, 피테우스는 테세우스가 포세이돈의 아들이라는 소문을 퍼뜨렸다). 테세우스는 코린토스의 동의를 얻어 이스트미아 제전을 관람하러 오는 아테네 사람들에게는 관람석 맨 앞줄을 주고, 그들이 타고 온 배의 돛을 펼쳤을 때의 넓이만큼 좌석을 내주도록 했다.

이스트미아 제전 창설에 관해서도 다른 설이 있다. 제우스와 세멜레 사이에서 태어난 디오니소스는 세멜레의 언니인 이노와 그녀의 남편 아타마스의 손에서 자란다. 이에 분노한 헤라는 두 사람을 미치게 만들어 어린 아들들을 죽이게 만든다. 아타마스는 레아르코스를 사슴으로 알고 활로 쏘아 죽인다. 이노도 멜리케르테스를 끓는 솥에 던졌는

데, 그녀는 죽은 아들을 안고 바다로 뛰어들었다. 후에 두 사람은 바다의 신이 되는데 이노는 레우코테아, 멜리케르테스는 팔라이몬이라는 이름을 얻는다. 멜리케르테스의 시신은 돌고래가 코린토스의 이스트모스까지 실어왔다고 한다. 코린토스의 왕 시시포스는 멜리케르테스를 위해 이스트미아 제전을 열었다.

이처럼 신화는 일정한 체계 안에서 여러 모순된 에피소드가 공존한다. 오랜 시간에 걸쳐 구전되어 오는 과정에서 다른 지역의 토착신화와 동화되거나 정치적 목적으로 기원신화가 새로 각색되기도 했기 때문이다.

피티아 제전의 기원

프레데릭 레이턴, 「피톤과 레슬링 하는 선수」, 1877년

고대 그리스의 4대 경기 중 피티아 제전에 대해 언급하지 않았다. 예언의 신이기도 한 아폴론은 델포이 신탁의 주인이 되라는 제우스의 명을 수행한다. 델포이는 예전부터 티탄 테미스가 신탁을 내리고 있었고, 피톤Python이라는 용이 아폴론의 접근을 막고 있었다. 피톤은 델포이를 지키는 한편 인간들에게 많은 해를 끼쳤다. 아폴론은 이 용을 죽여 신탁소를 지배한 다음 무녀 피티아를 통해 신탁을 내린다. 그리고 이를 기념하는 경기를 만들었다. 델포이는 세계의 배꼽Omphalos으로 불렸던 만큼, 4년마다 열린 피티아 제전은 올림피아 제전에 버금가는 위상을 지니게 되었다.

영웅과 레슬링

신화에는 뛰어난 레슬링 실력을 가진 영웅들이 여럿 등
장하지만, 헤라클레스만큼 많은 시합을 치르지는 않는다.
그는 신과 인간, 괴수 등 모든 상대를 압도한다. 여기서
레슬링은 헤라클레스의 힘과 기백을 증명하는 중요한 방
식 중 하나다. 전쟁 문화가 지배적이었던 영웅시대(기원전
1500~1100년)에는 아카이아인이나 도리스인 구분 없이
전사로서의 능력을 입증할 수 있는 신체적 탁월성이 중요
했다. 레슬링은 무기가 정교하지 않았던 선사시대 때부터
맹수나 다른 종족과의 싸움에 필요한 공격과 방어 기술을
획득하는 데 중요한 수단이었다. 많은 원시 문화에서 전사
들이 춤을 추는 식으로 일대일 격투를 벌이며 힘을 겨루는
모습에는 레슬링 경기의 원형이 남아 있다. 이처럼 비무장

이집트 베니 하산 고분 벽화에 그려진 레슬링 동작

상태로 상대의 몸을 끌어안거나 짓누르고 조이는 기술은 가장 원초적인 공격성을 담고 있다.

레슬링은 기원전 3000~2500년경 메소포타미아나 이 집트 등의 고대 문명에서도 대중적으로 인기 있는 스포츠 였다. 인류 최초의 서사시 『길가메시 서사시』에는 야만인 이었던 엔키두가 우르크의 왕 길가메시를 처음 만나 레슬 링 대결을 한 뒤 친구가 되는 장면이 묘사된다. 길가메시 는 기원전 2700년경 우르크 제1왕조의 다섯 번째 왕이다. 그를 기리는 길가메시 달에는 남자들이 레슬링과 육상 경 기를 했다는 기록도 있다. 고대 이집트의 병사들도 레슬링 으로 신체를 단련했다. 이집트 제11왕조(기원전 2000년경) 시대에 만들어진 베니 하산 무덤 벽화에는 수백 쌍의 레슬 러들의 연습 장면이 그려져 있다.

그리스는 레슬링을 체계적인 스포츠로 발전시킨다. 나아가 영웅(귀족) 전사들의 교육에서 가장 중요한 부분을 차지하게 된다. 『일리아스』에서는 오디세우스와 아이아스의 레슬링 대결 장면이 자세히 그려진다. 18회 올림피아 제전(기원전 708년)부터 도입된 레슬링 경기에는 체급 구분이 없었다. 때문에 초반에는 체격이 크고 힘이 센 선수가 더 유리했지만, 아테네는 전문 트레이너를 통해 기술을 발전시켰다. 반면 펠로폰네소스의 대표적인 도리스족 국가인 스파르타는 경쟁의 승패가 기술이 아닌 힘과 용기로 결정돼야 한다는 신념이 워낙 강했기에 자국에서 레슬링 코치를 금지시킬 정도였다. 한 예로 플루타르코스는 리사노리다스Lysanoridas라는 스파르타인이 레슬링 경기에서 졌는데, 사람들이 그 이유를 묻자 상대의 술책(기술) 때문이라고 대답했다는 일화를 소개한다.

아테네인들은 테세우스를 레슬링의 아버지로 여겼다. 그런데 레슬링에 대한 플라톤의 시각은 스파르타인들과 비슷하다. 그는 『법률』에서 안타이오스와 케르키온이 도입한 기술은 쓸데없는 경쟁심에서 기인했기 때문에 전투에서는 유용성이 없다고 비판했다. 물론 그것은 레슬링 자체의 문제는 아니다. 그는 레슬링이 모든 운동을 통틀어 전투 동작에 가장 적합하다고 보았다. 다만 경기에서 승리하는 것만을 목적으로 기술을 습득할 경우 실전성이 떨어진다는 점을 지적한 것이다. 때문에 레슬링 훈련은 시합을 위해서가 아니라 전술적 기량을 높이기 위해서 해야 한다고 강조한다.

뛰어난 레슬링 선수들은 신화 속의 영웅과 같은 찬사와 존경을 받았다. 크로톤 출신의 밀론은 기원전 540년부터 16년 동안 모두 여섯 차례 페리오도니케스에 오른 전설적인 인물이다. 그리스에서는 1올림피아드기(4년) 동안 올림피아 제전과 피티아 제전, 이스트미아 제전, 네메아 제전이 순환 경기 형식으로 개최됐는데 이를 페리오도스Periodos라고 한다. 그리고 네 개의 경기에서 모두 우승한 사람을 페리오도니케스라고 불렀다. 그는 갓 태어난 송아지를 네 살이 될 때까지 어깨에 메고 다니며 힘을 키웠다. 그가 석류를 손에 쥐고 있으면 누구도 빼낼 수 없을 만큼 악력이 셌지만, 과육은 조금도 상하지 않았다고 한다. 또 이마에 가죽 끈을 묶은 다음 숨을 참고 관자놀이에 힘을 줘 그 끈을 끊어 버리기도 했다. 하지만 이런 식의 이야기는 상대적으로 소소한 축에 속한다.

밀론에 대한 소문 중 일부는 너무 비현실적이어서 당시에 그가 헤라클레스처럼 반신반인의 영웅으로 대접받았음을 짐작할 수 알 수 있다. 예컨대 그는 자신이 메고 다니

피에르 퓌제, 「크로톤의 밀론」(루브르 박물관), 1683년

던 황소를 한 번에 다 먹어 치웠으며, 9리터가량의 포도주를 단 두 모금에 모두 비웠다고 한다. 아리스토텔레스도 『니코마코스 윤리학』에서 그가 대식가였다고 말한다. 밀론은 자신의 힘을 과신한 탓에 비극적인 죽음을 맞이한다. 어느 날 숲을 산책하던 그는 고목에 쐐기가 박혀 있는 걸 발견했다. 밀론은 문득 자신의 손으로 나무를 꺾으려고 했지만 쐐기가 빠져나와 그의 손이 나무에 끼고 말았다. 움직일 수 없었던 밀론은 결국 늑대들에게 잡아먹히고 말았다고 한다. 피타고라스의 추종자였던 그가 반대파였던 킬론이 저지른 방화와 공격 때문에 죽었다는 설도 있다.

전장에서 열린 경기

『일리아스』는 기원전 1250년경 그리스의 미케네 문명이 이오니아의 트로이를 멸망시킨 전쟁을 배경으로 하고 있다. 트로이 전쟁 이후 수많은 음유 시인이 전쟁과 관련한 일화들을 수집하고 신화와 엮어 시를 지어 읊었다. 그리고 이것이 약 400여 년 동안 입에서 입으로 전해져 내려왔는데, 기원전 8세기 이오니아 출신으로 알려진 호메로스가 여러 버전의 시를 취합하고 재구성해 완성시킨 이야기가 바로 지금의 『일리아스』다. 『일리아스』 제23권에서 아킬레우스는 연인이자 전우였던 파트로클로스[3]를 죽인 헥토르에게 복수한 뒤 장례식을 치른다.

그는 파트로클로스의 시신을 화장한 다음 망자를 기리는 경기를 개최한다. 동료 전사들은 큰 원을 그리며 둘러 않는다. 이어서 전차 경주와 권투, 레슬링, 달리기, 무장경기, 활쏘기, 창던지기 등 모두 여덟 종목의 경기가 열린다. 이 중 레슬링과 달리기, 창던지기, 원반던지기에 멀리뛰기를 추가하면 고대 5종 경기가 된다. 시합에 참가한 영웅들은 주최자 아킬레우스가 내건 상품 앞에서 모든 역량을 쏟아 낸다. 운동 경기를 뜻하는 영어 athletic은 '투쟁'을 의미하는 고대 그리스어 athlos에서 유래했는데, '상賞'을 뜻하는 그리스어 athla를 어원으로 보기도 한다. 귀족이자 지배층인 영웅들이 승리를 통해 진정으로 얻고자 했던 상은 명예였다. 상품은 자신의 능력에 걸맞은 합당한 대우를 보여 주는 상징에 불과했다. 그들은 자신의 가치를 증명하기 위해서라면 목숨도 아끼지 않았다. 여기서는 몇 가지 주요 경기를 살펴보려고 한다.

■ 전차 경주

가장 먼저 전차 경주가 시작된다. 모두 다섯 명의 전사들이 출전해 제비뽑기로 출발선의 위치를 결정한다. 전차

---

3   둘 사이를 연인으로 보지 않는 견해도 있다. 이를테면 플라톤이 쓴 『향연』에서 파이드로스가 그랬고, 크세토폰의 『향연』에서 소크라테스는 둘 사이의 전우애를 더 강조했다.

들은 먼지를 일으키며 맹렬한 기세로 질주하고 신들도 경기에 개입한다. 아폴론은 에우멜로스를 도와 디오메데스의 채찍을 쳐서 떨어뜨린다, 이를 본 아테나 여신은 디오메데스에게 채찍을 돌려준 다음 에우멜로스가 모는 말들의 멍에를 부러뜨린다. 말들은 주로 밖으로 벗어나고 에우멜로스는 수레에서 굴러떨어지며 부상당한다. 노장 네스토르의 아들 안틸로코스는 길이 좁아지는 구간에서 메넬라오스 옆으로 전차를 바짝 붙이며 그를 위협하고, 충돌을 염려한 메넬라오스가 뒤로 처진다. 경기 전, 네스토르가 아들에게 알려 준 승리의 전술이다. 분노한 메넬라오스는 안틸로코스의 무모한 행동을 비난한다. 경주를 관람하던 이도메네우스와 아이아스는 먼지 속에서 누가 선두로 들어왔는지를 두고 말다툼을 벌인다.

최초의 전차는 기원전 3500~3000년경 수메르인들이 사용한 것으로 알려져 있다. 그 시대 전차는 공격보다는 귀족 전사들을 전장 한복판으로 운반하는 용도로 사용했다. 그리고 적군 중에서 그와 동등한 지위의 전사를 발견하면 전차에서 내려 결투를 벌였다. 수행원들은 방패를 들고 결투하는 전사가 화살이나 돌에 맞지 않도록 보호했다. 기원전 2000년대 전후로 아카드와 히타이트, 이집트 등은 전차를 개량하고 기동성을 높여 전술에 적극적으로 활용했으며 그 영향력이 근동 전체로 이어졌다. 반면 산악 지대가 많은 그리스에서 전차는 타격 용도로 별 위력을 발휘하지 못했다. 기원전 1286년 벌어진 카데시 전투에서 히타이트는 3500대의 전차를 배치하고 이집트도 이에 필적하는 많은 전차로 맞붙었다. 하지만 『일리아스』의 영웅들은 여전히 전차를 택시나 구급차 같은 이동 수단으로만 사용한다. 상고기 이후 그리스에서 전력의 주축은 밀집 방진으로 싸우는 중무장 보병들이 차지하게 된다.

신화에서 아테나 여신은 최초로 재갈을 만들고 아테네인들에게 기마술을 가르친 것으로 전해진다. 또 그녀에게 양육된 아테네 왕 에릭토니오스가 전차 경기를 고안했다고 한다. 역사적으로는 기원전 8세기에 경주용 경전차가 유입되면서 전차 경주는 엄청난 대중적 인기를 누린다. 세 마리 또는 네 마리 말이 끄는 전차들은 반환점 역할을 하는 기둥이나 옆 전차에 부딪히면서 바퀴가 부서지고 기수가 땅에 처박히는 사고가 잦았다. 이런 위험성은 운집한 관중들에게 팽팽한 긴장감과 스릴을 불러일으켰다. 소포클레스의 「엘렉트라」에서 오레스테스의 늙은 가정교사는 클리타임네스트라에게 오레스테스가 피티아 제전의 전차 경기에서 죽었다고 거짓으로 보고한다. 이 대목에서 가정교사가 전하는 경주 장면은 매우 사실적이다(오레스테스

는 히포다메이아와 결혼하기 위해 오이노마오스와 전차 경
주를 한 펠롭스의 후손이기도 하다).

그런데 그때, 여섯 번째 바퀴가 끝나고
일곱 번째 바퀴가 시작되었을 때,
아이니아인 기수가 통제력을 잃고 말았습니다.
아가리가 불편했던 말들이 돌연 방향을 틀어
리비아인 전차로 돌진했던 거죠.
단 한 차례 일어난 작은 사고가 충돌과 충돌로 이어졌습니다.
(…)
오레스테스도 계속 꼿꼿이 서 있었고,
전차도 계속 내달렸습니다. 하지만 그때,
모퉁이 부분에 막 다다른 순간 왼손의 고삐가
너무 빨리 풀려 기둥과 충돌하고 말았습니다.
전차 축대가 두 동강이 나고,
오레스테스는 거꾸로 내팽개쳐져
고삐와 얽혔습니다. 말들이 오레스테스를 바닥에 매달고
경기장 중간으로 미친 듯이 달려갔습니다.[4]

올림피아 제전에서는 기원전 680년(25회)에 4두 전차
경기가 처음 시작됐다. 그리고 기원전 408년(93회)에는

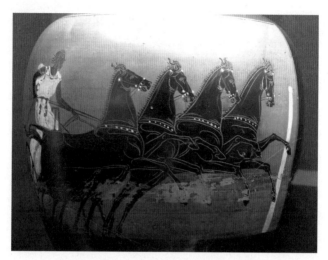

판아테나이아 암포라에 묘사된 4두 전차를 모는 기수
(기원전 420~400년경)

2두 전차 경기도 도입된다. 전차 경주를 위해 말을 사육하고 장비를 유지하는 데에는 많은 비용이 들었다. 아리스토파네스의 희극「구름」에서 농부 스트렙시아데스는 전차 경주와 말에 빠진 아들 때문에 빚에 허덕이는 인물로 나온다. 때문에 우승자 중에는 귀족들이 많았지만 이들이 모두

---

4   소포클레스,「엘렉트라」,『오이디푸스 왕·안티고네·엘렉트라』, 이미경 옮김, 심야책방, 2016, 205~206쪽

직접 전차를 몰았던 것은 아니다. 말과 전차를 소유한 부자와 귀족들은 대개 임금을 주고 기수를 고용했다. 그리고 경기에서 우승할 경우 소유주의 이름이 승자로 기록됐으며, 그에게 모든 영예가 돌아갔다.

■ 권투

권투 경기에서 아킬레우스는 다부진 노새를 우승 상품으로 내걸었다. 먼저 거구의 에페이오스가 나선다. 그는 트로이를 멸망시킨 목마를 제작한 인물이다. 에페이오스는 노새가 이미 자기 것인 듯 어루만지며 상대가 누구이건 간에 그를 박살내겠다고 호언장담한다. 에페이오스의 위용에 눌린 듯 사방은 잠잠하고, 아무도 출전하는 이가 없다. 잠시 후, 에우리알로스가 앞으로 나선다. 그의 아버지 메키스테우스는 오이디푸스의 장례 경기에서 우승했다고 전해진다. 손에 가죽끈을 감은 두 사람은 잠시 접전을 벌이는 듯 했지만, 삽시간에 승부가 결정됐다. 에페이오스에게 턱을 가격당한 에우리알로스의 몸이 공중으로 솟아올랐다. 의식을 잃고 쓰러진 에우리알로스는 경기장 밖으로 실려 나간 후에도 몸을 가누지 못한 채 핏덩이를 토했다.

예언과 활, 시와 음악 등을 관장하는 아폴론은 권투의 수호신이기도 하다. 그는 올림피아 제전에서 열린 최초의 권투 경기에서 전쟁의 신 아레스를 때려 눕혔다고도 전해진다. 또 권투 기술을 발명한 사람이 테세우스라는 설도 있다. 헤라클레스와 디오스쿠로이(제우스의 아들들)로 불렸던 폴리데우케스도 뛰어난 권투 실력을 자랑한다. 헤라클레스와 폴리데우케스는 아르고호 선원으로도 활약했다. 아르고 원정대는 항해 도중 베브리케스족의 나라에 기착했는데, 그곳의 왕 아미코스는 이방인들에게 권투 시합을 강요해 죽이는 인물이었다. 아미코스는 원정대를 향해서도 가장 강한 자와 싸우고 싶다고 도전한다. 이에 응한 폴리데우케스는 시합에서 그를 죽인다.『오디세이아』에서 자신을 거지로 위장하고 고향으로 돌아온 오디세우스는 이로스라는 부랑자와 권투 시합을 한다. 오디세우스는 이로스를 죽일 정도로 가격할 것인지를 놓고 고민할 만큼 압도적인 실력을 지니고 있었고, 상대를 가볍게 쓰러뜨린다.

그리스인들은 투구를 쓰지 않고 싸웠던 스파르타인들이 머리로 날아오는 타격을 피하는 법을 가르친 데에서 권투가 시작됐다고 믿었다. 고대 유물은 이미 고대 메소포타미아와 이집트 왕조 시대에도 권투가 존재했다는 사실을 보여 준다. 학자들은 다만 이들 문명에서는 그리스처럼 권투가 체계적인 스포츠로 발달하지 못했을 뿐 아니라 대중적 인기도 부족했을 것이라고 추측한다. 호전적인 도리스족의 후예인 스파르타인들이 권투를 창안하지는 않았어도 기술 발전에 기여했다고 볼 수 있다.

2004년 아테네 올림픽 개막식 축하 행사에는 산토리니(테라 섬)에서 발견된 미노스(기원전 3000년~ 1400년) 시대 벽화를 재현한 스파링 장면이 등장했다. 짙은 구릿빛 피부의 두 소년이 허리에 짧은 옷만 걸친 채 펀치를 주고받는다. 둘 모두 오른손에만 글러브를 꼈으며, 왼손으로는 상대방을 견제하거나 거리를 재고 있다. 마치 왼손에 방패, 오른손에 무기를 들고 있는 모습과 비슷하다. 달리기, 레슬링과 더불어 권투는 오랜 역사를 가진 운동이다. 유물을 통해 우리는 미노스 시대에 이미 체계화된 스파링 방식이 존재했다는 사실을 알 수 있다. 그리고 미케네 시대에 접어들어 권투는 보다 더 대중적인 스포츠로 인기를 얻는다.

권투는 기원전 688년 23회 올림피아 제전에서 정식 종목으로 도입됐다. 이때 스미르나의 오노마토스라는 인물이 경기를 위한 규정을 만들었다고 하지만, 어떤 내용이 었는지는 전해지지 않는다. 에페이오스와 에우리알로스가 그토록 치열하게 싸웠던 이유를 알기 위해서는 당시의 경기 방식을 들여다봐야 한다. 고대의 권투는 라운드 구분 없이 상대방이 전의를 잃고 쓰러지거나 항복 의사를 보일 때까지 계속됐다. 스스로 경기를 포기한다는 것은 큰 치욕이었기에 선수들은 차라리 쓰러지기를 택했고, 에우리 알로스 같은 녹아웃 패배는 드물지 않았다. 또 다운된 상대에 대한 공격도 허용했으므로 부상자가 속출했다. 권투의 역사는 5천 년이 넘지만, 다운당한 선수에게 주어지는 10초의 카운트 규정은 1867년 현대 복싱의 모태가 된 '퀸즈베리 룰' 제정 때 도입됐다. 물론 이보다 먼저 1743년에 만들어진 '브로턴' 규정에서는 다운된 선수가 30초간 공격받지 않았다. 종합 격투기와 비교하며 쓰러진 상대를 공격하지 않는다는 현대 복싱 특유의 신사적 관용을 당시에는 기대할 수 없었다.

선수들은 모래판 위에 서서 사다리나 긴 막대를 다리 사이에 두고 싸웠기 때문에 풋워크를 구사할 수 없었다. 그저 마주 서서 더 많은 공격을 퍼붓거나 맷집이 강할수록 유리했다. 당연히 고대 선수들에게 아웃복싱은 생소했을 수밖에 없다. 만약 그 개념에 대해 들었다면 냉소를 보였을지도 모른다. 그럼에도 선수들은 '어느 위치에서 싸우는가'가 무척 중요했다. 선수들은 다리를 움직일 수 없는 채로 마주보고 싸워야 했기 때문이다. 해가 기울어진 오전이나 오후에 경기할 경우 어느 한 선수가 태양을 마주 보는 상황이 발생할 수 있기에 경기는 해가 가장 높이 떠 있는 정오에 시작됐다. 하지만 경기 시간제한이 없기 때문에 오

휴식을 취하고 있는 복서의 청동 조각상(기원전 3~2세기경)

후에 해가 기울면서 시야에 핸디캡이 발생할 수 있었다.

기원전 588년 48회 올림피아 제전 권투 시합에서 우승한 사모스 섬의 피타고라스[5]는 전문적으로 기술 훈련을 쌓은 최초의 선수라고 알려져 있다. 선수들은 무화과 씨와 곡물, 모래 등으로 속을 채워 머리 높이에 매달린 펀칭 백으로 타격 연습을 하거나 섀도복싱을 했다. 플라톤이 이야기하는 이들의 훈련 방법은 지금과 거의 차이가 없다.

> 만약에 우리가 적어도 권투선수들이라면 (…) 가죽띠 대신에 둥근 모양의 것들을 감아 묶는데, 이는 가격과 가격을 피함이 가능한 충분하리만큼 부지런히 단련을 받도록 하기 위해서죠. (…) 우리는 생명 없는 모상을 걸어 놓고서는 이를 상대로 훈련을 하려 들지 않겠습니까? 또한 더 나아가서, 생명이 있는 것들이건 생명이 없는 것들이건 간에 모두가 부족할 경우에, 그땐 우리가 연습 상대도 없이 우리 자신들을 상대로 그야말로 섀도복싱을 하려 들지 않겠습니까?[6]

---

5 피타고라스학파의 창시자와 같은 지역 출신이지만 동명이인의 인물이다.

6 플라톤,『법률』, 박종현 옮김, 서광사, 2009, 제8권 830a~c

위에서 플라톤이 언급한 "둥근 모양의 것들"은 스파이라이Sphairai라고 부르는데 말 그대로 공 또는 (공 모양의) 둥근 것을 의미한다. 선수들은 정식 시합이 아닐 경우에는 속을 채워서 메운 이 연습용 글러브를 착용했다. 시합용 글러브인 히만테스Himantes는 4미터가량의 무두질한 소가죽 끈을 손과 팔 아래에 감는 방식이어서 손가락을 펼칠 수 있었다. 기원전 3세기에 들어서는 공격력을 더욱 높인 히만테스가 등장한다. 사람들은 그것을 '미르미케스Myrmykes(개미)'라고 불렀는데, 마치 개미가 쏘는 것처럼 따끔거렸기 때문이다. 그런데 로마 시대에 들어 글러브는 그 자체로 잔인한 흉기가 된다. 카에스투스Caestus라는 이름의 이 글러브는 금속 스파이크가 튀어나와 있으며 속에 철이나 납을 넣은 데다, 톱니처럼 생긴 금속판이 돌출되어 있었다. 베르길리우스가 쓴 서사시 『아이네이스』에서 시칠리아의 노장 엔텔루스는 아이네이아스의 동료 다레스를 일방적으로 몰아붙이는데, 여기서 그가 사용한 글러브가 바로 카에스투스다. 현대의 글러브가 선수를 보호하는 데 초점을 맞춘 것과는 정반대다. 대결은 매 순간 혈전이 될 수밖에 없었다. 아리스토텔레스는 『니코마코스 윤리학』에서 용기가 고통스러움을 참는 것과 관련 있다고 정의했다. 그리고 명예를 얻기 위해 얻어맞는 고통과 힘든 훈련을 견디는 권투 선수를 예로 든다.

■ 레슬링

레슬링 경기에서는 오디세우스와 대大 아이아스가 실력을 겨룬다. 두 사람이 팽팽한 접전을 벌이던 중 오디세우스가 자신을 들어 올리려는 아이아스의 오금을 쳐서 넘어뜨린다. 두 번째 판에서는 두 사람이 함께 바닥에 쓰러진다. 세 번째로 격돌하려는 순간, 아킬레우스가 경기를 중지시키며 두 사람을 모두 승자로 선언하고 똑같은 상을 준다. 오디세우스와 아이아스는 베니 하산 벽화와 비슷하게 샅바 역할을 하는 허리옷을 두르고 있다. 고대의 레슬링 방식은 시대마다 조금씩 다르다. 호메로스가 묘사하는 오디세우스와 아이아스의 레슬링은 씨름과 비슷한 면이 있다. 상대를 바닥에 쓰러뜨리면 승점이 주어지는데, 세 판을 먼저 이기는 사람이 우승했다.

반면 올림피아 경기에서 선수들은 알몸에 올리브기름을 발랐다. 그리고 미끄러지지 않고 서로를 붙잡을 수 있도록 고운 모래 등의 가루를 뿌렸다. 하지만 일부 비양심적인 선수들은 상대를 곤혹스럽게 하려고 가루를 털어내기도 했다. 레슬링은 5종 경기와 함께 18회 올림피아 제전(기원전 708년) 때 처음 도입됐다. 레슬링은 크게 두 가지가 있었다. 먼저 『일리아스』처럼 상대를 바닥에 세 번 쓰러뜨리는 스탠딩 레슬링이 있다. 경기에서는 이 방식을 채택했으며 선수들은 모래를 깔아 둔 바닥을 사용했다. 또 하나는 그라운드 기술로 상대의 항복을 받아내야 승리하는 바닥 레슬링으로 모래에 물을 섞은 바닥 위에서 싸웠다.

세부 규정에 대해서는 조금씩 의견이 다르지만, 목을 조르는 기술이 허용됐으며 상대의 손가락을 부러뜨리기도 했다. 상대를 무는 행위는 비겁한 행동으로 여겨 엄격히 금지했지만, 승부욕이 지나치면 자제력을 잃는 경우도 있었던 것 같다. 소크라테스의 총애를 받았던 알키비아데스가 그 예다. 그가 어린 시절 레슬링 시합을 하던 중 자신이 넘어질 상황에 처하자 상대의 손을 물려고 했다. 상대편 아이가 급하게 손을 빼며 "계집아이처럼 문다"고 알키비아데스를 비난했다. 그러자 알키비아데스는 "난 사자처럼 물려고 했어"라고 응수했다.[7]

7   플루타르코스, 「알키비아데스」, 『플루타르코스 영웅전 전집 1』, 이
    성규 옮김, 현대지성, 2016, 321쪽

신을 위해, 망자를 위해, 그리고 인간을 위해

신화와 호메로스 서사시를 보면 고대의 운동 경기는 제례 문화와 관련이 깊다는 사실을 알게 된다. 종교와 미신은 고대 그리스인(특히 스파르타)들의 일상과 문화, 정치에 이르기까지 넓고 깊숙이 영향을 미쳤다. 소크라테스와 플라톤은 신이 올림포스의 거주자들처럼 다혈질에 질투심과 허영이 가득하고 간통에 무감각한 존재가 아닌, 고결하고 전지전능한 존재라고 보았다. 이보다 앞서 기원전 6세기의 철학자 크세노파네스도 신의 인간적인 면모는 결코 신이라는 이름에 어울리지 않는다고 말했다. 그는 소나 말, 사자에게도 손이 있다면 신의 모습을 소나 말처럼 그릴 것이라고 비웃었다.

하지만 대다수 그리스인의 생각은 달랐다. 심지어 정치·경제적으로 가장 숙련된 아테네마저 펠로폰네소스 전쟁 중 신성모독을 금지하는 법안을 통과시켰다. 여느 고대인들처럼 신을 무시하면 신의 분노를 산다고 생각했기 때문이다. 그리고 소크라테스는 그 법에 의해 재판을 받아 처형됐다. 그리스인들은 올림포스의 신들은 물론 이들보다 더 오래된 지하와 지상의 토착 신도 함께 믿었으며, 아테네 근교의 엘레우시스에서 열렸던 비의秘儀나 오르페우스교 같은 신비주의 종교도 많은 숭배자를 끌어모았다. 고전기 전후로 그리스에는 공식적으로 300개 이상의 종교 제의가 존재했다고 한다. 규모가 큰 제의는 대개 축제로 치러졌는데, 이를 달력의 기준으로 삼았다. 고대 그리스인들은 종교 생활에 있어서 그 어떤 것보다 제사를 중요시했다. 때문에 제사를 지내는 날짜나 절차 등을 제대로 지키지 않는 것은 커다란 불경이었다.

그리스의 종교 축제는 신들을 즐겁게 해 주어 그들의 호의를 얻으려는 목적이 있었다. 이러한 호혜적 관계를 카리스kharis라고 하는데, 쉽게 말해 신에게 선물을 주고 그 대가(승리·건강·풍년 등)를 요구하는 관계다. 인간이 신을 만족시키는 보편적인 선물은 희생 제물이다. 당시 그리스인에게 소는 아주 귀한 재물이었다. 그리고 『일리아스』에서 아폴론이 내린 역병을 멈추기 위해 아가멤논이 헤카톰베Hecatombe(소 100마리를 바치는 제의)를 바치는 것처럼, 제의의 목적에 따라 제물의 규모도 달라진다. 하지만 인간은 부족할 게 없는 신들이 제물만으로는 충분히 만족하지 않는다는 것을 깨닫게 된다. 그리하여 인간은 다양한 종류의 경쟁Agon을 신에게 선보이기 시작했다. 종교 축제에서 벌어지는 경연과 경기를 통해 인간은 최고의 기량과 능력을 선보임으로써 신들을 기쁘게 할 수 있을 것이라고 확신했던 것이다.

게다가 종교 의식 후 치러지는 운동 경기는 영혼과 육체의 적절한 균형을 위해서도 꼭 필요했다. 제의를 위해서는 영혼을 신체와 분리시켜 영적으로 고양시켜야 했으므로, 의식 후 영혼은 극도로 쇠잔해진다. 또 장례 의식은 망자에 대한 슬픔과 고통으로 인해 몸과 더불어 영혼도 쇠약하게 만든다. 호메로스와 그 이전 시대의 그리스인들은 인간의 육체와 영혼을 분리하지 않았으므로, 의식으로 인해 약해진 영혼은 운동 경기를 통해 신체를 단련함으로써 조화를 이룰 수 있다고 여겼다.

영웅들에게 주어진 평생의 과업이란 끊임없이 서로 겨루는, 일등상을 놓고 벌이는 달리기에 비유할 수 있다. 트로이의 장수 글라우코스가 디오메데스에게 자신의 가문을 소개하며 밝힌 "언제나 일인자가 되고 남보다 뛰어난 인물"이 되어야 한다는 아버지의 당부는, 사실 그 시대 모든 귀족이 지켜야 하는 가장 중요한 규범 중 하나였다. 호메로스의 서사시에 등장하는 영웅들과 같은 신분을 가진 귀족 전사들은 일생 동안 전쟁과 경기를 통해 능력을 확인하고 자부심을 찾았다. 그리고 이들이 죽으면 망자의 명예와 업적을 찬양하고 그 영혼을 기쁘게 해 주기 위해 경기가 열렸다. 가족과 지인들도 이를 통해 슬픔에서 벗어날 수 있었을 것이다.

베르길리우스의『아이네이스』에서도 제례와 장례 경기가 등장한다. '아이네이아스의 노래'[8]란 뜻을 가진 이 작품은 아프로디테와 앙키세스의 아들이자 로마의 건국 시조로 추앙받는 아이네이아스가 트로이 함락 직후 무리들을 이끌고 이탈리아를 찾아가는 도중 겪는 모험을 다루고 있다. 이들은 소녀의 얼굴에 새의 몸을 한 괴물 하르피이아의 공격에서 벗어난 것을 기념하며 신에게 제물을 바친 다음 레슬링 시합을 한다. 그리고 시칠리아에 기항했을 때에

---

8   당연히 이 작품에서는 모든 명칭이 라틴어로 표기돼 있다. 하지만 독자들의 혼동을 피하고자 이 책의 본문에서는 그리스식 표기로 대체했다. (예: 베누스→아프로디테, 아이네아스→아이네이아스)

는 아이네이아스가 여정 중에 사망한 아버지 앙키세스를 추모하는 의식에 이어 함선 경주와 달리기, 권투와 활쏘기 등의 경기를 개최한다.

　로마의 검투 경기 역시 고인을 기리는 장례 행사에서 시작됐다. 사료가 전하는 최초의 공식 검투 경기는 기원전 264년, 귀족인 마르쿠스와 데키무스 형제가 아버지의 장례식 때 개최한 것이다. 고대인들은 죽은 자의 영혼이 살아 있는 인간의 피로 정화된다고 믿었다. 영혼은 오로지 정화되지 않았을 때에만 위협적인 존재라고 생각했다. 그러므로 검투사 경기는 유족들의 마땅한 도리로 여겨졌다. 검투사 경기를 '의무·직무'라는 의미로 무누스Munus라고 불렸던 까닭이 여기에 있다. 하지만 그리스의 귀족 전사들과 마찬가지로 소요 비용을 고려하면 검투 경기는 부유층에서나 가능했을 것이다. 장례식 검투사 경기는 망자가 지하 세계에 잘 안착하기를 바라는 마음에 검투사를 저승길 안내자 겸 보호자로 함께 보낸다는 의도를 담고 있다. 더불어 귀족 상속자들이 대중들의 관심 속에서 자신과 가문의 권세를 과시하고자 하는 측면도 있었다.

　올림피아 제전도 본래는 제우스 올림피오스를 기리는 종교 축제다. 5일간 진행되는 행사에서는 첫날부터 희생 공양을 바치는 예식이 있었다. 그리고 둘째 날에는 펠롭스

를 기리는 장례 의식을, 셋째 날에는 각 도시의 대표를 비
롯해 모든 심판과 선수들이 제우스 제단에 모여 소 100마
리(헤카톰베)를 바쳤다. 그리고 마지막 날에도 시상식과
함께 제우스에게 고사를 지냈다. 올림피아 제전과 함께
4대 경기로 꼽혔던 델포이의 피티아 제전, 코린토스의 이
스트미아 제전, 아르고스의 네메아 제전은 물론이고 아테
네의 판아테나이아 제전, 델로스의 아폴론 제전 등이 모두
신을 위해 펼쳐진 인간들의 체육 경연이다.

영웅들의 5종 경기

철학자 필로스트라투스는 트로이 참전 용사들의 아버지 세대이자 아르고Argo('빠른'이라는 뜻)호 원정대의 리더, 이아손이 5종 경기를 고안한 것이라고 기록했다. 아르고호 선원들은 각자 자신만의 고유한 특기를 갖고 있다. 아이아스의 아버지 텔라몬은 원반던지기에서, 뛰어난 투시력을 가진 링케우스는 창던지기에서, 북풍의 신 보레아스의 날개 달린 두 아들(칼라이스, 제테스)은 달리기와 멀리뛰기에서 최고를 자랑했다. 선원 중 아킬레우스의 아버지인 펠레우스는 뛰어난 레슬러이면서 다른 경기 종목에서는 2인자 수준의 실력을 갖고 있었다. 아르고호 원정대가 렘노스 섬에서 운동 경기를 개최할 때, 이아손은 펠레우스에게 기쁨을 주고자 다섯 종목을 결합한 경기를 제안했다.

그 결과 펠레우스가 우승을 거머쥐었다.

고대 그리스인들은 아르고호 원정이 기원전 1225년경에 실제로 있었다고 믿었다. 그리고 5종 경기는 기원전 708년 18회 올림피아 제전에서 처음 도입됐다. 그리스인들은 이미 오래전부터 5종 경기에 포함된 각각의 종목들을 즐겼다. 펠레우스를 비롯해 5종 경기의 승자는 어떻게 가려졌을까? 달리기나 레슬링과 달리 원반던지기와 멀리뛰기, 창던지기는 올림피아 제전에서 개별 종목으로 열렸던 적이 없다. 학자들은 먼저 이 세 경기를 통해 승자를 선정했을 것이라고 본다. 만약 여기서 우열을 가릴 수 없을 경우에는 달리기로 승부를 가렸다. 그럼에도 무승부가 나올 경우(예컨대 2대 2 상황)에는 레슬링을 통해 우승자를 결정했을 것이라고 추정한다. 이 규정을 따르면 이아손의 바람대로 5종 경기에서 펠레우스는 누구보다도 강력한 우승 후보가 된다.

5종 경기는 힘과 스피드, 순발력, 투지 등의 다재다능함을 이끌어 낸다. 5종 경기 선수들은 신체 조건을 어느 한 종목에 맞추는 대신 유연함과 조화로움을 추구했기 때문이다. 그들은 너무 마르거나 비대해서는 안 되며, 지나치게 근육을 발달시켜서도 안 됐다. 크세노폰의 『향연』에서 소크라테스는 전신 운동으로서 춤의 유용성에 대해 이야기하며 단일 종목 선수들이 전문성 못지않게 취약성을 갖고 있다는 점을 언급한다. 예컨대 장거리 선수는 다리가 튼튼한 대신 어깨가 약한 반면, 권투 선수는 강한 어깨만큼 하체가 부실하다고 지적한다. 아리스토텔레스는『수사학』에서 5종 경기 선수들은 체력과 날렵함을 동시에 타고났기에 가장 아름답다는 찬사를 보낸다.

> 신체의 경기력은 체격과 체력과 민첩성으로 구성된다(민첩함도 힘이다). 어떤 방법으로든 두 다리를 앞으로 뻗어 민첩하게 멀리 움직이는 사람이 달리기 선수이고, 상대방을 강한 힘으로 누르고 조여 꼼짝 못하게 하는 사람이 레슬링 선수이며, 주먹으로 가격해서 밀어내는 사람이 권투 선수이다. 그리고 레슬링과 권투를 둘 다 할 수 있는 사람이 격투기 선수이고, 이 모든 종목을 다 하는 사람이 5종 경기 선수이다.[9]

9   아리스토텔레스,『수사학』, 박문재 옮김, 현대지성, 2020, 제1권 제5장 1361b21~26

바위를 집어던지는 전사들

트로이 전쟁을 끝내고 고향으로 귀환하는 과정에서 동료를 모두 잃은 오디세우스는 파이아케스의 왕 알키노오스의 환대를 받았다. 연회가 열리던 중 파이아케스족 청년들이 즉흥적으로 달리기와 레슬링, 멀리뛰기, 원반던지기 시합을 벌이며 오디세우스에게도 출전을 권유한다. 오디세우스는 이를 고사했지만 경기에 소질 없는 장사꾼 같다는 말에 격분한다. 그리고 파이아케스 청년들이 평소 사용하던 원반보다 훨씬 더 무거운 것을 선택해 던진다. 원반이 가장 먼 곳에 떨어지자 오디세우스가 사람들에게 호기롭게 말했다. 얼마든지 자신이 던진 원반을 따라잡아 보라. 도전자가 누가 됐든, 자신은 그보다 더 멀리 던질 것이다.

신화에서는 원반던지기로 인한 인명 사고가 심심찮게 등장한다. 올림포스의 신들도 예외가 아닌데, 아폴론은 연인이던 히아킨토스와 원반던지기를 하던 중 실수로 그를 잘못 맞혀서 죽이고 만다. 일설에는 히아킨토스를 연모하던 서풍西風 제피로스가 질투에 사로잡혀 원반을 튀게 해 이마에 맞힌 것이라고도 한다. 스파르타에서는 매년 여름 히아킨토스를 기리는 축제가 3일 동안 열렸다.

아르고스의 왕 아크리시오스는 '자신의 딸이 낳은 아이에게 죽임을 당할 것'이라는 신탁을 두려워한 나머지, 딸 다나에와 (제우스 사이에서 태어난) 손자 페르세우스를 나무 상자에 넣어 바다로 떠내려 보냈다. 세리포스에서 성장한 페르세우스는 훗날 고르곤 자매 중 하나인 메두사를 죽이고, 안드로메다를 아내로 얻은 다음 다나에와 함께 아르고스로 돌아왔다. 외조부 아크리시오스는 신탁을 피하려고 테살리아의 라리사 지방으로 피신한다. 그런데 마침 테살리아의 왕 테우타미데스가 죽은 자신의 아버지를 기리는 장례 경기를 열자 페르세우스도 여기에 참여한다. 5종 경기 중 페르세우스가 던진 원반은 그곳에서 관람하고 있던 아크리시오스에게 명중하면서 그 자리에서 절명했다. 최초의 5종 경기의 우승자라고 소개했던 펠레우스는 이복 동생인 포코스가 운동 경기에서 탁월한 능력을 보이자 그를 시기했다. 때문에 펠레우스는 형제인 텔라몬과 모의하여 포코스를 죽이기로 한다. 그리고 텔라몬은 포코스와 함께 운동하던 중 원반으로 그의 머리를 맞혀 죽인다.

원반 경기는 고대 전장에서 익숙한 돌팔매 등의 투척 공격과 관련 있다. 초기에는 원반 모양이 납작하지 않았고, 던지는 방식도 크게 달랐다. 원반 경기와 별개로 커다란 공 모양의 돌을 던지는 리토볼로스Lithobolos가 여러 지역에서 독자적으로 열리곤 했다. 고대에는 원반이 떨어진 자리에 말뚝을 박아 표시해 날아간 거리에 따라 승부를 정했다. 현대의 원반 무게가 2킬로그램(남자 기준)인 반면, 고대에는 1.3~6.6킬로그램까지 시대와 지역마다 제각각이었다. 물론 올림피아에서는 공평성을 보장하기 위해 경기용 공식 원반을 따로 금고에 보관했다고도 한다. 때문에 현대의 경기 규정을 기준으로 고대의 선수들이 어느 정도의 던지기 능력을 갖고 있었는지 정확히 비교하기 어렵다.

크세노폰은 『페르시아 원정기』에서 자기 휘하의 로도스인 투석병들이 돌을 던지면 페르시아 궁수의 화살보다 더 먼 거리를 날아갔다고 기록했다. 훈련된 병사들이 던지는 돌팔매는 뼈를 부수는 것은 물론이고 갑옷을 뚫을 수도 있었다. 실제로 20세기 초 어떤 학자는 마다가스카르의 타날라 부족들이 약 45미터 거리에서 던지는 돌팔매의 위력은 바로 옆 사람이 쥐고 있는 총과 맞먹는다고 적었다. 당대 최강의 전력을 보유하고 있던 로마에서도 정규 돌팔매부대를 운영했는데, 심지어 그 화력을 통제하려고 자신의동맹국이나 용병들은 활에 의존하게 할 정도였다. 로마의병사들은 강도 높은 훈련을 통해 돌팔매를 한 번 돌려 돌을 발사할 수 있었다.

『일리아스』에서는 파트로클로스의 장례 경기 중 폴리포이테스가 가공하지 않은 무쇠 원반을 경기장 밖으로 던지는 장면이 나온다. 이 밖에도 호메로스는 영웅들이 주변에떨어진 돌을 무기로 활용하는 장면을 종종 묘사한다. 트로이군 진영에서 싸우는 트라키아의 장수 페이로스는 돌을던져 디오레스의 뼈를 부순다. 텔라몬의 아들인 큰x 아이아스는 함선에 괴는 커다란 버팀돌을 집어던져 헥토르를 쓰러트린다. 디오메데스는 두 사람이 들기도 어려운 무게의 바위를 내던져 아이네이아스의 허리를 끊어 놓는다.(어머니 아프로디테 덕분에 부활한) 아이네이아스는 아킬레우스와의 전투에서 커다란 돌덩이를 집어 든다.

병사들의 돌팔매와 달리 바위를 집어던지는 괴력은 현실성을 의심해 볼 만하다. 호메로스가 영웅들의 탁월성을돋보이게 하려고 삽입한 과장된 설정일지도 모른다. 좀 더강력한 증거가 있어야 한다. 산토리니의 고고학 발굴지에서 기원전 6세기 것으로 추정되는 481킬로그램의 바윗덩어리가 발견됐다. 이 바위에는 "크리토불루스의 아들 에우마스타스Eumastas가 땅에서 나를 들어 올리다"라는 문장이 새겨져 있다. 2016 리우 올림픽, 역도 105킬로그램 이상급에서 조지아 출신의 라쇼 탈라카제는 인상(215킬로그램)과 용상(258킬로그램)에서 합계 473킬로그램이라는 세계 신기록을 세우며 금메달을 땄다. 두 종목의 성적을 합쳤다는 점을 차치하고서라도 현대 역도 역사상 가장 높은 기록마저도 2500년 전 에우마스타스를 넘어서지 못한다.

2018~2020년 〈아놀드 스트롱맨 클래식〉 우승자, 하프토르 비욘슨Hafthor Bjornsson은 데드리프트 501킬로그램이라는 세계 최고 기록(비공식)을 갖고 있다(HBO의 드라마 〈왕좌의 게임〉에서 '그레고르 클리게인' 역으로 출연했던 그는 신장 2미터 6센티미터, 체중 205킬로그램의 거한이다). 그런데 에우마스타스의 스톤리프팅과 데드리프트 사이에는 그립Grip 방식에서 결정적 차이가 있다. 또 바벨은 중량이 양쪽으로 동일하게 분산되어 있을 뿐만 아니라, 바Bar를 발 중앙(미드 풋)에서 수직으로 들 수 있다는 장점이 있다. 반면 바위는 바벨에 비해 손으로 잡는 위치가 따로 정해지지 있지 않을뿐더러 안정적으로 움켜쥘 수도 없다.

〈2018 아놀드 스트롱맨 클래식〉
'스톤 투 숄더'에서 돌을 들어 올리는 마테우시 키엘리슈코브스키

그러므로 에우마스타스가 바위를 들어 올린 방식과 가
장 유사한 종목인 '스톤 투 숄더Stone to shoulder'로 눈을 돌
리면 비교 양상은 또 다시 달라진다. 이 경기에서는 410파
운드(약 186킬로그램)의 바위를 지면에서 들어 올린 후 어
깨 위에 얹으면 점수를 획득한다. 2분 30초 동안 가장 많
이 반복한 성적에 따라 등수가 결정되는데, 〈2019 아놀드
스트롱맨 클래식〉 당시 폴란드의 마테우시 키엘리슈코브

스키Mateusz Kieliszkowski가 총 다섯 번을 성공하며 종목 1위를 기록했다. 스톤 투 숄더는 개인 간 편차가 크기 때문에 한 번도 성공하지 못하는 선수들도 더러 있다.

이처럼 다듬어지지 않은 바위나 무쇠를 들 수 있다는 건 그만큼 강력하고 순수한 힘을 갖고 있음을 증명한다. 오늘날 아틀라스 스톤Atlas stone[10]이나 후사펠 스톤Husaffel stone[11] 같은 스트롱맨 종목에 등장하는 돌 역시 200킬로그램을 넘지 않는다. 1860년 스코틀랜드의 도널드 디니Donald Dinnie가 각각 144.5·188킬로그램의 바위를 양손에 들고 공사 중이던 다리를 건너면서 디니 스톤이라는 경기가 탄생했다. 하지만 이 돌에는 금속 손잡이가 달려 있었다.

바위를 위로 들어 올리는 것과 디오메데스나 아이네이아스처럼 들어 올렸던 이야기는 또 다른 차원의 문제일 수 있다. 바위를 투척 무기로 사용했다면, 아마도 에우마스타스가 들어 올렸던 것보다는 훨씬 더 작았을 것이다. 그렇다면 관건은 얼마나 작고 가벼웠는가에 있다. 흥미롭게도 올림피아에서 기원전 7~6세기 것으로 추정되는 143.5킬로그램짜리 바윗덩어리가 발견됐다. 여기에는 폴로스의

10   100~160킬로그램의 돌을 선반 위에 올려놓는 경기
11   186킬로그램의 돌을 가슴에 안고 가장 먼 거리를 이동하는 경기

비본이 들어 올렸다는 바위에 새겨진 명문

아들 '비본Bybon'이 '한 손'으로 바위를 머리 위로 들어 올
렸다는 비문이 새겨져 있다.

역사 문헌에서도 괴력과 탁월한 투척 능력을 가진 이들
이 등장한다. 기원전 479년 플라타이아이 전투 당시 페르
시아 군과 대치 중이던 그리스 연합군은 식수食水와 유리
한 고지를 확보하고자 후방으로 이동을 결정한다. 하지만
거듭된 전투 연기에 불만을 품고 있던 스파르타의 아몸파
레토스가 철군은 비겁한 행동이라며 강하게 반발했다. 총
사령관 파우사니아스는 지원 없이 단독으로 남겨질 경우
위험할 것이라며 그를 설득했다. 언쟁 끝에 아몸파레토스
는 양손으로 거대한 바위를 들어 파우사니아스의 발 앞에

내려놓았다. 그리고 이 돌이 이방인들에게서 도망치는 데에 반대하는 투표석이라고 말했다.

운동화를 신은 영웅의 여정

　고대 영웅은 초인적 힘과 지혜를 갖춘 도덕 교사였다. 삶은 그들의 여정에 비유할 수 있다. 그리고 지금, 우리는 여가를 통해 영웅의 모험을 경험하는 시대를 살고 있다. 조지프 캠벨은 『천의 얼굴을 가진 영웅』에서 여러 문화권의 신화 속에 보편적으로 나타나는 원질 신화가 존재한다는 사실을 보여 준다. 영웅의 모험은 3막(출발-입문-귀환), 총 17단계로 구성된다. 이후 할리우드의 시나리오 컨설턴트인 크리스토퍼 보글러는 난해한 캠벨의 영웅 모험 구조를 좀 더 쉬우면서도 스토리텔링에 적합한 12단계로 정리했다. 보글러의 스토리 구조는 현재까지도 많은 영화와 게임에 적용되고 있다. 운동을 통해 삶을 변화시켜 나가는 과정도 여기서 크게 벗어나지 않는다. '당신도 영웅'이라는 말은 그저 게임 광고 속 캠페인의 구호가 아니다.

예컨대 집↔회사라는 '일상 세계'에서 벗어나 새로운 운동을 시작하는 사람들은 대개 건강과 체력 증진, 체중 감량, 바디 프로필 촬영 등 어떤 목적이 있다. 건강을 위해 운동을 해야 한다는 의사의 조언, 늘어난 허리 치수 때문에 언젠가부터 입을 수 없게 된 바지, 평균을 크게 초과한 BMI 지수 같은 계기가 '모험으로의 소명'을 부여한다. 그리고 우리는 코치나 트레이너 등 '조언자와의 만남'을 통해 실력을 쌓아 간다. 이렇게 우리는 시작이라는 '첫 관문'을 통과한다. 트랙 위에서든, 체육관에서든, 어디서나 우리는 좋은 친구('협력자')를 만날 수 있다. 하지만 어느 정도 시간이 지나면 정체기가 오기 마련이다. 업무의 피로나 회식, 이유 없는 싫증 같은 '시련'도 종종 찾아온다. 유혹하는 친구, 갈등하는 자신 모두 내/외부의 '그림자'다. 하지만 이 모든 것을 이겨냈을 때 건강과 단단해진 몸, 그리고 자기 신뢰라는 '보상'이 주어진다.

우리는 영웅을 힘과 의지, 아름다움 같은 탁월성Arete을 지닌 총체적 이미지로서 동경한다. 한 컷의 비포&애프터 사진은 역동적이면서 압축적인 영웅서사다. 의지와 노력만 있다면 누구나 이 여정에 뛰어들어 성공할 수 있다는 희망의 메시지를 던진다. 우리의 인생은『반지의 제왕』

의 샘과 프로도처럼 뛰어난 재능은 없지만 성실함과 목적
의식을 갖고 운명의 산을 향해 한 걸음씩 전진하며 성장해
나가는 순례자의 여정과도 같다. 흔히 길 또는 여행이라는
은유에 빗대 인생을 이야기하듯이.

크로스핏이나 실내 클라이밍을 하는 사람들을 끌어당
기는 건 신의 뜻이나 운명이 아닌 희열이다. 매일 달라지
는 WOD[12], 점점 가팔라지는 경사의 벽을 정복해 가는 일
명 '문제 풀이' 과정은 우리의 멘탈과 체력을 조금씩 성장
시킨다. 밀레니얼 세대로 불리는 젊은이들은 체육관이라
는 (요나를 집어삼킨) 거대한 고래의 배 속에서 안전한 위
험을 대면하고, 자발적 고독을 경험한다. 조지프 캠벨은
고래의 배 속을 '새로운 에너지가 만들어지는 어두운 공
간'이라고 설명한다(내가 다니던 피트니스 센터 역시 어두운
색의 벽과 바닥을 조명으로 비추고 있다). 영웅은 물고기의
배 속으로 들어갔을 때와는 전혀 다른 모습으로 나온다.
영웅의 괴물 퇴치가 우리 안의 어둠을 죽인다는 것을 의미
하듯, 누군가에게 체육관에 간다는 건 권태와 무기력을 물
리치는 것을 뜻한다.

12   Workout of the Day, 크로스핏 용어로 '오늘의 운동'이라는 뜻

아리스토텔레스는 『시학』에서 모방하기는 인간에게 내재한 본성이기에 모방을 통해 학습이 시작되고, 모방된 것에서 쾌감을 느낀다고 적었다. 운동을 마치고 거울 앞에서 만족감을 느끼는 건, 모험을 마치고 다시 넓은 세계로 나갈 준비를 마친 영웅의 모습을 발견했기 때문일지 모른다. 물론 이처럼 거창하게 자신을 격려하는 사람은 없다. 분명 헤라클레스나 테세우스는 평범한 나와 다른 형상을 하고 있다. 하지만 그 너머에는 같은 의미가 존재한다. 고대 그리스인은 의례, 운동 경기를 통해 신화에 참여했다. 인간이 만든 규칙이지만, 그것을 준수하며 과업을 달성한 자는 신의 가호를 입는다고 믿었다. 우리 또한 운동화 끈을 조이면서 같은 의미를 부여할 수 있다.

달리는 성자聖者 조지 쉬언은 이런 기대에 확신을 안겨준다. "자신이 누구인지 증명해야만 하는 한, 우리는 영웅 아니면 겁쟁이다. 도전이 도처에 널려 있다. 무모하게 모험을 찾아 나서라는 말이 아니다. 자신이 되고 싶은 사람은 그 사람이 되기 위해 노력하라는 뜻이다. 너무나 힘들고 또 우울함과 고통을 동반하는 과정이 끝없이 되풀이되지만, 용기를 통해 우리는 정신과 육체 사이에 다리를 놓을 수 있다."[13]

나는 일주일에 세 번 스트렝스(벤치 프레스, 스쿼트, 데드 리프트 등을 중심으로 하는 고중량·저반복 훈련) 운동을 한다. 그리고 오디세우스가 20년의 전쟁과 방랑 끝에 페넬로페와 재회한 것과 달리, 2시간이면 집으로 돌아와 아내와 함께 저녁 식사를 한다. 우리는 이런 경험 속에서 어제보다 조금 더 나은 사람이 됐다는 용기를 얻는다.

13　조지 쉬언, 『달리기와 존재하기』, 김연수 옮김, 한문화, 2003, 87쪽

권투와 레슬링을 합친 '판크라티온'

올림피아 제전을 비롯한 고대 경기에는 레슬링과 권투 외에 또 하나의 투기 종목이 있었다. 판크라티온은 권투 와 레슬링을 합친 종합 격투기로, 이 명칭은 모두를 뜻하는 판Pan과 힘을 의미하는 크라토스kratos를 합친 것이다. 판크라티온은 아테네의 영웅 테세우스가 미궁 속에서 미노타우로스를 제압하기 위해 창안했다는 전설이 있다. 33회 올림피아 제전(기원전 648년) 때 처음 도입된 판크라티온은 대중들에게 인기가 매우 높았다. 자연히 여러 제전에서 판크라티온은 상금이 가장 높았으며, 그로 인해 최초로 직업 선수가 등장한 종목이기도 했다. 이름에서도 짐작할 수 있듯 이 경기에서는 물기와 할퀴기, 눈 찌르기 정도를 제외하면 발차기를 포함한 거의 모든 기술이 허용됐다. 또 권투, 레슬링과 마찬가지로 체급과 시간제한 없이 진행됐다.

경기가 시작되면 선수들은 흔히 상대의 손을 맞잡고 손 가락을 부러뜨렸다. 조르기나 관절꺾기로 인해 더 이상 버틸 수 없는 상황이 되면 항복 의사를 표시했다. 그러나 투지가 지나치게 강한 선수들은 목숨을 버리면서까지 승리에 집착했다. 54회 올림피아 경기(기원전 564년)에서 아라키온Arrachion은 목조르기 기술에 걸렸으나, 기권하

경기 중인 판크라티온 선수 청동 조각상(기원전 2세기)

지 않고 상대의 발가락을 부러뜨렸다. 고통을 이기지 못한 상대 선수가 경기를 포기했지만, 아라키온은 이미 질식사한 뒤였다. 사후에 승자로 선포되면서 그는 3연속(52~54회) 우승이라는 기록을 달성했다. 그런가 하면 밀론처럼 괴력으로 유명한 판크라티온 선수들도 있다. 스

술잔에 그려진 그림. 심판이 눈 찌르기 반칙을 하려는 선수에게
매질을 하려는 순간을 담고 있다(기원전 490~480년).

코투사 출신의 폴리다마스Polydamas는 맨손으로 사자를
죽이고, 한손으로 달리는 마차의 바퀴를 붙잡아 멈춰 세
웠다고 전해진다. 그의 죽음에 얽힌 이야기도 전설적 색
채가 짙다. 어느 여름날 폴리다마스가 친구들과 함께 동
굴에 있을 때 갑자기 그곳이 무너지기 시작했다. 폴리다
마스는 입구에 서서 양손과 어깨로 천장을 받치며 친구
들이 탈출할 수 있도록 도왔으나, 그 자신은 동굴을 빠져
나오지 못했다고 한다.

2장

김나시온,
고대의 헬스클럽

진정 선한 사람이 되는 것은 어려운 일.
팔이나 다리에 그리고 이성에
정사각형의 무결점은 어렵다.

— 시모니데스[1]

1 시모니데스(기원전 556~468년): 고대 그리스의 시인.
   아르킬로코스, 사포 외, 『고대 그리스 서정시』, 김남우 옮김, 민음
   사, 2018, 111쪽

편안함이라는 특권

고대 그리스인들은 운동 못지않은 열정으로 편안함을 추구했다. 이들에게 의자와 침대란 단순한 가구 이상의 의미를 지녔다. 역사적으로 고대에는 의자가 매우 드물었기 때문에 수천 년 동안 의자는 권위의 상징으로 받아들여졌다. 의아하게 들릴 수도 있겠지만, 사실 우리 인류는 200만 년 이상 의자 없이 생활했다. 수렵 채집 활동을 하던 조상들에게 먹거나 휴식하기 위해 취했던 가장 편안한 자세는 바로 '쪼그려 앉기'였다. 그들은 웅크리고 앉은 자세로 잠을 잤다. 동굴이나 은신처는 함께 누울 자리도 넉넉지 못했을 뿐만 아니라 적과 맹수로부터 위험을 보다 쉽게 감지할 수 있었기 때문이다.

그리스인은 편안한 베개와 푹신한 등받이가 있는 소파형 침대 클리네Kline를 사용했다. '비스듬히 기대다'라는 뜻의 영어 단어 'recline'도 여기서 파생됐다. 로마 제국에서는 상류층이 만찬이나 연회를 갖는 공간을 트리클리니움Triclinium이라고 불렀는데, 손님들이 편안하게 눕거나 기댈 수 있는 3인용 침대를 의미한다. 그들은 머리는 낮은 식탁 쪽으로 두고, 왼쪽 팔꿈치는 쿠션에 괴어 비스듬히 기댄 자세로 식사했다. 노예들은 주인과 손님 곁에 서서 그들이 집어 먹을 음식을 쟁반에 들고 있어야 했다.

부유한 그리스인들은 처음에 클리네를 잠자리로만 이용하다가 나중에는 여기에서 식사를 했다. 기원전 600년경부터 남자들은 누운 채로 함께 토론을 했다고 전해진다. 플라톤의 대화편 『향연』은 이러한 좌식坐式 문화를 잘 보여준다. 이 작품의 그리스어 원제 Symposion(심포지온)은 '함께Sym 마시기Posion'라는 뜻으로 연회나 술잔치를 의미한다. 심포지온이 주연이라고는 해도 마냥 흥청망청 노는 술판은 아니었다. 그리스인은 식사와 주연을 엄격하게 구분했으며 대개 식사가 끝날 때까지는 술을 마시지 않는 것이 관례였다.

심포지온이 시작되면 참석자들은 먼저 주사위를 던져 '심포지아크Symposianch(심포지아의 사회자)' 혹은 '바실레우스Basileus(왕)'라고 부르는 대표를 뽑았다. 각각의 심포지온에는 나름의 규칙이 존재했다. 선출된 대표는 물과 포도주의 희석 비율에서부터 마시는 속도 등을 결정했다(당시 그리스인들은 포도주를 희석하지 않고 그대로 마시는 건 야만인들의 특성이라고 여겼다). 무엇보다 대표의 가장 중요한 역할은 이 날의 대화 주제, 음악의 유형, 무언극이나 춤의 종류 등을 결정하는 것이었다. 크세노폰이 쓴 『향연』의 분위기가 플라톤과 사뭇 다른 이유가 그 때문이다. 플라톤의 대화편에서 벌어지는 심포지온은 아가톤의 비극 경연대회 우승(기원전 416년)을 축하하기 위한 것이었으며, 참석자들은 음주보다² 에로스를 찬미하는 연설에 집중한다. 반면 크세노폰의 심포지온은 아우톨리코스가 판크라티온 경기에서 우승(기원전 421년)한 것을 축하하기 위해 열렸다. 이 만찬에서는 소박한 유흥이 더 강조된다.

고대의 심포지온에서는 독특한 좌식 문화를 확인할 수 있다. 주연에는 때때로 성인식을 치르지 않은 젊은이들도 참석할 수 있었다. 하지만 그들은 똑바로 앉아서 술을 마셔야 했다. 성인식을 치른 이후에야 클리네에 기댈 수 있는 자격이 주어졌기 때문이다. 식사와 집필, 토론, 접대 등

2   전날의 과음으로 인한 숙취 때문이다.

을 모두 누워서 하는 그리스인의 극단적 편안함 이면에는
사실 엄격한 제약이 존재했던 것이다.

그들은 영혼/육체를 구분하지 않았다

'헬라스의 학교[3] 아테네에서는 보통 7~8세가 되면 교육을 시켰다. 아테네에는 공교육 제도가 없었기에 공공 체육 시설 정도를 제외하면 모두 사립 형태로 교육이 이뤄졌다. 학교 역시 도시에서 비용을 들여 건립한 공공건물이 아닌 교사들의 집이었다. 교과 과정은 크게 읽기·쓰기, 음악, 체

---

3 기원전 431년, 펠로폰네소스 전쟁의 첫해가 끝나갈 무렵 페리클레스는 전사한 아테네 병사들을 위한 추도 연설에서 아테네를 '헬라스의 학교tês Hellados paideusis'라고 말한다. 그는 슬픔에 빠진 유족과 전쟁으로 고통받는 시민들을 위로하며 용기를 불어넣고자 아테네 민주정의 우월함과 탁월한 시민의식 등을 강조하며 이 같은 표현을 사용했다. (투퀴디데스, 『펠로폰네소스 전쟁사』, 천병희 옮김, 도서출판 숲, 2011, 2권 43장, 173쪽)

육 등 세 과목으로 나뉘었다.[4] 오전에는 문학을 배웠으며 호메로스의 『일리아스』와 『오디세이아』가 교재였다. 아이들은 호메로스의 서사시에서 영웅적 이상과 탁월성에 대해 배우고 역사와 지리, 자연과학 등 다양한 지식을 섭렵했다.

오전 수업으로 나른해진 학생들은 오후가 되면서 활력을 되찾는다. 체육 학교인 팔라이스트라Palaistra(레슬링 도장)로 자리를 옮겨 체육 수업이 시작되기 때문이다. 팔라이스트라에는 소유주였던 체육 교사(파이도트리베스)의 이름이 붙었다. 이곳에서 체육 교사는 5종 경기 종목인 멀리뛰기와 달리기, 원반던지기, 창던지기, 레슬링을 가르쳤다. 팔라이스트라가 레슬링을 뜻하는 '팔레'에서 파생된 데서 알 수 있듯, 레슬링은 모든 체육 수업 중에서도 특히 중요하고 경쟁이 치열했다.

수영과 춤도 중요한 수업 내용이었다. 반도 지형의 그리스는 오랫동안 해양 자원을 이용하고 해양 교역을 한 덕택에 발전할 수 있었다. 때문에 수영은 대단히 중요한 기술

---

4   아리스토텔레스는 당시 통용되던 과목이 읽기·쓰기, 체육, 음악, 그리기 등 네 가지라고 하면서도 그리기가 필수는 아니었다고 설명하고 있다. (아리스토텔레스, 『정치학』, 천병희 옮김, 도서출판 숲, 2009, 8권 3장)

로 여겨졌는데, 당시 속담에도 무식한 사람이란 글자를 모르거나 수영을 할 줄 모르는 사람이라는 말이 있을 정도였다. 크세노폰의 『향연』에서 소크라테스는 춤이 신체를 골고루 발달시키며 유연성을 높여 준다고 말했다. 또 활동량이 떨어지는 노약자들이 여름에는 그늘, 겨울에는 실내에서 할 수 있는 운동으로 적합하다고 생각했다.

초등 교육은 대개 14~16세 무렵에 끝난다. 이후부터는 이론보다 체력 단련이 더 많은 비중을 차지한다. 18세에 군 복무를 시작하기에 앞서 전투 수행 능력을 기르는 것이 중요했기 때문이다. 청소년들은 김나시온Gymnasion이라 불리는 체력 단련장에서 체육·군사 교육을 이어 갔다.

우리에게는 고대 그리스인에 대한 잘못된 고정관념이 있다. 이를테면 아테네 시민이라면 예외 없이 밀랍 서판을 옆에 끼고 아고라에 모여 철학과 예술 담론을 나누는 모습을 떠올리는 것이다. 그런데 어느 누구도 중세 이탈리아와 영국의 평범한 시민들을 단테나 레오나르도 다빈치 혹은 셰익스피어와 동일시하지 않는다. 그리스인에게도 같은 판단을 내려야 한다. 미국의 역사학자 윌 듀런트도 이 점을 지적하고 있다. 그는 평균적인 그리스인을 아테네의 3대 비극 시인이나 플라톤의 제자와 동일시해서는 안 된다고 말한다. 그보다는 운동과 스포츠에 관심이 많고, 좋

아하는 팀이나 선수를 열렬히 응원하는 오늘날의 대중에
더 가깝다.

고대 그리스인들은 전통적으로 정신과 육체를 하나로
보았다. 둘은 반으로 쪼개진 것이 아닌, 원래부터 한 덩어
리였다. 그리스어 프시케Psyche는 '영혼'을 뜻한다. 호메로
스가 활동하던 시대에 이것은 인간을 살아 있게 해 주는
생명력이었다. 『일리아스』에서는 전투 중에 죽은 전사들
의 입을 통해 프시케가 떠나간다. 프시케는 '숨 쉬다Psycho'
라는 단어에서 유래했다. 우리가 죽음을 말할 때 '숨이 끊
어졌다'는 관용구를 사용하듯, 영혼은 생명의 호흡을 의미
했다. 때로는 프시케가 상처나 사지에서 빠져나간다고 묘
사되기도 한다. 호메로스의 서사시에서 프시케는 살아 있
는 인간의 몸 속에서 장기臟器처럼 존재한다. 육체를 뜻하
는 소마Soma는 영혼이 떠나고 없는 빈껍데기, 시체에 불과
하다. 기원전 8~7세기에는 '살아 있는' 인간의 육체와 영
혼을 구분하는 말도, 그러한 관념도 없었다. 『오디세이아』
제11권에서는 저승에 모여 있는 영혼들이 허상처럼 그려
진다. 이들은 동물의 피를 마시고 나서야 겨우 의식을 되
찾는다. 소크라테스와 플라톤이 영혼을 육체보다 고귀한,
이성을 가진 불멸의 신적 존재로 여겼던 것과는 차이가
크다.

물론 오르페우스교나 피타고라스학파는 윤회를 통해 인간의 영혼이 영원히 존재한다고 주장했다. 하지만 많은 그리스인은 오랫동안 영혼과 육체가 서로 대립한다고 생각하지 않았다. 영혼은 장기와 사지 등 몸 전체에 자리하고 있는 것이라 여겼다. 그리스의 학교에서 체육이 다른 어떤 과목보다 높은 지위를 누렸던 이유는 교육의 목표가 높은 교양을 기르는 것이 아닌, 폴리스에 적합한 시민을 양성하는 데 있었기 때문이다. 호메로스가 어떤 사람에게 '훌륭하다Agathos'[5]고 할 때 그것은 도덕적 의미가 아닌 훌륭한 군인, 도구 등에 사용하는 유용함·쓸모·능력을 뜻했다.

영웅들이 보여 준 '아레테Arete'를 갖추기 위해서도 체육은 꼭 필요했다. 아레테는 미덕Virtue 혹은 탁월성Excellence이라고 부르지만, 둘 중 어느 것도 완전한 의미를 담지는 못한다. 미덕이라는 말은 언뜻 윤리적 색채가 강해 보여도 원래 '남성다움'을 의미하는 라틴어 virtus에서 유래했다. 탁월성 또한 마찬가지다. 예를 들어 헤라클레스는 강력한 괴물이나 동물을 제압하는 신체적 탁월성을 지니고 있다. 스팀팔로스에 사는 사나운 새들을 죽일 때에는 아테나 여신에게 받은 청동 캐스터네츠를 사용하는 지혜를 발휘하

5   '선'이라고도 한다.

기도 했다. 또 케리네이아 산속에 사는 황금 뿔 사슴을 잡기 위해 1년 동안 추격하는 끈기와 인내를 지녔다.

『일리아스』에서 영웅들은 출중한 외모와 신체 조건을 갖추고 있다. 호메로스는 영웅적 탁월성과는 정반대로 추한 외모 속에 비열한 성품이 자리 잡고 있는 것으로 묘사한다. 『일리아스』에서 아가멤논을 모욕하는 독설가 테르시테스가 대표적이다. 그는 수다스러운 데다 평소에도 왕과 장수들을 헐뜯기 좋아했는데, 특히 아킬레우스와 오디세우스를 번번이 모함하며 분쟁을 조장하던 인물이다. 테르시테스는 전 그리스군을 통틀어 가장 못생긴 자로 안짱다리에다 곱사등이어서 어깨가 앞으로 굽어 있다. 또 어깨에 혹처럼 얹혀 있는 머리에는 가느다란 머리카락이 듬성듬성 나 있는 모습으로 그려진다. 영화 〈300〉에서 스파르타를 배신하는 에피알테스가 이와 비슷한 모습을 하고 있다(그러나 헤로도토스는 『역사』에서 에피알테스의 용모에 대해 언급하지 않았다). 〈반지의 제왕〉에 등장하는 골룸도 테르시테스를 닮았다. 오디세우스는 테르시테스를 매섭게 꾸짖으며 아가멤논의 황금 홀로 그의 등과 어깨를 내려쳤다.

마찬가지로 아리스토텔레스는 『수사학』에서 인간의 생애 중 청년기의 아름다움은 경기에서나 체력이 요구되는 어려운 일을 감당할 수 있으면서 보기 좋은 신체를 소유한 것이라고 정의하고 있다. '아름답고 훌륭한 사람'을 뜻하는 칼로스 카가토스kalos k'agathos라는 표현처럼 그리스인은 탁월성이란 건강한 신체, 아름다운 용모와 분리된 것이라고 생각하지 않았다.

육체를 조각하고 지혜를 나누다

그리스 남성들은 어린 시절부터 많은 시간을 김나시온과 팔라이스트라에서 보냈다. 대개 두 곳은 서로 가까이에 있었다. 김나시온은 도시에서 운영하는 체육 시설로 둘레가 360미터 정도 되는 안뜰이 있었다. 이 공간에서는 주로 원반던지기와 창던지기 등을 연습했다. 달리기를 할 수 있는 트랙이 있었으며, 공간마다 헤라클레스와 에로스를 비롯한 여러 신들의 조각상과 제단으로 장식됐다.

아테네에는 아카데미아, 리케이온, 키노사르게스 등 세 곳의 김나시온이 있었다. 정확한 비교는 어렵지만 다른 도시에서 운영하던 김나시온의 규모와 환경은 아테네보다 열악했다. 그리고 이 격차는 아테네가 델로스 동맹의 맹주가 된 기원전 5세기 무렵에는 더 크게 벌어졌을 것이다.

김나시온은 아테네의 인재 육성에서 중요한 토대였다. 소크라테스는 페리클레스의 아들과 대화를 나누며, 오랜 적수였던 보이오티아보다 아테네에서 잘 단련된 신체를 지닌 사람을 더 많이 찾을 수 있다고 말했다.

사설 체육관인 팔라이스트라에서는 레슬링을 비롯한 격투기 종목과 멀리뛰기 등을 훈련했다. 이곳에는 펀칭백을 치며 복싱 훈련을 할 수 있는 방, 실내 레슬링 연습장인 코리세움Coryceum 등이 있었기 때문에 날씨가 거칠 때에도 언제든 실내 운동이 가능했다. 체육관은 한편으로 사교 클럽이기도 했다. 사람들은 이곳에서 운동을 마치고 나면 유행하는 가십거리 등을 공유하거나 토론을 즐겼다. 플라톤의 대화편『향연』에서는 소크라테스가 알키비아데스와 팔라이스트라에서 레슬링을 했다는 대목이 등장한다. 그는 김나시온과 팔라이스트라를 찾아다니며 청년들과 대화하기를 좋아했다.

로스앤젤레스의 베니스 해변에 있는 '머슬비치'는 여러 면에서 김나시온을 떠올린다. 체조 시설과 웨이트 기구들이 조성된 머슬비치는 1970년대 세계적인 보디빌더들이 즐겨 찾는 훈련장이었다. 올리버 색스는 자서전『온 더 무브』에서 파워리프팅에 빠져 있던 젊은 시절을 회상한다. 그는 당시 머슬비치에서 다양한 이력을 가진 친구들과 어울리며 운동을 즐겼다. 그곳에서 올리버 색스는 프론트스쿼트[6]로 260킬로그램을 들어 올리며 '스쿼트 박사'라는 별명을 얻었는데, 그의 체중을 감안해도 놀라운 기록이다. 나는 그가 운동 파트너인 '멜'이라는 청년에게 사랑과 우정을 느꼈던 대목에서 소크라테스와 알키비아데스의 관계를 떠올리곤 한다(흥미롭게도 더부룩한 수염을 한 노년의 올리버 색스의 얼굴은 수많은 조각과 그림으로 묘사됐던 소크라테스와 비슷한 분위기를 풍긴다). 소크라테스는 알키비아데스의 재능을 사랑했으며, 올리버 색스 또한 멜과의 정신적 유대에서 행복을 느꼈다. 이들의 친밀함은 사랑과 우정, 가족애를 모두 포괄하는 필리아Philia라고 볼 수 있다.

체육관에서 남성들은 아무것도 걸치지 않은 알몸으로 운동했다. 지금으로선 상상하기 어려울 만큼 낯선 풍경이지만, 김나시온이라는 이름은 '벌거벗은'을 뜻하는 김노스 Gymnos에서 유래했다. 뜨거운 햇빛을 맞으며 모래 위에서 훈련하는 이들은 피부를 보호하며 근육을 더 아름답게 보이려고 운동 전후로 몸에 올리브유를 발랐다. 레슬링과 복싱, 판크라티온 선수들은 미끄러운 피부 덕분에 상대에게

6   바벨을 승모근이 아닌 쇄골부에 얹는 방식으로, 백스쿼트에 비해 높은 중량을 다루기가 더 어렵다.

쉽게 붙잡히지 않았다. 반대로 자신 또한 공격에 애를 먹었다. 스키타이의 철학자 아나카르시스는 올리브유를 바른 선수들이 서로를 미치게 만들어 버리기 때문에, 그것을 광기를 초래하는 약이라고 불렀다.

그리스인은 알몸으로 운동하고 경기장에 나가는 것이 야만인과 자신들을 구분한다고 믿었으며, 이 차이가 자부심의 근원이었다. 예컨대 스파르타의 왕 아게실라오스는 외국인 전쟁 포로들을 벌거벗겨 노예 경매장에 전시하라고 지시했다. 다부진 체격에 검게 그을린 스파르타 병사들은 하얀 피부에 빈약하거나 살찐 몸매를 지닌 포로들을 마음껏 경멸하며 우월함을 느꼈다. 이를 계기로 스파르타 병사들은 다가올 전투가 마치 여인들과의 싸움에 불과하다고 믿었다. 양군의 대조를 통해 아게실라오스는 적들이 얼마나 보잘것없는 존재인가를 강조했던 것이다.

그렇다면 알몸으로 운동하는 문화는 언제부터 시작된 걸까? 확실한 계기를 알 수는 없지만 학자들이 인용하는 근거는 대략 세 가지다. 첫 번째는 기원전 720년 올림피아 제전에서 우승한 메가라 출신의 오르시포스라는 선수가 경기 도중 반바지를 잃어버렸는데, 이때부터 알몸 운동이 유행하기 시작했다는 설이다. 두 번째는 아테네에서 열린 한 육상 경기에서 선두로 달리던 주자가 흘러내린 반바지에 발이 걸려 넘어지는 바람에 우승을 놓쳤는데, 그로 인해 당시 집정관이던 히포메네스는 같은 사고를 방지하고자 모든 선수가 알몸으로 경기하는 법령을 제정했다. 이 두 가지 설은 경기 도중 우연한 '사고'를 계기로 알몸 운동이 시작됐다고 본다. 그런데 아테네의 역사가 투키디데스의 주장은 좀 다르다. 그는 옷을 벗고 나체로 경기를 하거나, 연습이 끝난 뒤에 올리브유를 바르는 문화가 모두 스파르타에서 시작된 것으로 보았다. 그리고 이들의 관행이 올림피아 경기에도 영향을 미쳤다고 기록했다. 물론 알몸 운동에 대한 사람들이 반응이 처음부터 호의적이지는 않았다. 플라톤은 스파르타에서 알몸으로 체력 단련을 시작했을 당시, 외국인은 물론 같은 그리스인들 사이에서도 비웃음거리가 됐었다고 말한다.

고대 김나시온과 피트니스 센터를 찾는 사람들은 모두 각자의 운동에만 열중한다는 공통점을 갖고 있다. 두 곳 모두 관중이 아닌 운동하는 사람들에게만 열려 있다. 그 안에서 다수는 한 팀이 아닌 개인 종목을 치르는 선수들이나 다름없다. 체육관에서는 사회적 지위나 역할도 잠시 의미를 잃는다. 비록 알몸은 아니지만 열정적인 회원들은 모두에게 나눠 주는 단체복을 거부하고 몸에 달라붙는 기능성 운동복이나 짧은 팬츠, 민소매 티셔츠 등을 입고 자신을 드러낸다. 그리고 벽에 붙은 전신 거울에 비친 자신을 독려하면서 만족감을 느낀다. 운동을 하러 체육관에 오는 사람은 누구나 선수와 관중이라는 두 가지 역할을 동시에 수행한다.

김나시온의 등장 배경

올림피아 제전이 개최되고 한 세기가 지날 무렵, 그리스인들은 새로운 전투 방식을 고안해 냈다.『일리아스』에 등장하는 전차를 타고 이동하며 일대일 결투를 치르던 귀족 전사들이 점차 사라지고, 기원전 700년대 초부터는 팔랑크스Phalanx라는 밀집 대형으로 전투하는 중무장 보병들이 새롭게 부상했다. 중무장 보병Hoplites이란 명칭은 그들이 사용하는 둥근 방패를 일컫는 호플론Hoplon에서 유래했다. 이들은 중산층 시민들로 구성됐는데, 투구와 방패, 흉갑, 정강이 덮개 등 모든 무장을 자력으로 구비해야 했기 때문이다.

팔랑크스는 기본 8열에서 필요에 따라 그 이상으로 늘어나는 직사각형 대열을 하고 있다. 전면을 향해 창을 든 병사들은 노출된 오른쪽 측면을 옆 전우의 방패로 보호받았다. 밀집 방진은 무엇보다 대열의 견고함이 생명이었다. 승패는 한쪽의 진형이 붕괴하는 순간 결정됐고, 그때부터 대량 살상이 벌어졌다. 따라서 방진의 가장 취약한 지점, 즉 맨 오른쪽에 위치한 병사는 자신의 반쪽이 무방비 상태임에도 동요하거나 대열에서 이탈하지 않아야 했으므로 가장 용맹한 이들 중에서 선발했다. 실질적인 교전은 앞 1~2열에서만 발생했다. 여기서 죽거나 부상자가 발생하면 바로 뒤의 병사가 그 자리를 채웠다.

양편의 팔랑크스는 적절한 거리를 두고 대치하다가 어느 순간 서로를 향해 사납게 돌진했다. 이 전투 양상을 방패 밀치기Othismos라고 부른다. 전열에서 백병전이 벌어지고 있을 때 후열의 병사들은 방패로 앞쪽 동료의 등을 밀친다. 팽팽한 접전이 이어지지만, 뒤에서부터 배가되는 엄청난 압박은 결국 한쪽의 대열을 흩뜨린다. 이 과정에서 쓰러진 병사들은 발에 밟혀 압사당하고 심지어 뒤에서 날아오는 아군의 창을 맞고 동료들이 죽는 상황도 발생했다. 몸과 몸이 맞부딪히며 상대의 눈을 응시해야 하는 전투 방식은 병사들 개개인에게 대담한 용기와 인내심을 요구했다. 또 이들 사이에는 형제나 친구, 이웃이기도 한 전우들이 자신과 함께 싸운다는 신뢰와 공동체 의식이 존재했다.

따라서 자신의 비겁함 때문에 전체를 위험에 빠트려서는 안 된다는 윤리관이 자리 잡고 있었다. 플라톤은 『국가』에서 겁을 먹고 대오를 이탈하거나 무기를 버리는 등 비겁한 행동을 한 자의 신분을 장인이나 농부로 강등시켜야 한다고 말했다. 아리스토파네스는 전장에서 방패를 내던지고 도망쳤다는 클레오니모스를 「구름」, 「벌」, 「평화」, 「새」 등의 작품에서 집요하게 조롱했다.

그리스의 중무장 보병은 다른 어떤 나라의 병사들보다 육체적 본능을 더 잘 억제했고, 전쟁터에서의 무서움을 통제했다. 이를 위해서는 무엇보다 군사 훈련과 더불어 체력 단련이 중요했다. 특히 알몸으로 운동하는 문화는 자연스럽게 병사들이 서로 동등하다는 의식과 친밀함을 불어넣었다. 스파르타가 상비군을 갖춘 병영 국가였다는 점을 감안하면 알몸 운동이 처음 이곳에서 생겼다는 투키디데스의 말에도 신빙성이 있다(스파르타의 교육 제도에 대해서는 5장에서 자세히 다룬다). 하지만 아테네나 다른 도시 국가들은 스파르타와 사정이 달랐다. 이들에게는 스파르타의 아고게 같은 체계화된 공적 훈련 제도가 없었기 때문이다. 이런 공백에 대처하기 위해 아테네가 취한 길이 바로 공공 체육 시설인 김나시온의 설립이다. 펠로폰네소스 전쟁 초기 전몰자들을 위해 발표한 페리클레스의 추도사에도 그

배경이 잘 나타나 있다.

또한 교육에 있어서 그들(스파르타인)은 어린 시절부터 혹독한 훈련으로 용맹함을 추구하는 반면, 우리는 자유로운 삶을 영위하면서도 그들과 같은 수준의 위험을 맞닥뜨리게 되면 그들 못지않게 맞설 준비가 되어 있습니다. (…) 힘겨운 훈련보다는 편안함으로, 그리고 법에 의한 강제가 아니라 우리에게 익숙한 용맹으로써 위험을 감내하고자 한다면, 우리가 고통스러운 미래에 대해 미리 괴로워할 필요가 없고 그러한 상황에 이르더라도 계속해서 고통스러운 훈련을 겪은 자들보다 두려워할 것이 없다는 것이 분명합니다.[7]

기원전 6세기 전까지만 해도 도시 안에서 시민들이 모여 경주나 레슬링을 할 수 있는 공간은 시장터 정도였다. 그러다 올림피아 제전의 명성이 펠로폰네소스를 넘어 국제적으로 확산되면서 시민들의 경쟁 욕구를 자극했고, 여기에 팔랑크스 전술을 효과적으로 수행할 수 있는 신체 단련에 대한 요구가 더해졌다. 물론 이 둘은 정확하게 선후

---

7   페리클레스, 「위대한 시민을 위하여─장례식 추도 연설」, 『그리스의 위대한 연설』, 김헌·장시은·김기훈 옮김, 민음사, 2015, 39장

관계를 규명하기 어렵다. 아테네는 도시 외곽의 숲과 성소, 너른 공터를 갖춘 곳에 김나시온을 지었고, 시민들에게 개방하여 전투에 필요한 체력 훈련을 자발적으로 실시할 수 있도록 일임했다. 이렇게 김나시온에서 전라全裸의 젊은이와 노인들은 함께 운동하며 친밀함과 동지적 우애를 쌓아 갔다.

신神이 깃든 육체

　신화와 호메로스의 서사시 속에서 신들은 인간의 모습을 하고 인간의 감정을 지니고 있으며 인간처럼 행동한다. 차이가 있다면 신들은 굶주리거나 노화와 질병으로 인해 고통받지 않는다. 올림포스의 신들은 대개 인간의 생애 중 가장 젊고 건강하며, 아름다운 시절의 모습을 하고 있다. 기원전 6세기 밀레토스의 철학자들이 과학적으로 세계를 설명하려고 노력했던 것과 달리, 예술가들은 인간의 육체에서 신의 형상을 찾았다. 목재를 사용한 이전 세기의 선배들과 달리 대리석에 새긴 청년 입상 쿠로스Kouros(소년 혹은 젊은이라는 의미)에는 운동선수 이미지

가 담겨 있다.[8]

그리스는 기원전 7세기에 이집트와 교류하면서 그들의
조각 양식을 함께 받아들였다. 때문에 쿠로스에는 이집트
조형의 특징인 정면성 법칙이 남아 있다. 부동자세로 정면
을 향해 있는데, 살짝 앞으로 나온 왼쪽 발을 제외하면 좌
우가 완벽한 대칭을 이룬다. 이 쿠로스에서는 아직 섬세한
근육을 찾아볼 수 없다. 무표정한 얼굴에 다부진 몸은 여
러 종목 중에서도 권투나 레슬링 선수의 기개와 강인함을
보여 주려는 것 같다. 이를 두고 니코스 카잔차키스는 이
렇게 말했을 것이다. "그것은 움직이지 않는 것이 아니라,
눈에 띄지 않는 삶의 진동으로 넘친다. 비행飛行의 절정에
서 머뭇거리는 수리가 날개를 쳐도 우리 눈에는 움직이지
않는 듯 보이는 것처럼, 고대 조각품은 눈에 띄지 않지만
살아서 움직인다."[9]

클레오비스Kleobis와 비톤Biton 형제라고 불리는 쿠로스
를 보면 뛰어난 힘을 지닌 것이 신의 축복이라는 관념이
드러난다. 이 두 사람에 대해서는 헤로도토스가 기록에 남

---

8   반면 처녀 입상 코레Kore는 풍성한 옷과 장식으로 우아함을 드러낸다.
9   니코스 카잔차키스, 「그리스 순례」, 『영혼의 자서전(상)』, 안정효 옮
     김, 열린책들, 2009, 222쪽

겼다. 리디아의 왕 크로이소스는 외국을 여행 중이던 솔론을 궁으로 초대한 후 세상에서 가장 행복한 사람을 알고 있느냐고 물었다. 이에 솔론은 아테네의 텔로스가 가장 행복한 사람이라고 대답했다. 그리고 텔로스 다음으로 행복한 사람이 바로 이들 형제라고 말한다. 두 사람은 아르고스 출신으로 체력이 뛰어나 운동 경기에서도 여러 번 우승했다. 헤라 축제가 열리고 있던 때, 형제의 어머니는 짐수레를 타고 신전으로 가려고 했지만 소가 밖에서 돌아오지 못해 출발이 늦어지고 있었다. 이에 형제는 직접 수레를 끌고 45스타디온(약 8킬로미터)을 달려 어머니를 신전으로 모셨다. 사람들이 모여 형제의 체력을 찬양했고, 어머니는 헤라 여신에게 인간이 얻을 수 있는 최고의 축복을 내려 달라고 빌었다. 그러자 형제는 신전에서 잠이 든 이후 깨어나지 못한 채 죽음을 맞이했다. 아르고스인들은 이들의 행적을 기리기 위해 입상을 만들었고[10], 그것을 아폴론 성소가 있는 델포이로 보냈다.

솔론은 진정한 행복이란 삶을 마감하는 시점에서야 알 수 있다고 보았다. 클레오비스와 비톤 형제를 세상에서 가장 행복한 사람 중 하나로 본 이유는, 영예로운 삶을 살다

10   이 입상은 폴리메데스라는 조각가가 만들었다고 한다.

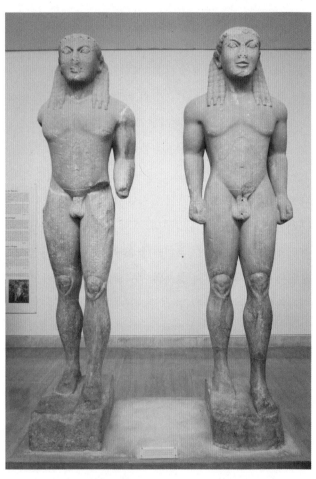

델포이에서 발견된 쌍둥이 쿠로스「클레오비스와 비톤 형제」,
델포이 고고학 박물관(기원전 580년)

「송아지를 멘 남자」, 아테네 아크로폴리스 박물관(기원전 560년경)

가 어떤 오욕이나 고통을 겪지 않고 죽을 수 있었기 때문이다. 솜브로티다스라는 의사는 등이 굽고 근육이 늘어진 나이에 죽었다고 한다. 하지만 그를 기념하는 쿠로스는 전성기 시절의 건강한 육체미를 자랑하는 귀족의 모습을 띠었다.

당시의 조각가들은 아직 근육에 대한 이해가 부족했다. 그러다 비슷한 시기에 들어선 김나시온은 조각가들에게 풍부한 영감을 주기 시작한다. 신의 재현을 한층 더 아름답게 표현할 수 있는 방법을 운동하는 청년들의 벗은 몸에서 찾은 것이다. 조각가들은 달리기와 5종 경기를 하는 선수들을 관찰하며 골격과 근육에 대한 지식을 넓혀 나갔다. 「송아지를 멘 남자Moschophoros」는 조금 더 진보한 표현 방식을 보여 준다. 롬보스라는 이 청년이 송아지의 네 발을 움켜쥐자 전완근이 불거진다. 선명한 복직근은 황소를 짊어지고도 버틸 수 있을 만큼 강한 허리를 가늠케 한다. 조각에 대한 식견이 높았던 소크라테스[11]는 작품이 생명력을 얻으려면 종목에 따라 역동적으로 변하는 인체를 사실적으로 묘사해야 한다는 사실을 잘 알았다. 그는 당시에 운동선수들의 조각상을 아름답게 만들었던 것으로 유명한

---

11   그의 아버지 소프로니코스는 조각가이자 석공이었다.

클레이톤을 찾아가 이 주제로 대화를 나눴다.

"당신은 살아 있는 대상들의 모습을 재현하여 작품으로 형
상화함으로써, 조각 작품들이 더 생생하게 보이도록 만드는
거지요?"
클레이톤이 말했다. "그렇습니다."
소크라테스가 말했다. "그러면 당신이 조각상들을 실물과
더 비슷하고 더 그럴듯하게 만드는 것은, 몸의 자세에 따라
위아래로 당겨지는 것—즉 한데 뭉치는 것과 펴지는 것, 팽
팽하게 긴장하는 것과 이완되는 것—을 모사해서 재현함을
통해서겠지요?"[12]

기원전 5세기에 접어들어 조각가들은 정면성 법칙에서
벗어났다. 조각상은 부동자세를 풀고 움직임을 보여 주기
시작한다. 미론의 「원반 던지는 사람」은 그러한 혁신을 보
여 주는 상징적 작품이다. 원반을 든 오른손을 뒤로 뻗고
상체를 비틀고 있는 포즈는 연속 사진 중의 한 컷으로 보
인다. 하지만 전문가들은 실제로 그런 자세로는 원반을 던

---

12   크세노폰, 「소크라테스 회상록」, 『소크라테스 회상록·소크라테스
의 변론』, 오유석 옮김, 부북스, 2018, 3권 10장 7절

2장 김나시온, 고대의 헬스클럽   **119**

지지 못할 뿐만 아니라 중심을 잃고 넘어질 수밖에 없다고 지적한다. 미론은 원반던지기 선수가 몸을 회전시켜 추진력을 끌어올리는 과정을 하나의 동작으로 압축했다. 신적인 이상을 보여 주기 위해 사실적 묘사 위에 상상력을 덧댔다. 문헌에 따르면 이밖에도 미론은 전속력으로 뛰어가는 단거리 주자를 청동상으로 표현했다고 한다.

19세기 벨기에의 천문학자 겸 통계학자 아돌프 케틀레는 천문학의 평균법[13]을 모든 분야에 적용하려는 야심이 있었다. 그는 각각의 측정값은 오류가 많지만, 이를 취합해 산출한 평균값은 완벽에 가깝다고 믿었다. 케틀레에게 평균적 인간이란 "완벽 그 자체이자 자연이 꿈꾸는" 오류 없는 이상이었다. 그리고 중산층이야말로 여기에 가장 근접한 계층이었다. 인간의 다양성을 조금도 고려하지 않은 엉터리 이론이긴 하지만, 그리스 조각에 담긴 이상을 이해하기에는 적잖은 도움이 된다. 니코스 카잔차키스의 견해도 이와 비슷하다. "완전한 시민이란 (…) 아름다운 몸을 가꾸어서 종족을 지킬 준비를 갖춘 남자였다. 고전 시대의 조각품을 보면 묘사된 남자가 자유인인지 노예인지를 한

---

13 개별 천문학자들의 천체 속도를 취합해 하나의 평균값을 산출하는
    방식

눈에 알게 된다. 그의 몸이 그것을 나타낸다. 평온한 몸가짐, 철저히 훈련된 감정, 아름다운 체격, 이것들이 자유인의 특징이다."[14]

기원전 5세기 후반 최고의 자리를 놓고 경쟁했던 두 명의 화가들 또한 운동선수에게서 영감을 얻었다. 원근법과 명암법으로 명성을 떨친 제욱시스는 포도넝쿨을 그렸는데, 그것을 실물로 착각한 새들이 날아와 포도를 먹으려 했다. 한껏 도취된 그는 대결 상대였던 파라시오스의 그림을 보기 위해 커튼을 젖히려고 했다. 하지만 그 커튼이 바로 파라시오스의 그림이었다. 제욱시스는 크로톤의 헤라 신전에 바칠 트로이의 헬레네를 그리기 위해 지역 주민들에게 가장 아름다운 처녀를 모델로 보내달라고 요청했다. 그런데 사람들은 제욱시스를 체육관으로 데려갔고, 그곳에서 운동하고 있는 소년들을 보며 그 누이의 아름다움을 상상하라고 말했다. 그런가 하면 파라시오스가 그린 달리는 사람을 본 사람들은 이 그림에서 땀이 떨어진다고 느꼈다. 그리스 예술가들의 특징을 단 한 문장으로 압축해야 한다면 단연 이디스 해밀턴이 떠오른다. 그녀는 그리스 예

14   니코스 카잔차키스, 「그리스 순례」, 『영혼의 자서전(상)』, 안정효 옮김, 열린책들, 2009, 226쪽

술가들을 "늘 육체 안에서 정신의 중요성을 보는 정신적인 물질주의자들"[15]이라고 표현했다.

유진 샌도우Eugen Sandow는 보디빌딩의 아버지이자 수호성인이다. 보디빌딩의 역사에서 그가 차지하는 지위는 영문학사에서의 셰익스피어에 버금간다. 미스터 올림피아 우승자에게 수여하는 '샌도우 트로피'는 한 손에 바벨을 들고 있는 샌도우의 모습을 하고 있다. 그의 본명은 프리드리히 빌헬름 뮐러Friedrich Wilhelm Müller로, 프로이센 동부 지방에서 잡화상의 아들로 태어났다. 뮐러는 열여덟 살 때 징병을 피해 들어간 서커스단에서 쇼맨십과 육체 훈련법을 배웠고, 이 무렵 샌도우로 개명했다. 그는 런던 체육협회가 주최한 최초의 공식 역도 대회에서 115킬로그램의 기록으로 우승을 차지했다.

미국으로 진출한 샌도우는 플로렌즈 지그펠드 주니어가 연출한 공연에서 한 손에 각각 25킬로그램의 바벨을 들고 공중 제비를 돌거나, 피아노와 반주자를 함께 들기도 했다. 특히 양쪽 끝에 사람이 들어간 바구니가 달린 바벨을 들어 올리는 동작은 관객들의 감탄을 자아냈다. 샌도우

---

15   이디스 해밀턴, 『고대 그리스인의 생각과 힘』, 이지은 옮김, 까치, 2020, 74쪽

는 젊은 시절 벨기에서 그림 모델로 일했는데, 당시 화가들은 샌도우의 근육질 몸을 보면서 그리스·로마 신화 속 인물들을 표현했다. 그는 괴력의 소유자 이상의 매력을 지닌 남성이었다. 하얀 피부와 균형 잡힌 몸매, 단단한 근육은 많은 관중을 매혹시켰는데, 이를 더욱 돋보이게 하려고 머리카락과 콧수염을 제외한 모든 부위의 털을 밀어 버렸다. 근대 도시인들에게 이상적인 남성상을 제시한 샌도우는 웨이트 트레이닝을 통해 힘과 육체적 아름다움을 모두 가질 수 있다는 걸 증명했다.

그의 몸은 많은 과학자와 예술가의 탐구 대상이었다. 1892년 토머스 에디슨은 관람객 혼자 장치 속의 영상을 들여다보는 키네스토코프를 선보인 후 윌리엄 딕슨과 함께 '블랙 마리아'라는 최초의 스튜디오를 설립했는데, 이곳에서 제작한 첫 영화에 유진 샌도우가 출연했다. 무음으로 나오는 40여 초가량의 짧은 영상에서 샌도우는 트렁크 팬티를 입은 모습으로 복근과 이두근을 쥐어짜는 한편 우아한 팔 동작을 선보인다.

상업성과 예술성을 모두 갖춘 뮤즈로서 샌도우는 문화예술계에 신선한 충격이었다. 대영박물관의 큐레이터였던 레이 랭케스터는 샌도우를 보며 그의 몸이 '완벽한 유럽 남성'의 표상이 돼야 한다고 여겼다. 1901년 렝케스터가

리시포스의 「지친 헤라클레스」 복제품

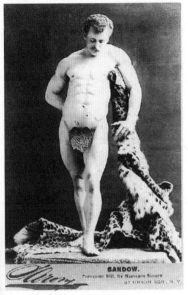

유진 샌도우

제작한 샌도우의 조각상에는 '호모 유로피엔시스'라는 이름이 붙었다. 그는 전시회를 통해 대중들에게 그리스 조각상의 아름다운 근육과 대칭이 그저 환상이 아니라는 것을 보여 주려고 했다. 안타깝게도 이 시도는 보수적인 윤리관이 지배적이던 빅토리아 시대의 관객들에게 별 호응을 얻지 못했다.

피트니스, 멋진 몸의 유용성

근육질의 육체가 만들어 내는 움직임에는 우아함이 깃들어 있다. 많은 사람의 선입견과 달리 대칭과 균형이 살아 있는 보디빌더들의 몸은 결코 둔하거나 뻣뻣하지 않다. '큰 것이 아름답다'를 모토로 삼은 듯 보디빌더들이 지금처럼 비현실적으로 느껴질 만큼 거대한 근육질을 갖기 전, 1980~1990년대에 활동했던 IFBB[16] 보디빌더 숀 레이와 리 라브라다 같은 이들이 무대에서 펼치는 포징은 근육과 동작, 음악의 삼위일체로 완성되는 예술적 퍼포먼스였다. 무용 비평가 사라 카우프먼은 운동선수의 우아함을

---

16   International Federation of Bodybuilding and Fitness, 국제보디
      빌딩연맹

이렇게 표현한다. "만일 우아함이 육체의 가장 아름답고 가장 유쾌한 측면이라면, 우아함을 가장 많이 보여 줄 수 있는 사람은 운동선수일 것이다. 운동선수는 보통 사람보다 우아해질 가능성이 많다. 운동선수의 몸은 고도로 작동하고, 굉장히 많은 반복을 겪기 때문이다. 튼튼한 몸과 많은 연습은 최상의 육체적 우아함에 기본이 되는 요소이다."[17]

정해진 운동 루틴을 빠짐없이 지키며, 정크 푸드처럼 근성장을 방해하는 식품을 줄이려고 노력하는 나는 "근육을 만들어서 어디에 쓰는가?"라는 질문을 종종 듣는다. 이 물음에 나름의 이유를 들어 답할 수 있다. 인간은 원래 쓸모없으면서 아름다운 것을 사랑한다. 무용無用과 무익無益은 동의어가 아니다. "예술이 제 본디 힘과 가치를 가지는 조건은 쓸모가 아니라 쓸모와의 거리다."[18] 만개한 꽃과 반짝이는 별은 우리와 그 어떤 이해관계로도 엮여 있지 않다. 우리는 읽을수록 돈이 되지 않은 시와 소설을 통해 삶의 위안을 얻는다. 오로지 유용함을 추구하는 데 인생의 대부

---

17 사라 카우프먼, 『우아함의 기술』, 노상미 옮김, 뮤진트리, 2017, 183쪽

18 김규항, 「쓸모없는 예술」, 『경향신문』 2015년 4월 20일자 사설

분을 할애해 왔던 우리는 '쓸모 있는 삶'의 의무와 중압감에서 벗어날 때 비로소 품격을 되찾을 수 있다.

웨이트 트레이닝은 이전까지 존재하지 않았던 새로운 질서와 물리적 형태를 내 몸에 부여한다. 보디빌더와 피트니스 모델들의 복근을 살펴보면, 그 형태가 식스팩에서부터 에잇팩Eight-pack, 텐팩Ten-pack에 이르기까지 다양하다. 이처럼 우리가 각자의 유전 형질 속에 감춰진, 유일무이한 조각 작품을 발견할 수 있는 방법은 오직 운동과 식단뿐이다. 호주의 철학자 데이먼 영의 말처럼 "컬 바를 들어 올리거나 엎드려 팔굽혀펴기를 하는 사람들은 고대 그리스의 원형을 보여"[19] 준다.

물론 실리콘밸리에서 인간 수명이 500세까지 가능하다고 전망하는 시대, 우리에게는 운동과 식단 조절의 괴로움 없이 원하는 몸매를 가질 수 있는 간편한 방법들이 많다. 예를 들어 이제 남성들은 벤치프레스나 싯업을 하지 않고도 지방흡입과 성형(체형조각술) 등을 통해 대흉근과 식스팩을 가질 수 있다. 또 보정속옷이나 패드가 들어 있는 티셔츠는 언제든 원하는 때에 역삼각형 몸매를 만들어 준다.

---

19 데이먼 영, 『인생학교: 지적으로 운동하는 법』, 구미화 옮김, 프런티어, 2016, 137쪽

게다가 CLA 등의 지방산, 카르니틴, 녹차(카테킨) 등의 원료를 넣은 다이어트 보조제가 쏟아지고 있다(한번쯤 경험해 보았을 테지만 대부분 가격은 비싼데 효과는 미미하다). 아마도 고대 철학자들이 이런 것들을 보았다면 자신의 존엄을 스스로 저버리는 것이냐며 경악했을지 모른다.

플라톤의 대화편 『고르기아스』는 각종 미용·성형술과 보조제에 대한 비판적 시각을 매우 잘 보여 준다. 소크라테스는 동료 카이레폰과 함께 시칠리아 출신의 유명한 웅변가 고르기아스를 찾아간다. 소크라테스는 고르기아스가 구사하는 연설술Rhetorike(혹은 수사학)의 정체가 무엇인지 궁금했다. 두 사람의 대화를 통해 연설술은 '말로 사람들을 설득하는 기술'이라는 정의가 내려진다. 연설술은 전문적인 지식이나 기술을 배우지 않아도 장인들과의 경쟁에서 그들보다 더 설득력 있게 말할 수 있다. 즉 연설가는 자신이 원하는 모든 분야에서 대중을 설득할 수 있는 힘을 지닌다. 그는 나쁜 것도 좋아 보이도록 포장할 수 있다. 소크라테스는 연설술이 사실 유무를 도외시하므로 참된 앎(지식)이 빠져 있다는 맹점을 지적한다. 따라서 철학과 달리 연설술은 무엇이 정의롭고 부정의한지 알지 못한다.

두 번째로 고르기아스의 혈기왕성한 제자 폴로스가 스승을 대신해 담화에 뛰어든다. 소크라테스는 연설술을 기술로 인정하지 않는다. 연설술은 '혼'을 설득하는 활동이므로 정치술처럼 보이지만, 실제로는 대중의 욕구에 맞춰 그들을 즐겁게 하는 데 치중하는 '아첨'에 불과하다. 소크라테스는 '몸'과 관련한 기술인 체육Gymnastike과 의술Iatrike을 예로 든다. 여기서 체육은 몸의 짜임새를 갖춘다는 점에서 입법, 의술은 무너진 몸의 질서를 바로잡는다는 점에서 사법에 해당한다. 두 기술의 공통점은 건강을 추구하는 과정에서 즐거움보다는 유익함을 우선시한다는 데 있다. 그 반대쪽에는 치장술과 요리술이 있다.

본성상 우리는 아첨의 감미로움에 취약하다. 체력 단련을 통해 자신의 고유한 아름다움을 발견하기보다는 화려한 치장술에 더 매료되기 십상이다. 소크라테스는 온갖 모양과 색, 매끈함, 옷차림으로 '몸을 포장'하는 이 기술을 소피스트에 비유했다. 진실하지 않고 능란한 수사학적 기술에 의존한다고 보았기 때문이다. 마찬가지로 의술은 영양가 있는 음식과 절제된 식단을 고려하는 반면 요리술은 미각의 즐거움만을 고려한다는 점에서 연설술에 빗댔다(소크라테스와 플라톤이 오늘날 화학과 영양학의 기반 위에서 탄생하는 요리의 세계를 보지 못했다는 점을 고려하자. 또 음식과 의술의 관계를 고려하면 요리보다는 TV 홈쇼핑과 인터넷 등에서 허위·과장 광고로 포장해 내놓는 건강보조식품이 더 적합할 것이다).

소크라테스는 오직 체육과 의술만이 몸의 덕을 위해 무엇이 좋고 나쁜지를 아는 기술이며, 그 외의 기술들은 자유민답지 않다고 여겼다. 나아가 입법이 사법보다, 체육이 의술보다 더 훌륭하다는 그의 견해는 우리의 상식과도 부합한다. 그는 모든 훌륭한 것과 마찬가지로 몸의 훌륭함도 쓸모(기능)의 측면과 기쁨의 측면으로 볼 수 있다고 말한다. 이 두 가지가 어떻게 공존하는가는 약 한 세기 전에 '볼프의 법칙Wolff's law'으로 증명됐다. 1890년대 독일의 군의관이었던 율리우스 볼프의 이름을 딴 이 법칙에 따르면, 인간의 뼈는 부하에 따라 서서히 강해지거나 약해질 수 있다. 쉽게 말해 반복적인 중량 운동으로 뼈에 하중을 가하거나 (격투기 선수의 정강이뼈처럼) 충격을 가해 단련하면 뼈가 강해진다는 것이다. 그리고 이에 비례하여 근육도 함께 성장한다.

아리스토텔레스는 『니코마코스 윤리학』 제3권에서 우리의 품성이 탁월성을 갖추든 혹은 결함이 있든 양쪽 모두에 대해 책임이 있다고 말한다. 누구에게나 자유 의지가 있기 때문이다. 반면 소크라테스는 악덕은 무지無知이므로 누구도 자발적으로 불의를 저지르지 않는다고 보았다. 하지만 이에 대해 아리스토텔레스는 명확히 반대 입장을 취한다.

예컨대 만취 상태에서 죄를 범할 경우에는 무지의 원인(술에 대한 통제력)이 그 자신에게 있으므로 더 무거운 벌을 받아야 한다고 말했다. 그리고 품성과 마찬가지로 무절제와 부주의, 게으름 등으로 인해 발생하는 몸의 결함 또한 개인에게 책임이 있다고 지적했다.

> 어떤 사람들의 경우에는 영혼의 악덕뿐만 아니라 신체의 그것까지도 자발적이다. 우리는 이 사람들 또한 비난한다. 본래 볼품없는 사람은 누구도 비난하지 않지만, 운동을 하지 않고 돌보지 않아서 볼품없는 사람은 비난하니까. 허약함이나 불구에 관련해서도 마찬가지이다. 어떤 사람도 본성적으로 눈이 먼 사람이나 병 혹은 부상 때문에 눈이 먼 사람을 비난하지는 않을 것이며 오히려 그를 가련히 여길 것이지만, 폭음이나 그 밖의 다른 무절제로 인해 눈이 멀게 된 사람은 누구나 비난할 것이기 때문이다.[20]

신체의 탁월성은 건강함이다. 그는 건강이란 그 어떤 질병에도 구속받지 않는 상태에서 신체를 사용하는 것이라

---

20   아리스토텔레스, 『니코마코스 윤리학』, 강상진·김재홍·이창우 옮김, 도서출판 길, 2011, 제3권 제5장 1114a22~28

고 규정했다.

하지만 우리는 미적 판단을 강요하거나 정당화하는 그 어떤 기준이나 개념을 거부할 자유와 권리가 있다. 본래 아름다움에는 위계가 없다. 보디빌더의 거대한 근매스와 클래식 피지크 선수의 날렵한 근육 중 무엇을 더 선호하는가는 순전히 개인적 취향이다. 체육관에서 바벨을 들고, 로프를 타느라 손에 박힌 굳은살이, 무용가의 상처투성이 발보다 더 열등하다고 볼 수 있는 그 어떤 근거도 없다. 물론 우리 주변에는 운동 중에도 끊임없이 거울을 보며 자신의 몸을 감상하거나, 하루에도 몇 번씩 SNS에 '#몸스타그램' '#운동스타그램' 등의 태그를 걸어 '좋아요'에 집착하는 이들도 있다. 이런 나르시시즘은 반복 행동에 따르는 보상의 과잉으로 볼 수 있다. 하지만 이에 대한 해법은 절제(예컨대 적절한 업로드)이지 운동을 그만두는 게 아니다. 한편으로 나르시시즘은 운동을 지속할 수 있는 추진력을 제공하므로 긍정적인 면도 존재한다.

적절하게 훈련된 몸은 유용함도 제공한다. 이는 건축가 루이스 설리번이 제시한 '형태는 기능을 따른다'는 모토로 설명할 수 있다. 디자인과 기능은 유기적인 관계이고, 뛰어난 디자인은 기능도 만족시킨다. 실제로 일부 전문가들은 피트니스라는 용어 대신 '바디 디자인'이라는 말을 사용하기도 한다. 인체는 유연하고 역동적인 디자인 그 자체다. 디자인은 형태와의 조화를 통해 아름다움을 선사하는 한편, 우리가 살아가는 삶의 틀을 개선하고, 삶의 방식을 구성한다. 운동을 통해 우리의 인대와 건은 더 강해지고, 뼈는 더 단단해진다. 스쿼트와 데드리프트는 테스토스테론 수치를 높여 삶에 활력을 줄 것이다. 무엇보다 균형 잡힌 몸은 그 사람의 노력과 성실함을 증명한다. 카우치 포테이토[21]가 되는 대신 체육관을 선택하는 것이다.

이런 긍정적 변화를 다시 아리스토텔레스의 이론으로 이야기해 보자. 그는 자연에 존재하는 모든 것은 네 가지 근본 원인을 갖고 있다고 말했다. 예를 들어 신발은 ① 재료가 되는 가죽(질료인), ②제화공의 기술(작용인) ③ 제화공의 머릿속에 있는 신발에 대한 개념 그리고 이를 통해 완성한 신발의 디자인(형상인) ④ 사람들이 편안하게 신고 다닐 수 있게 하려는 목적(목적인)으로 이루어져 있다. 마찬가지로 인간은 뼈와 살, 혈액 등의 유기 물질(질료인)로 이루어져 있으며, 부모(작용인)를 통해 세상으로 나올 수 있었다. 우리는 부모에게서 물려받은 유전인자, 고유한 외모와 체질(형상인)을 갖고 있다. 그리고 우리는 무엇을 위

21   카우치 소파에 누워 감자 칩을 먹으며 빈둥대는 것

해 살아가는가, 라는 질문(목적인)을 안고 있다(그는 『니코마코스 윤리학』에서 인간의 궁극적 목적이 '행복'이라고 말했다). 이 네 가지의 상호 관계는 무척 중요하다.

아리스토텔레스는 앎과 건강도 형상이라고 봤다. 이 점은 행복을 향한 좌표를 설정하는 데에 지대한 영향을 미친다. 왜냐하면 그도 지적했듯 가난한 사람은 부를 행복이라 여기고, 병이 들거나 쇠약할 때는 건강을 행복으로 여길 수 있기 때문이다. 그리고 네 가지 원인은 반드시 순서가 정해져 있지 않다. 다시 제화공의 예를 들면 그는 대개 고객들에게 편안한 신발을 제공할 목적으로 작업을 시작하겠지만, 재미 삼아 혹은 우연히 다른 방식으로 만들어 본 신발에 새로운 목적을 부여할 수도 있다.

유전적 차이는 있지만 우리는 태어날 때 대개 비슷한 수준의 질료(근육과 뼈)가 주어진다. 육체는 환경이나 좋지 않은 습관 등으로 인해 나빠지기도 하지만, 노력을 통해 한계를 극복할 수 있는 가능성(아리스토텔레스는 이를 '디나미스Dynamis'라고 불렀으며, 영어 dynamic의 어원이기도 하다)을 갖고 있다. 모든 생명체 속에는 실현될 수 있는 고유한 가능태가 존재하지만, 인간의 경우 지성과 육체를 활용해 더 많은 형상을 획득할 수 있다. 운동을 통해 얻은 단단한 근육과 바른 체형은 새로운 비율과 디자인의 형상이다. 다만 형상은 특정한 모양이나 크기, 색깔에 갇혀 있는 개념이 아니다. 체조 선수와 역도 선수, 보디빌더가 가진 근육의 기능과 형태가 전혀 다르지만 우리는 그들의 육체와 움직임에서 고유한 조화, 건강함을 발견한다.

유명 트레이너나 피트니스 모델 중에는 운동을 시작한 동기가 비만이나 디스크 등의 통증에서 벗어나기 위해서였다고 밝힌 사례를 종종 볼 수 있다. 이들은 변화를 통해 숨어 있던 잠재력의 발현(아리스토텔레스는 이를 '에네르게이아Energeia'라고 정의했다)을 경험했고, 건강과 다이어트 너머에 있는 인생의 목표Telos를 새롭게 설정했다. 형식과 디자인은 내용을 배신하지 않는다. 인본주의 심리학자 에이브러햄 매슬로의 말을 빌리면 운동을 통해 우리는 '자신이 될 수 있는 최고의 상태'가 될 수 있다.

3장

올림피아 제전,
전쟁도 잠시 멈추다

"너는 올림피아 경기에서 승리하기를
바라는가? 신께 맹세코 나도 그렇다. (…)
너는 잘 훈련해야만 하고, 먹는 것을
조절해야만 하고, 맛난 것도 삼가야만 하고,
더울 때나 추울 때나 정해진 시간에는
억지로 훈련해야만 한다. 마시고 싶다고
해서 찬물이나 포도주를 마셔서도 안 된다.
단적으로 말해서 훈련 교관이 마치 너의
의사인 것처럼 너 자신을 그에게 맡겨야만
한다. 그런 다음 경기에 들어가야만 한다.
때때로 너는 손이 내팽개쳐져야만 하고,
발목이 비틀려야만 하고, 많은 모래를 먹어야
한다. 때때로 매질을 당해야만 하고,
또 이 모든 것에다가 패해야만 할 것이다."[1]

- 에픽테토스

1   에픽테토스, 『왕보다 더 자유로운 삶』, 김재홍 옮김, 서광사, 2013,
     29장

최강의 호모 루덴스

기원전 480년 가을, 그리스 군과 살라미스 해전을 앞두고 있던 페르시아 군 진영으로 아르카디아[2] 사람 몇 명이 투항해 왔다. 이 귀순 사건은 페르시아 장수들의 비상한 관심을 끌었다. 바로 며칠 전에 있었던 스파르타와의 전투 때문이다. 페르시아 군은 압도적인 병력의 우위에도 불구에도 테르모필라이에서 레오니다스 왕이 이끄는 300여 명의 스파르타 병사와 수백 명의 연합군에게 힘겹게 승리했다. 그리스인의 항전은 격렬했다. 그들은 창이 부러지자 단검을 꺼내 적을 베었고, 주먹을 휘두르거나 이빨로 물어뜯으면서 마지막 한 사람까지 싸웠다. 최후의 전투에서는

---

2   펠로폰네소스의 산악 지역

페르시아 왕 크세르크세스의 동생인 아브로코메스와 히페란테스도 전사했다.

크세르크세스는 승리했음에도 기쁘지 않았다. 그는 완벽한 승리를 원했다. 그리하여 전멸한 그리스군 숫자보다 더 적은 병력을 잃은 것처럼 결과를 조작했다. 왕은 2만 명의 아군 전사자 중 1천 명을 제외하고는 모두 구덩이에 묻은 후 나뭇잎과 흙으로 덮으라고 명령했다. 그리고 후방에 있던 군병을 불러들여 전투 현장을 둘러보게 했다. 하지만 병사들 대부분은 아군이 스파르타 병력의 수십 배에 달하는 사상자를 내고 신승했음을 알아챘다. 아군의 시체가 여기저기에 흩어져 있던 반면, 적들은 한곳에 무더기로 쌓여 있었기 때문이다.

그로부터 2천3백 년 후, 영국 시인 바이런은 터키에 맞서 독립전쟁을 하고 있던 그리스를 돕기 위해 직접 원군을 조직해 그리스로 건너갔다. 하지만 그는 독립군 최고 사령관이 되어 전투 임무를 수행하기 직전 열병에 걸려 사망했다. 바이런은 테르모필라이 전투의 영광을 동경하는 시구를 남기기도 했다.

대지여! 그대의 가슴으로부터 우리 스파르타의
죽은 사람들 중 얼마간이라도 돌려다오!

삼백 명 중에서 단 세 명만이라도 다오,

새로운 테르모필라이를 만들어야 하니![3]

피를 뒤집어쓴 채 창이 부러진 뒤에도 맨주먹과 이빨로 싸웠던 스파르타인들은 미지의 존재였을 것이다. 알 수 없으므로 두려웠을 것이다. 왕의 면전에서 한 페르시아인이 아르카디아 탈주자에게 지금 그리스인들이 무엇을 하고 있는지 물었다. 마침 그리스에서는 올림피아 제전이 한창인데, 그리스인들은 운동 경기와 경마를 관전 중이라고 대답했다. 페르시아인은 전시에도 운동 경기가 열린다는 게 의아했다. 분명 우승자에게 주어지는 보상이 막대할 것이라고 생각했다. 페르시아인은 대체 그들이 경기를 하며 어떤 상을 받느냐고 물었다. 이에 아르카디아인은 재물은 없고 상은 올리브 나무 관이 전부라고 답했다. 잠시 무거운 침묵이 흘렀다. 곧 정적을 깨고 메디아인의 지휘관 티그라네스가 탄식하듯 말했다. "아니, 마르도니오스여, 그대는 우리를 어떤 사람들과 싸우라고 데려온 것이오? 이들은 재물이 아니라 미덕을 위해 경기를 하는데!"[4]

3   조지 바이런, 『바이런 시선』, 윤명옥 옮김, 지식을만드는지식, 2015
4   헤로도토스, 『역사』, 김봉철 옮김, 도서출판 길, 2016, 제8권 26장

그런데 페르시아인들이 느꼈을 당혹감과 절망감은 어찌 보면 지극히 상식적이다. 당시에는 함선 1207척, 육군 170만 명이라는 유례없는 규모의 대군이 그리스 본토를 침략했는데, 테베를 비롯한 여러 도시 국가마저 페르시아에 부역해 군사를 파병했다. 그리고 페르시아 군은 시민들이 피난을 떠나면서 비어 있던 아테네를 완전히 파괴시켰다. 테르모필라이 전투가 진행되는 동안에도 수천 명의 그리스 관중들이 올림피아에서 경기를 관람했고, 승자의 머리에는 올리브 관이 씌워졌다. 도시들이 크세르크세스에게 굴복하거나 파괴돼야만 하는 누란의 상황에서도 올림피아 제전을 이어가려는 태도가 열정을 넘어 광기로 보였다고 해도 이상할 게 없다.

네덜란드의 역사학자 요한 하위징아는 『호모 루덴스』에서 놀이의 특징 중 하나가 물질적 이해관계가 없으면서 아무런 이득을 제공하지 않는 것이라고 말했다. 우리가 돈을 벌기 위해 일을 하는 것과 달리 놀이에는 목적이 없다. 아니 놀이 자체가 목적이다. 그런 놀이 속에는 놀이하는 사람의 "용기, 지구력, 총명함, 정신력 등을 시험"[5]할 수 있는 요소들이 있어야 한다. 운동 경기는 이 조건에 가장 잘 맞

---

5   요한 하위징아, 『호모 루덴스』, 이종인 옮김, 연암서가, 2010, 47쪽

는, 아주 진지한 놀이다. 대가 없는 즐거움과 명예를 위해
시합에 참가한 그리스인들은 호모 루덴스(놀이하는 인간)
의 전형이었다.

평화·질서·경쟁

제우스의 성소인 올림피아는 원래 모든 그리스인의 소유다. 때문에 그곳에는 11개의 도시가 자신들의 보고寶庫를 세우기도 했다. 하지만 올림피아 제전을 주관하는 임무는 근처에 있는 작은 도시 엘리스가 맡았다. 기원전 776년에 처음 개최한 올림피아 제전은 엘리스가 '신의 휴전'으로 불리는 에케케이리아Ekecheiria를 선포하면서 시작된다. '손을 거두어들이다'라는 의미인 에케케이리아는 어느 누구도 타인을 해하거나 남의 영토를 침범하지 말 것을 강력하게 권고한다.

고대 올림픽은 어떻게 평화의 축제로 자리 잡을 수 있었을까. 엘리스의 왕 이피토스는 잦은 전쟁과 질병 속에서 그리스를 구할 수 있는 방법을 찾기 위해 신탁을 청했다.

사제들은 그에게 올림피아 제전을 재건하고 이 기간에는 정전을 선언하라는 답을 내렸다. 이후 이피토스는 스파르타의 리쿠르고스를 만나 신성휴전조약을 맺었다고 한다. 플루타르코스의 기록에 의하면 아리스토텔레스는 실제로 올림피아에서 리쿠르고스의 이름이 새겨진 원반을 봤다고 한다. 리쿠르고스는 처음에 이 조약을 제대로 지키려고 하지 않았다. 그러던 어느 날 자신을 비난하는 시민들의 목소리를 듣고 뒤를 돌아보았지만 발언자를 찾을 수 없었다. 이를 신의 메시지라고 해석한 리쿠르고스는 그 뒤로 조약을 준수하고 올림피아 제전의 발전을 위해 힘을 쏟았다고 전해진다.

역사적으로 올림피아 제전은 도시들 간의 분쟁을 해소하는 데 중요한 역할을 했다. 기원전 2000년 무렵부터 그리스 반도에 인도유럽어족들이 남하하기 시작했는데 이들이 바로 아카이아인이다. 당시 그리스에는 크레타 문명이 있었다. 미케네 왕국을 세운 아카이아인들은 기원전 1400년경 크노소스 궁전을 중심으로 한 크레타 문명을 멸망시킨다. 하지만 미케네의 황금문명도 기원전 1100년쯤 잿더미가 되고, 스파르타의 선조인 도리스인들이 남쪽으로 내려와 미케네 문명의 중심지였던 펠로폰네소스 반도를 차지했다. 그리스 전역은 여러 민족들과 문화로 뒤섞인다. 신화 또한 마찬가지다. 지역마다 부족들은 각자의 방식으로 서로 다른 신을 섬겼다. 수많은 협곡으로 이루어진 그리스의 지형 속에서 독립된 수백 개의 도시들은 연대보다는 경쟁과 싸움을 더 자주 벌였다.

이들의 분쟁을 영원히 종식시킬 수는 없지만, 잠시 멈추게 할 수 있는 방법이 필요했다. 올림피아 제전에서 거행되는 제의와 운동 경기는 모든 그리스인이 같은 언어를 사용하고, 같은 종교를 믿고 있기에 같은 민족이라는 의식을 심어 줬다. 니코스 카잔차키스는 젊은 시절 그리스를 여행하던 중 올림피아를 둘러보며 고대 축제가 시작되는 순간을 상상한다.

그리스는 시기와, 증오와, 내란으로 갈기갈기 찢겨졌다. 민주 정체와, 귀족주의와, 폭정이 서로 죽이기만 계속했다. (…) 그러다가 갑자기 4년에 한 번씩 꽃으로 치장한 사자使者 스폰도포로이는 여름철에 성스러운 계곡을 떠나 그리스 세계의 머나먼 구석구석까지 달려갔다. 그들은 경기가 열리는 〈성스러운 달〉 히에로메니아가 왔음을 포고하고, 전면적인 휴전을 선언하면서, 경기를 벌이자며 친구와 적을 다 같이 올림피아로 초청했다.[6]

축제가 계속 이어지기 위해서는 무엇보다 평화와 안전이 보장돼야 했다. 엘리스는 올리브 관을 쓰고 지팡이를 든 세 명의 전령(스폰도포로이)을 파견했다. 이들은 그리스의 모든 도시를 순회하며 경기 일정을 알려 주고 정전을 선언한다. 처음에는 정전 기간이 한 달 정도였지만 나중에는 먼 지방에서 오는 선수와 방문객들을 보호하기 위해 석 달로 늘어났다. 각 도시에서 추방된 사람도 이 시기를 이용해 잠시 고향에 들를 수 있었다. 정전 조약은 올림피아 성지 내에서 무기 소지를 엄격히 금지하고 있다. 또 이 기간에는 사형 집행은 물론 소송도 할 수 없다. 만약 이를 어길 경우 무거운 벌금을 내야 한다. 실제로 아테네인들이 알렉산드로스의 용병들에게 약탈당하는 사건이 발생했는데, 왕은 이 사실을 보고받자마자 즉시 보상해 주었다.

투키디데스는 신의 휴전을 깨트린 국가가 어떤 징계를 받았는지를 기록하고 있다. 펠로폰네소스 전쟁 중이던 기원전 424년, 엘리스는 스파르타의 올림피아 경기 참가를 금지시켰다. 올림피아 정전 기간 중 스파르타가 군사를 보내 레프레온시市를 점령했기 때문이다. 이에 엘리스는 조

---

6   니코스 카잔차키스, 「그리스 순례」, 『영혼의 자서전(상)』, 안정효 옮김, 열린책들, 2009, 223~224쪽

3장 올림피아 제전, 전쟁도 잠시 멈추다   149

약에 따라 스파르타에 2,000므나의 벌금 또는 레프레온 반환을 통보했다. 스파르타는 자신들이 군사 작전을 할 때는 정전이 발효되기 전이었으므로 책임이 없다고 주장했다. 결국 올림피아 제전에는 스파르타를 제외한 모든 도시가 참여하는데, 엘리스는 스파르타의 보복이 두려워 주변에 수천 명의 병력을 배치시키고 경기를 열었다. 이때 스파르타 출신의 리카스라는 사람은 출전 금지를 무시하고 전차 경주에 참가했다가 심판들에게 매를 맞기도 했다.

평화의 축제에서는 질서와 규칙도 중요했다. 심판과 경기에 출전하는 선수들은 공정한 승부를 서약했다. 시대를 막론하고 엄격한 제약은 창의성과 연결된다는 점에서 매우 중요하다. 만약 축구에서 손을 자유롭게 사용할 수 있었다면 예술적인 발재간이나 심오한 전략과 전술 등은 만들어지지 않았을 것이다. 경기는 신들에게 바쳐졌고, 그들은 누가 최선을 다해 육체적 탁월함을 보여 주는지 알고 있다. 규칙을 위반하는 이들을 하위징아 식으로 말하면 '경기 파괴자'가 된다. 신성한 규칙을 수호할 심판은 제전을 주관하는 엘리스인들 중에서 추첨으로 선출했다. 시기마다 인원의 차이가 조금씩 있지만, 대부분 열 명으로 조직된 이들을 헬라노디카이Hellanodicae라고 부른다.

헬라노디카이는 경기에 출전하는 선수들의 모든 훈련 과정을 감독했다. 대회 개최 10개월 전 선수들은 각자의 고향에서 본격적인 훈련에 들어갔다. 멀리 떨어진 이들을 직접 볼 수 없었겠지만, 모든 선수가 성실히 훈련하겠다고 서약했다. 올림피아 제전을 한 달 앞두고 선수들은 엘리스에 모여 합숙 훈련에 들어갔다. 헬라노디카이는 이들을 엄격하게 통제했다. 누구에게나 동일한 식단이 제공됐고, 훈련 강도는 매우 높았다. 또 야외에서 목욕 후 아무 데서나 자는 행동을 금지하는 등 기강을 다잡기도 했다. 규정을 어기는 선수들에게 벌금이 부과되거나 심할 경우 매질이 가해지기도 했다.

대회 이틀 전, 심판과 합숙을 마친 선수들은 엘리스를 떠나 약 58킬로미터 떨어진 올림피아로 이동했다. 경기를 목전에 둔 선수들에게 장거리 행군은 체력적으로 큰 부담이 됐을 것이다. 하지만 이 여정 또한 신성한 의식의 일부였다. 선수단은 이동 중 피에라Piera라는 샘에 들러 돼지를 제물로 바치며 정화 의식을 치렀다. 올림피아에 도착한 심판과 선수들은 경기를 시작하기 전 오른손에 번개를 들고 있는 제우스 호르키오스(서약의 신 제우스) 신상 앞에서 불공정한 수단을 사용하지 않겠노라고 맹세했다.

올림피아는 그리스 전역에서 모여든 관중들로 넘쳤다. 각 도시에서 파견한 사절들과 정치인, 참주도 있었고 시인과 철학자, 평범한 농부와 어부들도 있었다. 그들은 멀리 북아프리카와 시칠리아, 소아시아의 속주에서도 왔다. 오랜 시간 배를 타고 지중해와 흑해 연안을 따라 이동한 다음, 다시 육로와 강을 이용해 목적지까지 올라왔다. 본토에 사는 그리스인 중 부자들은 노새에 짐을 싣고 마차를 탔다. 중산층은 노예와 함께, 가난한 시민들은 혼자 모든 짐을 짊어진 채 걸어서 움직였다. 기원전 5세기 올림피아 제전의 관중은 4만~4만 5천여 명 정도였다고 한다. (여성과 아이, 노예를 제외한) 아테네 시민이 페르시아 전쟁 당시에는 3만 명, 펠로폰네소스 전쟁 발발 직전에 6만 명이었다는 점을 감안하면 어느 정도의 규모인지를 짐작할 수 있다.

올림피아에는 이 모든 방문자를 수용할 수 있는 숙소나 편의시설이 없었다. 극소수에게만 영빈관이 제공됐고, 일부는 알티스 주변에 천막을 세웠으며 대부분은 노숙을 했다. 이들 사이에 무역상과 장사꾼들이 노점을 차리고 식량과 각종 보급품을 팔았다. 곡예단과 마술사들은 각종 묘기를 선보였다. 관중들은 뜨거운 태양 아래 경사진 언덕에 앉아 경기를 관람하는 한편 더위와 갈증, 해충들과도 싸워야 했다. 그래서 엘리스인들은 파리를 물리치는 제우스 아포미오스Zeus apomyios에게도 제물을 바쳤다. 이 모든 악조건은 관중을 막지 못했다. 그리고 헤로도토스의 기록처럼 페르시아의 침략조차도.

올림피아는 외교와 정치 회합, 문화 선전의 무대가 되기도 했다. 헤로도토스는 이곳에서 낭독회를 열었다고 전해진다. 기원전 428년, 올림피아의 제우스 성소에서 레스보스 섬의 도시 미틸레네 사절단은 스파르타와 펠로폰네소스 동맹국들에게 아테네에 맞선 자신들의 반란을 지원해 달라고 호소했다. 제안을 받아들인 스파르타와 동맹국들은 코린토스의 이스트모스에 집결했으나, 아테네가 보낸 대규모 함대의 선제공격으로 원정을 포기했다(뒷이야기 170쪽 참조). 유명한 대중 연설가 리시아스는 올림피아에서 연설문을 발표하며 시라쿠사의 참주 디오니시오스를 몰아내자고 호소했다.

크세노폰은 조국 아테네에서 추방당한 후 스파르타 왕 아게실라오스의 도움으로 올림피아에서 약 한 시간 거리에 있는 스킬루스에 정착했다. 그는 이곳에서 지낸 20여 년 동안 올림피아 제전을 빠지지 않고 관람하며 사람들과 교류했다. 철학자와 소피스트들도 올림피아를 찾아 강연을 열었다. 극히 드물지만 지나친 열정과 관심은 사고로 이어지기도 했다. 서기 165년 견유학파 철학자 페레그리누스 프로테우스는 자신의 이름을 알리기 위해 올림피아 성화 속으로 뛰어들겠다고 사방에 알렸다. 물론 그는 누군가 자신을 말려 줄 거라고 생각했지만, 운명의 순간의 왔을 때 모두가 지켜보기만 했다. 결국 그는 정말로 불 속으로 들어가 타 죽고 말았다.

하위징아는 인류의 문명이 놀이 정신에서 탄생했다고 보았다. 이런 놀이는 '아곤Agon'의 성격을 갖고 있다. 아곤은 경쟁을 의미하는 그리스어로, '아고네스Agones'는 경기를 뜻한다. 아곤이 깃든 놀이는 단순한 유희 이상의 가치를 지닌다. 그리스는 아곤의 시대였고, 아곤은 삶의 중심에 내재한 원동력이었다. 연구자들은 아곤을 크게 세 가지로 분류한다. 올림피아 제전 같은 육체적인 경쟁인 아곤 김니코스Agon gymnikos, 비극경연대회처럼 문화와 예술과 관련한 아곤 무시코스Agon mousikos, 말[馬]의 혈통과 장식 등을 겨루는 아곤 히피코스Agon hippikos. 하지만 아곤은 이 세 가지에 국한되지 않는다. 법정에서는 소송의 당사자들이 연설을 주고받으며, 누구의 논리가 뛰어났는가에 따라 유·무죄가 결정됐다. 또 소피스트들은 대중적인 인기를 끌며 운동선수와 동등한 대우를 받았다. 이들은 논쟁을 하나의 경기로 여기고 까다로운 질문과 논리의 그물로 상대방을 제압했다.

하위징아는 그리스인의 전투 방식에서도 아곤을 발견한다. 그는 적을 기습하거나 매복 공격하는 행위, 압도적 힘의 우위를 내세워 약소국을 약탈하거나 지배하는 전쟁 등은 아곤이 될 수 없다고 보았다. 상대를 진정한 적수로 인정하는 상태, 동등한 힘을 가진 이들이 명예를 위해 싸울 때 비로소 아곤이 된다. 기원전 7세기에 에우보이아의 칼키스와 에레트리아는 전투 전, 싸움의 시간과 장소, 규칙을 담은 합의문을 아르테미스 신전에 바쳤다. 이들은 창이나 화살, 투석 무기 사용을 금지하고 짧고 긴 칼만 사용했다고 한다.

양 진영의 중무장 보병이 평야를 골라 밀집 방진(팔랑크스)으로 격돌하는 방식도 아곤적 성격이 강하다. 상호 합의 아래 선정한 평야에서 벌어지는 양 진영의 싸움은 부대 간의 일대일 결투나 다름없다. 비겁한 술수를 사용하지 않고 전력을 다해 적의 방진을 무너뜨린다. 올림피아 경기의 우승자들처럼 뛰어난 활약을 보인 군인들도 올리브 관을 받았다. 우승컵을 뜻하는 트로피Trophy는 전투에 승리한 그리스 군이 세운 승전비인 트로파이온Tropaion에서 유래했다. 그들은 적군의 갑주 한 벌이나 군기를 올리브 나무 혹은 참나무에 걸었고, 적군이 돌아서서 달아나기 시작한 지점에 세웠다. 그리고 그 밑에 전리품을 쌓았다. 포로를 능욕하는 일은 없었고, 머리를 베거나 사지를 잘라 내는 야만스러운 방식으로 승리를 자축하지 않았다. 이는 그리스인답지 않은 태도였고, 플라톤 역시 적의 시신을 벗기거나 적들이 장례를 치르기 위해 전사자를 옮기는 것을 방해해서는 안 된다고 말했다.

순수한 경합은 상대를 존중한다. 강한 상대는 그만큼 자신을 성장시킨다. 로마의 스토아 철학자 세네카는 강적과 맞서는 역경을 통해 자기의 가치를 발견할 수 있다고 말한다. "체력을 키우려는 운동선수들은 가장 강한 자들과 대결하고, 연습 상대에게 온 힘을 다해 자기와 맞서달라고 요청합니다. (…) 적수가 없으면 그들의 용기는 사라집니다. 인내함으로써 무엇을 할 수 있는지를 보여 줄 때, 용기가 얼마나 크고 얼마나 강력한지가 드러납니다."[7] 이 적을 넘어설 때 둘은 친구가 된다.

아리스토텔레스는 호의는 우애의 시작으로서, 이 감정은 서로 경쟁하는 선수들 사이에서 갑자기 생길 수 있다고 말했다. 우리는 2018년 평창동계올림픽 스피드스케이팅

7   루키우스 안나이우스 세네카, 「섭리에 관하여」, 『세네카와의 대화』, 김남우 외 옮김, 까치, 2016, 제1권 2장

에서 우승한 고다이라 나오가 눈물을 흘리던 이상화를 감싸 안으며 위로를 건네던 장면을 생생하게 기억한다. 격투 종목의 선수들은 시합 전 상대를 도발하거나 욕설을 내뱉는가 하면, 링 위에서는 무자비하게 주먹을 날린다. 하지만 그들은 경기가 끝나자마자 서로를 안으며 격려한다. 진정한 호적수는 인생의 스승이기도 하다. 니체는 그런 상대를 알아보는 안목의 중요성을 이야기한다. "그대들은 그대들의 적을 찾아내어 자신의 전쟁을 수행해야 한다."[8]

프랑스 사회학자 로제 카이와는 올림피아 제전을 비롯한 4대 제전 등에 깃든 경쟁 정신이 그리스 문화의 성숙을 가져온 것이라고 보았다. 경기장에서 펼쳐지는 놀이는 엄격한 규칙과 페어플레이를 중시한다. 판결을 존중해야 하며, 경쟁 상대에게는 그 어떤 원한이나 증오를 품어서도 안 된다. 모든 참가자에게 공정하고 평등한 기회가 보장되는 아곤은 민주주의의 발전에 기여했다. 니코스 카잔차키스도 운동 경기에서 그리스 문명이 싹텄다고 이야기한다. "겉으로 나타나거나 속에 담긴 운동의 미덕을 그토록 완전하게 이해했던 민족은 또 없었다. (…) 운동이 시작되는

---

8   프리드리히 니체, 『차라투스트라는 이렇게 말했다』, 홍성광 옮김, 웅진씽크빅, 2009, 105쪽

순간에 문명도 싹이 튼다. 적으로부터 스스로 보호하며 지상에 존속하기 위해 생존의 투쟁이 계속되는 한 문명은 태어나지 못한다. 삶이 기초적인 욕구를 충족시키고 약간의 여유를 누리기 시작하는 순간에 문명은 태어난다."[9]

고대의 운동 경기가 모두 그리스처럼 범국가적 화합이나 아곤을 강조하지 않았다. 어떤 경기는 전투의 모방이 아니라 그 자체로 잔혹한 살육제가 되기도 했다. 마야와 아즈텍 등 이른바 메소아메리카 국가에서 행해지던 공놀이가 대표적이다. '고무를 사용하는 사람들'이라는 의미를 가진 올멕인들은 서구보다 무려 3천 년 앞서 고무 제조법을 발견했을 뿐만 아니라, 고무공을 활용한 놀이를 개발했다. 이 공놀이는 이후 톨텍과 마야, 아즈텍 등 각 시대와 지역을 거쳐 전해지며 독특한 문화를 가진 경기로 발전한다. '울라마'라고 불리는 이 경기의 이름은 '고무'를 뜻하는 아즈텍의 나우아틀어 '울리Ulli'와 '고대 경기'를 의미하는 '울라말리츨리Ullamalitzli'에서 유래했다.

'타스테'라고 불리는 경기장에서 펼쳐진 울라마는 보통 3~7명으로 이루어진 팀이 출전해 천연고무로 만들어진

---

9   니코스 카잔차키스, 「그리스 순례」, 『영혼의 자서전(상)』, 안정효 옮김, 열린책들, 2009, 224쪽

공을 이용해 실력을 겨룬다. 이 공의 무게는 무려 4~9킬로그램으로 얼굴이나 가슴, 배에 떨어질 경우 치명상을 입거나 사망하기도 했다. 선수들은 팔꿈치나 팔뚝, 허리를 사용해 공을 상대 진영에 떨어뜨리거나 경사벽에 있는 구멍에 넣으면 승리한다. 그런데 이 경기에서 패배한 선수들은 목이 잘리고 심장이 도려내져 신에게 제물로 바쳐졌다. 때문에 전쟁 포로를 상대편으로 삼기도 했다. 언뜻 패자에 대한 잔혹한 처벌처럼 보이는 이 행위는 사실 아즈텍의 전승과 마야의 우주 철학을 담은 창조 신화 '포폴 부' 등을 상징하는 희생 제의다. 인신 공양이 일반적이던 이들의 문화에서 인간의 피와 심장은 신성한 의미를 지닌다. 하지만 16세기 스페인 침략자들은 그들의 시각으로 울라마의 '이단적' 요소를 모조리 제거해 버림으로써 세속적 경기로 망가뜨렸다.

승자에게 주어진 부와 명예

우승자들의 머리에는 올리브 관을 씌웠다. 우승관 제작에 사용되는 올리브 나뭇가지들은 양친이 모두 살아 있는 소년이 황금 낫으로 하나씩 잘랐다. 올리브는 승리의 여신 아테나 니케Nike를 상징하는 나무다. 신화에서 아테네 최초의 왕은 인간의 상체와 뱀의 하체를 가진 케크롭스라고 전해진다. 케크롭스의 치세 중 아테나와 포세이돈은 누가 아테네 사람들의 경배를 받을 것인가를 두고 경쟁을 벌였다. 두 신은 인간에게 더 이로운 선물을 주는 신을 승자로 결정하기로 했다. 이에 포세이돈은 아크로폴리스 한복판에 샘이 솟아나오게 했고, 아테나는 올리브 나무를 심었다. 심판을 맡은 제우스와 올림포스 신들이 올리브 나무를 선택함으로서 아테나가 승리했다(아테나와 포세이돈이 아테네의 성을 향해 달리기 시합을 했고, 케크롭스가 여신의 승리를 선언했다는 설도 있다).

나머지 4대 경기에서도 각자의 신성한 나무로 만든 우승관이 주어졌다. 이스트미아 경기에서는 포세이돈의 나무로 신성시되었던 소나무로 관을 만들었다. 피티아 경기에서는 아폴론에게 바쳐진 나무이자 승리를 상징하는 월계수로 만든 관을 수여했다. 원래 피티아 경기에서는 떡갈나무 잎으로 만든 관을 씌웠다. 그러나 아폴론의 구애를 피해 도망치던 요정 다프네가 월계수로 변했고, 그가 월계수를 자신의 나무로 삼은 다음부터는 월계관으로 바꿨다고 한다. 네메아 경기에서는 셀러리 화관을 수여했다.

우승자는 승리를 기념해 올림피아의 성지 알티스에 자신의 청동이나 대리석 조각상을 세울 수 있었다. 물론 제약은 있었다. 우승자 중에서도 걸출한 성과를 남겼거나, 그의 조각이 예술적으로 높은 가치를 지녀야만 했다. 하지만 많은 제작 비용이 들었고, 이를 본인이 모두 대야 했기 때문에 부유한 선수들에게만 가능했다. 때로는 그가 속한 도시에서 대신 부담해 주기도 했다. 아테네에서는 자국 선수 아리스토폰이 5종 경기에서 우승하자 그의 조각상을 세워 줬다. 펠레네Pellene에서도 5종 경기에서 승리한 프로마코스를 위해 올림피아와 그가 태어난 지역의 김나시온

두 곳에 조각상을 세웠다. 조각상의 몸체나 돌받침에는 우승자의 이름, 출신 도시, 승리한 종목 등이 비문으로 새겨졌다.

경기에 출전하는 선수들이라면 모두가 이런 기념물을 남겨 자신의 이름이 영원히 기억되기를 꿈꿨을 것이다. 올림피아뿐 아니라 도시 내 신전과 극장, 아고라 등을 장식한 작품들을 통해 우승자는 신화 속 영웅과 같은 존재로 인정받았다. 사람들은 반신반인의 능력을 가진 위대한 선수의 조각상에는 특별한 기운이 있다고 믿었다. 기원전 5세기에 1300회 이상 우승한 타소스 출신의 권투 선수 테오게네스는 스스로를 신의 아들이라고 불렀다. 어느 날밤, 한 경쟁 선수가 테오게네스의 조각상에 채찍질을 하던 중 그 조각상이 쓰러지면서 압사당하는 사고가 발생했다. 이 조각상은 살인 혐의로 유죄를 선고받아 바다로 던져졌는데, 이후부터 흉작과 기근이 시작됐다고 한다. 근심에 빠진 주민들이 신탁에 따라 바다 밑바닥에서 테오게네스의 조각상을 다시 건져 제자리에 돌려놓자 재앙도 멈췄다고 한다. 이 전설은 수 세기 동안 테오게네스 조각상의 영험함을 입증했다.

그리스인들은 오직 1등만을 기억했다. 2등은 준우승자가 아니라 그저 패자 중 한 사람일 뿐이다. 조각가뿐 아니라 시인들도 우승자를 찬양하는 작업에 동참했다. 케오스 출신의 시모니데스는 전차 경기 우승자를 찬양하는 시를 지었고, 그의 조카 바킬리데스도 우승자 송시로 명성을 날렸다. 기원전 5세기에 활동한 테베 출신의 서정시인 핀다로스는 올림피아와 네메아, 이스트미아, 피티아 경기의 우승자들을 축하하는 송시를 지었다.

> 올림피아 승자들에게 아낌없는 찬가가
> 이렇게 헌정되었으니, 나의 입도
> 기꺼이 이를 보살피고자 한다.[10]

그런데 핀다로스의 시에는 승자의 구체적 신상 정보는 물론 승리하기까지의 과정, 긴장감 넘치는 경기 장면 등이 등장하지 않는다. 때문에 경기가 열리고 있는 현장에서 찬가를 불렀다는 이야기와 달리 핀다로스가 경기를 직접 관람한 적이 없다고 보는 주장도 있다. 우리가 기대하는 헌시와는 거리가 멀지만, 과장된 수사나 아첨이 없기 때문에 품위를 잃지 않는다. 대신 신과 영웅들을 불러내 그들

---

10   핀다로스, 「올림피아 찬가」, 『고대 그리스 서정시』, 김남우 옮김, 민음사, 2018, 139쪽

의 위대한 업적을 소개한다. 한 개인의 우승은 전쟁에서의 승리만큼 값지므로 선수와 그의 도시를 함께 축복한다. 실제로 우승자를 배출한 도시는 정치적 위상이 오를 뿐만 아니라 대외적인 영향력도 커졌다고 한다. 한편으로 「피티아 찬가」에서 핀다로스는 승리의 영광은 어디까지나 신의 뜻이므로 자만하지 말 것을 당부하기도 한다. 핀다로스는 당대를 상징하는 서정 시인이었다. 기원전 335년 알렉산드로스가 테베를 공격했을 때 성소와 핀다로스의 생가만은 보존하라는 명령을 내렸을 정도다.

페르시아 군에 귀순한 아르카디아인의 말과 달리 우승자에게는 명예와 찬사만 주어지지 않았다. 올림피아에서 얻은 올리브 관은 부를 보장하는 상징이자 영광의 전표였다. 아테네의 솔론은 올림피아 경기 우승자들에게 500드라크마를, 이스트미아 경기 우승자에게 100드라크마를 상금으로 지급했다. 솔론 시대에 곡물 1부셸(36리터)과 양 한 마리의 가격은 1드라크마였고, 황소 한 마리는 5드라크마에 살 수 있었다. 또 이들에게는 평생 무료로 식사가 제공됐다. 스파르타를 제외한 많은 도시가 세금과 병역 면제, 무료 숙식, 극장 등 공공 행사장에서의 특별 좌석 배정 등과 같은 파격적인 혜택으로 우승자들을 우대했다.

국제적 명성을 얻은 아테네의 판아테나이아 제전

기원전 6세기 아테네는 4대 제전에 버금가는 규모의 축제를 만들었다. 아테네인들은 첫 번째 달인 헤카톰바이온 Hekatombaion(7~8월)[11]의 28일, 생일을 맞이한 도시의 수호신 아테나 폴리아스를 기리는 판아테나이아 제전을 열었다. 파르테논의 프리즈에는 축제 장면이 묘사돼 있다. 판아테나이아 제전의 신화적 기원은 크게 두 가지다. 먼저 대장장이 신 헤파이스토스가 무구를 만들려고 찾아온 아테나를 겁탈하려다가 실패해 여신의 다리에 사정했다. 아테나는 양털 조각으로 정액을 닦아 땅으로 내던졌고, 여기

---

11 그리스에는 통일된 달력이 없었기에 도시마다 새해의 기준도 달랐다. 아테네는 그 달에 열리는 신의 축제의 이름을 달에 붙였다.

에서 에릭토니오스가 태어났다. 아테나는 그를 자신의 성역에서 키웠다. 후에 아테네의 왕이 된 에릭토니오스는 여신을 위해 올리브 나무로 아테나의 신상을 세우고 판아테나이아 제전을 개최했다. 또 다른 설에서는 영웅 테세우스가 판아테나이아 제전을 만들었다고 한다.

아테네에서는 오랫동안 매년 판아테나이아가 열렸다. 그러다 기원전 566년 개편을 통해 4년마다 한 번씩 열리는 축제가 신설됐는데 이를 대大 판아테나이아 제전이라고 부른다(이후에 언급하는 판아테나이아는 모두 대 판아테나이아다). 판아테나이아 제전은 기원전 511년 참주가 된 페이시스트라토스에 의해 국제적인 명성을 얻는다. 그는 참주였지만 지성과 교양을 겸비한 인물이었으며, 지속적으로 서민들을 위한 정책을 펼쳤다. 하지만 400명의 경호원을 동원해 아크로폴리스를 점거하며 권력을 손에 넣은 페이시스트라토스는 정권의 정당성을 확보해야 할 필요가 있었다. 판아테나이아 제전은 자신의 지지 기반이던 산악파(농민과 서민)와 하층민들의 신뢰를 얻는 한편 아테네 주변 지역민들에 대한 장악력을 높이는 데 효과적인 방안이었다. 아이러니하게도 그의 아들 히파르코스는 판아테나이아 제전 때 축제 행렬에 참가했다가 하르모디오스와 아리스토게이톤에게 살해당했다. 그리고 이 사건을 계기로 참주정은 탄압과 공포정치로 돌변한다.

아테네는 도시 곳곳을 경기장으로 활용했다. 아고라와 아카데미아에서는 육상 경기가 열렸으며, 아테네 인근의 외항인 팔레론과 피레우스, 수니온곶[※]에 이르는 사로니코스만[※] 일대에서는 해상 경주가 열렸다. 판아테나이아는 올림피아(성인부·소년부)와 달리 연령에 따라 12~16세의 소년부, 16~20세의 청소년부, 20세 이상의 성년부 세 개의 그룹으로 나눴다. 가장 주목할 만한 차이는 2등에게 보여 준 관대함일 것이다. 1위와 다섯 배 차이가 나지만 이들에게도 올리브유가 담긴 항아리(암포라)가 주어졌다.

입상자에게 수여한 암포라[12]

	소년부		청소년부	
	1위	2위	1위	2위
단거리경주	50	10	60	12
5종 경기	30	6	40	8
레슬링	30	6	40	8
복싱	30	6	40	8
판크라티온	40	8	50	10

12 Edward Norman Gardiner, 『Greek Athletic Sports And Festivals』, Macmillam and Company, 1910

횃불을 들고 달리는 람파데드로미아

1년 중 120일을 종교 축제로 채운 아테네에서 판아테나이아는 운동 경기가 포함된 제전으로는 가장 규모가 컸다. 올림피아 제전에 포함된 육상 경기(스타디온, 디아울로스, 호플리토드로미아)와 5종 경기, 레슬링, 판크라티온 등은 모든 그리스인이 참여할 수 있었다. 육상 경기가 열렸던 경기장(스타디온)은 5만 명의 관중을 수용할 수 있었다. 특히 무장武裝을 갖추고 달리는 호플리토드로미아는 올림피아 제전(기원전 520년)이나 피티아 제전(기원전 498년)보다 훨씬 이른 기원전 560년에 도입됐다.

반면 횃불을 들고 달리는 람파데드로미아Lampadedromia와 남성들의 군무 경연은 오직 아테네인에게만 출전 자격이 주어졌다. 또 아름답고 건강한 신체를 가진 남성을 선발하는 경연인 에우안드리아Euandria도 아테네 열 개 부족을 대표하는 스물네 명을 대상으로 했다. 람파데드로미아는 부족 별로 여섯 명 또는 열 명이 한 팀을 이뤄 아카데미아에서 아크로폴리스까지 2.5킬로미터를 달렸다. 이 시합에서는 배턴 대신 횃불을 주고받았으며 이 '횃불을 꺼뜨리지 않고' 1등으로 들어온 팀이 우승했다. 승자에게는 아테나 여신의 제단에 불을 붙일 수 있는 영광이 주어졌다. 아테네 시내에 이어진 경주로에는 시민들이 길게 늘어서서 자기 부족 선수들을 응원했는데, 이 모습은 마치 오늘날 올림픽 성화 봉송 주자 이벤트와 비슷했을 것이다. 이 경주에서 우승한 부족은 황소 한 마리와 100드라크마의 상금을, 선수 개인은 물을 담는 항아리(히드리아)와 30드라크마를 상금으로 받았다. 람파데드로미아는 개인 종목도 있었으며, 여기에서 우승하는 것을 계주에서 우승하는 것보다 더 큰 업적으로 여겼다고 한다.

삼단노선의 속도를 겨루는 경기는 판아테나이아와 포세이돈을 위한 포시데이아Posideia에만 있었을 만큼 다른 도시의 축제에서는 볼 수 없었던 단체 종목이다. 살라미스 해전을 통해 드러나듯, 아테네는 최강의 해군을 보유한 도시였다. 그 주역은 삼단노선(트리에레스)과 고도로 훈련받은 노잡이들이다. 이 경기는 부족 단위로 200명씩 출전해 전함을 몰았는데, 아테네인의 단합된 능력과 더불어 뛰어난 해상 능력을 증명하는 데 더할 나위 없었다. 우승한 부족은 소 세 마리와 300드라크마를, 2위 부족 역시 소 두 마리와 200드라크마를 받았다.

아테네가 자신의 해군을 당대 최강이라고 여겼던 긍지와 자부심은 현재까지도 유효하다. 기원전 427년 아테네는 미틸레네의 반란을 진압했다. 과격주의자 클레온의 의견을 따라 아테네 민회는 미틸레네의 모든 남자를 처형하라는 명령을 배로 전달했다. 그러나 온건파인 디오도토스

의 노력으로 민회는 다음날 이 결정을 철회하라며 두 번째
삼단노선을 급파한다. 두 함선 사이에는 24시간만큼의 거
리가 벌어져 있었다. 두 번째 함선의 선원들은 식사도 거
른 채 쉬지 않고 노를 저어 엄청난 속도를 냈고, 그 결과
기적적으로 막 시작되려던 처형을 중지시켰다. 미틸레네
의 파멸을 막은 두 번째 삼단노선의 평균 속도는 7노트(시
속 13킬로미터) 이상이었을 것으로 추정된다.

1987년 그리스 해군은 고대의 사료를 바탕으로 삼단노
선을 복원하고 '올림피아스'라는 이름을 붙였다. 올림피아
스는 2004년 아테네 올림픽 개막식 당시 성화를 싣고 피
레우스항遙으로 들어오기도 했다. 운동심리학자 해리 로
시터가 이끄는 연구진은 수개월 동안 훈련받은 올림피아
스의 노잡이들이 속도를 얼마나 낼 수 있는지 실험했다.
놀랍게도 그들은 전력 질주를 할 때만 잠시 9노트(시속
16.5킬로미터)를 유지했을 뿐, 이후에는 7노트도 2~3초 이
상 유지하지 못했다. 연구진은 이들의 신진대사율을 측정
했고, 그 결과 고대 아테네의 노잡이들이 누구보다도 탁월
한 심폐지구력을 갖췄다고 말했다. 이들은 아테네 시민 중
에서도 최하 계층으로 해상 훈련 외에도 생업을 위해 고된
노동을 해야 했다. 또 2천4백 년 전에 살았던 노잡이들의
평균 신장은 168센티미터로, 오늘날의 조정 선수들보다

20센티미터 이상 작았다. 대규모 함대를 조직했던 아테네에는 이런 노잡이들이 수만 명 있었다(전염병으로 인구가 급감했을 때에는 중무장 보병과 외국인 중에서 차출하기도 했다).

판아테나이아에서는 아울로스와 리라 연주 경연도 펼쳐졌다. 또 음유 시인들의 경연에서는 호메로스의 시를 낭송했다. 이 모든 것은 축제 기간 내내 사람들의 눈과 귀를 즐겁게 해 주었다. 올림피아와 달리 아테네에는 방문객들을 위한 간이숙소와 다양한 편의시설들이 갖추어져 있었고, 그 주변의 신전과 아름다운 조형물을 감상할 수 있었다. 판아테나이아 기간에는 도시의 어디를 가도 축제 분위기를 느낄 수 있었다. 이 축제는 기독교를 로마의 국교로 삼은 황제 테오도시우스가 금지할 때인 서기 392년까지 계속됐다.

4장

갑옷을 입고 달리는
선수들

말에 능한 메르쿠리우스[1],
아틀라스의 손자,
이제 갓 빚어진 야만의 인간 종족에게
언어를, 몸을 단련하는 체육을
가르친 신이여![2]

- 호라티우스

1   메르쿠리우스는 전령의 신 헤르메스의 라틴어 이름
2   호라티우스, 『카르페 디엠』, 김남우 옮김, 민음사, 2016, 31쪽

마라톤의 '진짜' 기원

멕시코 치와와주州의 험준한 바랑카스 협곡에 숨어 사는 타라우마라 인디언. 이들은 지구상에서 가장 강인한 종족(이자 가장 친절하며, 가장 행복한 종족)으로 불린다. 이들의 원래 이름은 '달리는 사람들'이라는 의미를 가진 라라무리Raramuri다. 이름에서도 짐작할 수 있듯 타라우마라족의 강인함은 달리기 능력에서 비롯한다.

이들에게는 '라라히파리'라는 전통 경기가 있다. 경기 전날 마을 사람들은 다 함께 데킬라와 옥수수 맥주인 테스구이노를 마시며 밤새도록 질펀한 음주가무를 이어간다. 그러다 동이 트면 세 명에서 여덟 명으로 팀을 짠 주자들이 달리기 시작한다. 특이하게도 결승선이 아닌 공을 쫓아 달리는 모습은 마치 끝없이 이어지는 축구 선수들의 드리

블 훈련을 연상시킨다. 경기는 하루 혹은 이틀 내내 이어지는데 "주자들은 대열을 벗어나거나 속도를 늦출 수 없다. 서른두 개의 다리 사이로 쉴 새 없이 움직이는 공을 따라 자유자재로 방향을 바꾸고 파도처럼 몰아치며 계속 발끝으로 달려야 한다."[3]

미국의 저널리스트 크리스토퍼 맥두걸이 쓴『본 투 런』에서는 최정상의 울트라 러너 다섯 명이 멕시코로 건너가 타라우마라 주자들과 레이스를 겨루는 이야기가 펼쳐진다. 달리기 능력만 놓고 보자면 바랑카스 협곡의 타라우마라족은 올림포스의 신족과 다름없다. 남녀노소 구분 없이 모두가 뛰어난 주자이기 때문이다. 멕시코 역사학자에 따르면 한 번에 700킬로미터를 달렸던 사람도 있다고 한다.

과거 멕시코 정부도 이들의 능력에 큰 기대를 걸었던 적이 있다. 1928년 암스테르담 올림픽과 1968년 멕시코시티 올림픽 마라톤 경기에 타라우마라족이 국가대표로 출전했다. 하지만 두 경기 모두 메달 획득에 실패했는데, 수백 킬로미터를 달리는 그들에게 42.195킬로미터는 미처 페이스를 올리기도 전에 끝나 버릴 만큼 짧은 거리였기 때문이다. 미국의 한 생리학자는 타라우마라족의 강인함을

---

3 크리스토퍼 맥두걸,『본 투 런』, 민영진 옮김, 여름언덕, 2016, 65쪽

스파르타인과 비교한다. 하지만 아테네인들도 탁월한 장거리 주자였다.

기원전 490년, 마라톤 전쟁에서 페르시아를 격퇴한 아테네는 도시로 전령을 보냈다. 40여 킬로미터를 쉬지 않고 달려 아고라 광장에 도착한 전령은 "우리가 이겼소!"라고 외치고는 탈진해 쓰러져 숨을 거두었다고 한다. 2천 4백 년이 지나 프랑스의 언어학자 미셸 브레알은 피에르 드 쿠베르탱[4]에게 이 병사의 죽음을 기리는 경기를 제안했고, 1896년에 부활한 아테네 근대 올림픽에서 마라톤이라는 장거리 경기가 시작됐다. 이것이 우리가 알고 있는 '올림픽의 꽃' 마라톤의 모티프다. 근대 올림픽의 부활에 어울리는 낭만적인 이야기이긴 하지만 사실과는 거리가 멀다. 또 무명(!)의 전령은 그렇게 쉽게 쓰러지지도 않았다.

마라톤 전투에 대한 기록은 고대 그리스 역사가 헤로도토스의 『역사』에 상세하게 적혀 있다. 기원전 499년 페르시아의 지배를 받고 있던 소아시아의 이오니아에서 반란이 일어났다. '이오니아의 꽃'으로 불리던 도시 밀레토스의 참주 아리스타고라스는 아테네와 에레트리아 등의 지

---

4   Pierre de Coubertin, 프랑스의 교육자·근대 올림픽 경기의 창시자

원을 받아 연합군을 형성했다. 페르시아의 왕 다레이오스는 바다 건너에 있는 반란 동조자 아테네의 참전에 심한 분노를 느꼈다. 그는 하늘을 향해 활을 쏘면서 제우스에게 자신이 아테네인들에게 복수할 수 있게 해 달라고 기도했다. 또 시종에게 명령을 내려 식사 때마다 "아테네인들을 기억하시옵소서"라고 세 번씩 말하게 했다. 이후 이오니아 반란은 6년 만에 종식됐고, 다레이오스는 아테네를 향한 응징을 명분으로 그리스 정벌에 나선다.

기원전 490년 9월, 페르시아 원정군은 함선을 타고 아티카 북동쪽 해안의 마라톤에 상륙했다. 아테네 장군들은 병력을 마라톤으로 보내는 한편 스파르타에 지원군을 요청했다. 헤로도토스는 스파르타로 달려간 전령의 이름을 아테네의 유명 장거리 주자[5] '페이디피데스Pheidppides'라고 적고 있다. 그는 단 이틀 만에 약 240킬로미터 거리에 있는 스파르타에 도착했다. 하지만 당시 스파르타에서는 종교 축제인 카르네이아 제전이 한창이어서, 법에 따라 이 기간 중에는 군사를 움직일 수 없는 상황이었다. 페이디피

---

5   '헤메로드로메스Hemerodromes'라고 하는데, 직역하면 '종일 달리는 자'이다. 엄밀히 말해 헤메로드로메스는 장거리 경주의 주자는 아니고 장거리를 빨리 달리는 전령 또는 심부름꾼을 의미한다. (헤로도토스, 『역사』, 김봉철 옮김, 도서출판 길, 2016, 641쪽 주석 참고)

데스는 결국 아무런 소득을 얻지 못한 채 아테네로 돌아왔다. 이렇게 페이디피데스는 왕복 480킬로미터라는 초장거리를 달렸다. 사안이 위중한 만큼 전령은 속도를 늦추기 어려웠을 것이다. 흥미롭게도 그가 보고한 내용 중에는 돌아오는 길에 가축과 목자들의 신, 판[6]을 보았다는 이야기가 담겨 있다. 아테네인들은 그 말을 사실이라고 믿어 나중에 아크로폴리스 아래에 판 신전을 지었다고 한다. 하지만 그가 달린 거리를 감안하면 무더위와 갈증, 극심한 피로 때문에 환영을 본 것이라고 볼 수 있을 것이다.

아테네는 9천 명의 중무장 보병과 우방 플라타이아이에서 보낸 1천 명으로 이뤄진 1만여 명의 병력으로 마라톤 평야에서 페르시아의 2만 병력과 대치했다. 창과 방패로만 무장한 아테네 군사들은 궁수와 기병대 등으로 구성된 페르시아 군을 향해 빠른 속도로 돌격하는 과감한 전술을 펼쳐 승리한다. 헤로도토스는 이때의 아테네인들이 구보로 적들을 공격한 최초의 그리스인이었다고 기록하고 있다. 오랜 전투 끝에 아테네가 대승을 거두었다. 양측의 전사자는 아테네가 192명, 페르시아가 6천4백 명이었다. 아

6   Pan, 제우스와 요정 아익스 사이에서 태어났다. 상반신은 인간, 하반신은 염소이며 머리에 뿔이 달려 있는 것으로 묘사된다.

테네군은 페르시아 함선 7척도 나포하는 전과를 올렸다. 비극 작가 아이스킬로스의 형 키네게이로스는 적선의 고물을 잡고 놓지 않으려다가 도끼에 손이 잘려 나갔다.

그러나 아직 전투가 끝나지 않았다. 페르시아군은 해안으로 퇴각해 병력을 추스른 후 전함을 타고 수니온곶을 돌아 무주공산 상태에 있는 아테네로 향했다. 이 기습의 배후에는 아테네 내부에서 페르시아에 부역하는 알크메오니다이 가문이 있었다. 바로 이들이 페르시아군을 향해 방패로 신호를 보냈던 것이다. 경악한 아테네인들은 격렬한 전투를 치르느라 체력이 소진됐음에도 불구하고 40여 킬로미터를 전속력으로 행군해 아테네로 돌아갔다. 그리고 페르시아군보다 먼저 도착한 병사들은 키노사르게스 김나시온에 있는 헤라클레스 성역 안에 진을 쳤다. 결국 페르시아 전함은 아테네의 외항 팔레론 앞바다에 잠시 정박해 있다가 그대로 귀환해야만 했다.

적을 향해 뜀박질로 진격했던 아테네 병사들은 각자 30킬로그램 안팎[7]의 무장을 갖추고 있었다. 완전 군장을 갖춘 부대가 먼 거리를 행군한 뒤에도 체력이 남아돌아 전

---

7   아테네의 중무장 보병은 시민들 각자가 재산 형편에 따라 군장을 갖추었으므로 무게에 편차가 있었다.

투를 하기란 상식적으로 볼 때 불가능에 가깝다.[8] 또 무더위와도 싸워야 했던 병사들의 갑옷 밑으로는 비 오듯 땀이 쏟아졌을 것이다.

헤로도토스의 기록은 두 가지 측면에서 지금의 마라톤 기원설이 잘못됐다는 사실을 알려 준다. 첫째, 아테네 군은 마라톤 전투에서 승리 후 페르시아의 2차 해상 침투를 차단하기 위해 전 병력이 완전 무장한 상태로 40여 킬로미터를 달려 도시로 이동했다. 즉 전령을 보낼 필요가 없었을 뿐더러(그러므로 전령이 탈진해 죽는 낭만적 비극 또한 일어날 일도 없었다), 모든 병사가 낙오자 없이 아테네까지 완주했다. 둘째, 만약 전령을 보내 승리를 알려야 하는 상황이었다고 가정하더라도 앞서 아테네와 스파르타를 왕복 질주했던 페이디피데스의 사례로 볼 때 40킬로미터는 전령에게 그다지 힘든 거리가 아니었을 것이다. 무엇보다 그리스 문헌 속 최초의 울트라러너 페이디피데스를 기리는 달리기 경주는 따로 있다. 그리스에서는 매년 9월 마지막 주에 아테네(아티쿠스 광장)에서 출발해 스파르타(레오

8   육군훈련소의 신병이 20킬로미터 완전 군장 행군 시 메는 군장 무게는 여름에는 16.5킬로그램, 겨울에는 20킬로그램이다(2019년 기준).

SPARTATHLON
ΣΠΑΡΤΑΘΛΟΝ

ΔΙΕΘΝΗΣ ΑΓΩΝΑΣ ΥΠΕΡΑΠΟΣΤΑΣΕΩΝ
Στα βήματα του Φειδιππίδη / Following the steps of Pheidippides
INTERNATIONAL ULTRA DISTANCE RACE

27-28 2019
Σεπτεμβρίου / September

ΑΘΗΝΑ - ΣΠΑΡΤΗ / ATHENS - SPARTA 246 χλμ/km

ΥΠΟ ΤΗΝ ΑΙΓΙΔΑ

ΥΠΟΥΡΓΕΙΟ
ΕΘΝΙΚΗΣ ΑΜΥΝΑΣ

ΕΛΛΗΝΙΚΗ ΔΗΜΟΚΡΑΤΙΑ
ΥΠΟΥΡΓΕΙΟ ΤΟΥΡΙΣΜΟΥ

www.spartathlon.gr

ΜΕ ΤΗΝ ΥΠΟΣΤΗΡΙΞΗ

ΙΔΡΥΜΑ ΣΤΑΥΡΟΣ ΝΙΑΡΧΟΣ
STAVROS NIARCHOS
FOUNDATION

스파르타슬론 대회 홍보 이미지

니다스 동상)까지 246킬로미터 코스를 달리는 울트라마라톤 대회인 스파르타슬론Spartathlon을 개최하고 있다.

마라톤의 모티프를 제공했음직한 또 다른 전령의 이야기는 플루타르코스의 저술에 등장한다. 마라톤 전투 11년 후이자 살라미스 해전 이듬해인 기원전 479년, 그리스 군은 플라타이아이에서의 승리를 기념하며 제우스에게 바칠 제단을 준비했다. 그런데 델포이의 아폴론 사제는 페르시아 군에 의해 오염된 모든 불을 끄고, 델포이에 있는 깨끗한 성화를 다시 옮겨 쓰라는 신탁을 내렸다. 이에 에우키다스라는 사람이 누구보다 빨리 불을 가져 오겠다며 200킬로미터 떨어진 델포이로 달려갔다. 성화를 받아든 그는 플라타이아이로 돌아와 시민들에게 불을 건네주었고, 그 자리에 쓰러져 숨을 거두었다. 사람들이 죽은 에우키다스를 위해 세워 준 비석에는 이런 내용이 새겨졌다고 한다. "에우키다스는 하루 만에 델포이까지 뛰어갔다가 이곳에 돌아와 숨졌다."[9]

서기 2세기의 웅변가이자 풍자 작가였던 루키아노스는 『인사말에서의 실언A slip of the tongue in salutation』에서 페이디

---

9   플루타르코스, 「아리스티데스」, 『플루타르코스 영웅전 전집 1』, 이성규 옮김, 현대지성, 2016, 549쪽

피데스가 마라톤에서 아테네로 달려와 아르콘들에게 승전보를 전하고는 숨을 거두었다고 적었다. 그런데 페이디피데스를 승리의 전령으로 주장한 루키아노스는 마라톤 전쟁 6백 년 후에 태어난 인물이다. 그의 글이 꾸며낸 것이라는 증거는 없지만, 그렇다고 헤로도토스의 기록을 대체할 만한 역사적 사실로 인정하기도 어렵다.

루키아노스 판 마라톤 스토리는 1천6백 년이 흐른 후 다시 조명받는다. 콘스탄티노플 함락 이래 400여 년 가깝게 오스만 튀르크의 지배를 받았던 그리스에서 1821년에 독립운동이 일어나면서 민족주의 정서가 고조되기 시작했다. 동방의 억압에 맞선 서방의 투쟁이라는 구도는 유럽 예술가들의 영감을 자극했고, 마라톤과 테르모필라이 전투를 소재로 한 창작으로 이어진다. 1834년 장 피에르 코르토Jean-Pierre Cortot는 페이디피데스의 조각상을 제작했으며, 1869년 화가 뤽 올리비에 메르송Luc-Olivier Merson은 페이디피데스의 마지막 순간을 「마라톤의 병사」라는 그림으로 남겼다. 1879년 영국 시인 로버트 브라우닝은 헤로도토스와 루키아노스의 이야기 그리고 시적 상상력을 섞어 「페이디피데스」를 썼다.

고대 그리스사에 조예가 깊었던 브레알 역시 이런 19세기 문학·예술 작품들에서 적지 않은 영향을 받았다. 마찬

뤽 올리비에 메르송, 「마라톤의 병사」, 1869년

가지로 쿠베르탱은 오랫동안 스승 같은 존재이자 중요한
후원자였던 브레알의 마라톤 종목 도입 제안을 숙고 끝에
받아들였고, 그리스로 건너가 직접 마라톤 코스를 답사까
지 하는 열정을 보였다. 만약 브레알이 헤로도토스의 기록
을 근거로 마라톤 경기 창안을 주장했다면 마라톤 코스는
아테네에서 스파르타까지의 스파르타슬론과 유사해졌을
지 모른다.

브레알과 쿠베르탱이 합작으로 부활시킨 마라톤은 전설의 신빙성 여부를 떠나 그리스인의 애국심을 촉발시켰다. 1896년 제1회 아테네 근대 올림픽에서 도입된 마라톤은 원래 개최국 그리스의 역사를 존중하는 의미에서 헌정한 일종의 이벤트성 경기였다. 마라톤은 그 자체로 고대 아테네의 승리를 기념하는 경기였으므로, 이후 다른 개최국에서는 받아들여지기가 어려울 수밖에 없다는 제약이 있었다. 그리스 국민들은 과거의 영광을 재현한 장거리 경주에 열광적으로 호응했다. 마라톤 평원에서부터 아테네 시내까지 40킬로미터로 코스를 정한 이 경주의 우승자 또한 그리스인이 되어야 한다고 생각했다. 그리고 그들의 바람대로 목동 출신이자 당시 군 장성의 마부로 복무하고 있던 스피리돈 루이스Spiridon Louis가 2시간 58분 30초를 기록하며 1위로 결승선을 들어왔다.

육상 대회 경험이 전혀 없었던 루이스는 대회 당일까지만 해도 별로 주목받지 못했던 선수였다. 이때까지 그는 마차 옆에서 걷거나 뛰는 식으로 자연스럽게 체력을 키웠을 뿐이다. 이 경기에는 호주와 프랑스, 헝가리, 미국 등에서 온 엘리트 선수들도 출전했지만, 그들은 대부분 마라톤 코스에 적응하지 못했을 뿐더러 결정적으로 (헝가리 선수를 제외하면) 중거리 전문 주자라는 약점이 있었다. 평범한 그리스 청년의 우승은 2천4백 년 전의 영광을 가장 극적으로 재현한 사건이다. 이후 루이스는 그 어떤 경기에도 출전하지 않았고, 마라톤은 전 세계의 주목을 받으며 유럽 각국으로 확산됐다.

그들은 빠르고 강하며 아주 오래 달렸다

고대 그리스에는 탁월한 장거리 주자들이 많았다. 기원전 328년, 돌리코스Dolichos(장거리 경주)에서 우승한 아르고스 출신의 아게우스는 되도록 빨리 이 소식을 알리고 싶었다. 시상식이 끝나자마자 그는 99킬로미터 떨어진 고향으로 달려갔고 같은 날 저녁에 도착했다. 드리모스라는 인물도 자신의 우승 소식을 알리기 위해 130킬로미터 떨어진 고향 에피다우로스까지 쉬지 않고 달려갔다. 또 기원전 3세기의 스토아 철학자 크리시포스는 클레안테스의 제자가 되기 전까지 장거리 주자로 활동했다고 전해진다.

『일리아스』에서 아킬레우스는 흔히 '준족駿足[10]의 아킬레우스'로 불린다. 파트로클로스의 장례 경기에서 안틸로코스는 모든 아카이아인 중 아킬레우스가 가장 잘 달린다고 말했다. 헥토르는 아킬레우스와 최후의 대결을 벌이기 전, 본능적인 두려움에 빠져 그를 피해 도망친다. 완전 무장한 두 전사는 필사적으로 달아나는 자와, 반드시 잡으려는 자로 나뉘어 전력을 다해 달린다. 하지만 아킬레우스의 발이 더 빠르다. 헥토르가 용기를 되찾을 때까지 이들은 트로이 성 둘레를 세 바퀴 돌았는데, 그 거리가 58킬로미터가 넘는다. 자신을 아킬레우스의 후손이라고 여겼던 정복 군주 알렉산드로스도 발이 빠른 것으로 유명했다. 부왕 필리포스가 그에게 올림피아 제전에 출전해 보라고 권유하자 알렉산드로스는 왕들을 상대로 경주를 한다면 참가할 것이라고 대답했다. 페르시아 원정 중 일리온(트로이)에 도착한 그는 아테나 여신에게 제물을 바친 다음 측근들과 함께 알몸으로 달리기 경주를 하기도 했다. 또 누군가 달리기 시합에서 자신에게 일부러 져 주었다는 사실을 알자 큰 모욕을 느껴 달리기를 그만두었다는 일화도 있다.

10   빠르게 잘 달림

고대의 군주들은 달리기를 통해 통치력과 위엄을 보여주었다. 수메르 우르 제3왕조의 슐기[1]는 기원전 2088년에 열린 축제 당시, 단 하루 만에 니푸르에서 우르를 왕복하며 두 도시의 제례 의식에 참석해 제물을 바쳤다. 그가 달린 거리는 총 320킬로미터였다. 이집트의 파라오들은 전통 축제인 헤브 세드Heb sed 때 달리기 의식을 치렀다. 람세스 2세는 대관식에 앞서 자신이 왕좌에 앉을 자격이 있음을 증명하기 위해 트랙 위를 달려야 했다. 비록 거리는 짧았지만 이 의식은 강력한 통치자의 이미지를 심어 주고, 자신의 영토를 순시하며 지켜 준다는 상징성을 갖고 있었다. 그리고 즉위 30년 후에 다시 같은 거리를 달림으로써 왕이 여전히 건재함을 검증받았다. 이때부터는 3년마다 세드 축제에 나와 달렸다. 람세스는 이 의식을 90세가 될 때까지 성공적으로 수행했다고 한다.

로마인들은 그리스와 달리 달리기 선수를 육성하는 데 별 관심을 보이지 않았다. 다만 로마군은 병사들이 장거리 원정을 견딜 수 있는 강한 체력을 기르는 데 역점을 뒀다. 군대에서는 신병들에게 가장 먼저 행군 훈련을 시켰다. 신병들은 수시로 30킬로그램의 완전 군장에 추가로 27킬로

11 기원전 2094~2047년 재위

그램을 짐을 메고 대열을 유지하며 행군했다. 한여름에도 다섯 시간 동안 38킬로미터를 행군할 수 있는 능력을 갖췄고, 정기적으로 구보 훈련도 실시했다. 그리고 무장을 한 상태에서 야외에 설치한 목마 위를 뛰어오르는 훈련을 반복했다. 게다가 전투 기술 외에도 목재를 절단하거나 무거운 짐을 운반시키는 식의 혹독한 노동으로 병사들을 끊임없이 단련시켰다.

장거리 주자들의 활약은 전령의 수요가 높았던 그리스의 환경과도 관련이 있다. 산악 지대가 많은 그리스에서 전령은 전갈이나 서신을 전달하는 데 매우 중요한 역할을 했다. 전령은 그리스 전역에서 활동했으며 모든 군대가 상당수의 전령을 보유하고 있었다. 이들은 말을 타는 것이 금지됐는데, 기수는 도보 전령에 비해 적의 눈에 띄기 쉬웠기 때문이다. 전령들은 말이 달리기 어려운 산이나 밀림, 협곡 등을 통과하고 좁은 통로와 오솔길을 따라 여행할 수 있었다.

비슷한 사례를 잉카 제국에서 찾아볼 수 있다. 잉카족은 14세기 무렵부터 급속히 팽창하면서 불과 1세기 만에 페루 전역은 물론 에콰도르와 칠레까지 영토를 넓혔다. 이 거대한 제국을 이어 주는 소식통은 '차스키Chasqui'라는 전령이었다. 제국 최고의 전성기 때 수도 쿠스코에서 가장 먼 영토가 1,610킬로미터나 떨어져 있었지만, 차스키는 이 거리를 닷새 만에 완주할 수 있었다. 후에 스페인도이 제도를 그대로 존속시키며 활용할 정도였는데, 차스키들이 3일이면 주파하는 거리를 스페인 기마 전령은 무려 12~13일이나 걸렸기 때문이다. 차스키는 전령부대로서 기동성을 유지하기 위해 개인이 아닌 4~6명이 한 조를 이뤘다. 이들은 길을 따라 곳곳에 세워진 오두막Tambo에서 대기했으며, 이어달리기를 하듯 전력 질주로 바로 다음 차스키에게 전갈을 넘겨주었다.

그리스처럼 다양한 달리기 시합이 열린 고대 국가는 찾아보기 어렵다. 또 그들에게 달리기는 연령과 성별을 초월한 대중적인 운동에 가까웠다. 1960년대 뉴질랜드의 육상 코치 아서 레슬리 리디아드를 통해 조깅이 대중화된 후 수많은 마라톤 축제가 열리고, 20·30대 중심의 러닝 크루들이 달리기를 삶의 일부로 즐기는 지금의 모습은 고대 그리스와 놀랍도록 흡사하다.

올림피아 제전은 첫 회부터 13회까지, 52년간 '스타디온'[12]이라고 부르는 단거리 경주 하나로만 경기를 치렀다. 최초이자 유일한 종목이었던 스타디온은 그 자체로 축제

---

12 육상 경기장을 뜻하는 스타디움의 어원이기도 하다.

올림피아의 스타디온 경기장

의 상징과 다름없었고, 그해의 올림피아 제전에는 스타디
온 우승자의 이름이 붙었다. 최초의 스타디온 우승자는 빵
을 굽는 요리사였던 엘리스 출신의 코로이보스다. 스타디
온은 거리를 재는 단위로도 사용했다.[13] 처음 몇 백 년 동
안 올림피아에 출전한 선수들은 트랙이 아닌 평평한 모래
밭 위를 달렸다. 기원전 4세기 중반에 세워진 경기장의 경
주로 길이는 600피트(192.28미터)로, 신화에서 헤라클레스

---

13   지역마다 조금씩 다르지만 1스타디온은 약 180미터다.

의 발바닥을 기준으로 삼았다고 한다. 때문에 다른 도시의 경기장들보다 올림피아의 경기장이 약간 더 길다.

주자들은 전령의 고함이나 나팔소리로 신호를 받으면 일제히 뛰쳐나갔다. 그들은 저마다 출발선에서 유리한 지점을 차지하려고 신경전을 벌였다. 이를 지켜본 스파르타의 왕 레온Leon은 "경주자들이 정당한 경기를 하는 것보다 빠르게 출발하는 데만 더 몰두"[14]한다고 지적하기도 했다. 출발선에서의 규칙은 엄정했고, 부정 출발에 대해서는 관용을 베풀지 않았다. 역사에는 이 규정을 인용한 유명한 일화가 있다. 살라미스 해전 당시 함대의 지휘를 맡은 스파르타의 에우리비아데스는 전투에 소극적인 태도를 보이며 펠로폰네소스의 육군이 있던 코린토스 지협(이스트모스)으로 이동하려고 했다. 하지만 아테네 시민들이 도시를 떠나 살라미스섬으로 피신해 온 상황에서 테미스토클레스는 에우리비아데스의 계획에 동의할 수 없었다. 논쟁 도중 에우리비아데스는 출발이 빠른 선수가 매를 맞는다는 육상 경기의 규정을 비유로 들면서 테미스토클레스의 조급함을 비판했다. 이에 테미스토클레스는 뒤처지는 선

---

14   플루타르코스, 「스파르타인들의 어록」, 『모랄리아』, 윤진 옮김, 한길사, 2021, 300쪽

수는 승리의 관을 쓰지 못할 거라고 응수했다.

경주를 뛰는 선수들은 맨발이었고, 몸에 기름을 정성껏 발랐다. 서정시인 바킬리데스는 아테네의 이글라오스라는 선수가 경주를 끝내자마자 환호하는 군중 속으로 뛰어들어 사람들의 옷에 기름을 묻혔다는 이야기를 전한다.

결승선은 제우스 제단 가까이에 있었다. 우승자는 제단 근처에 서 있던 사제에게 불을 건네받아 성화를 놓았다. 고대 의식에서 희생 제물을 고를 때 흠이 없는 동물을 골랐던 것과 마찬가지로 육상 경기 또한 승자가 누구보다 빨리 달릴 수 있는 능력을 신에게 바친다는 의미를 담고 있다. 성역 바깥쪽에서 제단을 향해 달리는 경주에서 우승자는 그 자체로 상징적 공물이자 동시에 성화를 올리는 사제였다.

14회(724년) 올림피아 제전부터는 2스타디온(360미터)을 달리는 왕복달리기 경주 디아울로스Diaulos가 도입됐다. 디아울로스는 피리(아울로스)를 두 개 붙인 악기의 이름이다. 당시의 경기장은 오늘날과 같은 타원형이 아닌 직선 경주로로 만들어졌다. 그리스인에게 한 바퀴 달리는 것은 직선주로를 한 번 뛰는 것이다. 때문에 디아울로스에서는 선수들이 1스타디온을 달린 다음 출발 지점으로 되돌아왔다. 15회 올림피아부터는 20~24스타디온(3.6~4.3킬

판아테나이아 암포라에 그려진 호플리토드로미아 주자들의 경주 장면
(기원전 323~322년)

로미터)을 달리는 장거리 경주인 돌리코스가 신설됐다.

65회(기원전 520년) 올림피아 제전에서는 호플리토드로
미아Hoplitodromia가 도입됐다. 이 경기에서는 중무장 보병
의 장비인 투구와 방패, 정강이 보호대를 갖추고 스타디온
을 왕복했다. 올림피아 제전이 열리던 해, 엘리스가 아카
이아 지방의 도시 디메Dyme를 공격했다. 엘리스는 이 전
투에서 이겼고 중무장 보병이 올림피아의 스타디온으로

달려가 승리를 알린 데에서 호플리토드로미아가 유래했다고 한다. 뜨거운 여름의 태양 아래 선수들이 무장을 하고 전력으로 달리기가 얼마나 힘들었을지 상상하기는 어렵지 않다(비슷한 날씨, 마라톤 평야에서 적을 향해 질주하던 아테네 병사들 역시 마찬가지였을 것이다). 호플리토드로미아는 실제 전투 상황을 떠올렸기에 관중들의 관심이 매우 높았고, 올림피아 제전의 피날레를 장식했다.

이후 올림피아에서는 여러 종목의 육상 경기를 석권하는 선수들이 등장하기 시작한다. 스파르타의 키오니스는 28회 올림피아 경기에서 스타디온 우승을 시작으로 3회 연속(29~31회, 기원전 664·660·656년) 스타디온과 디아울로스 동반 우승을 기록했다. 펠레네 출신의 파나스는 67회(기원전 512년) 대회에서 스타디온과 디아울로스, 호플리토드로미아를 모두 석권했다. 그로부터 348년 후 로도스의 레오니다스는 전무후무한 위업을 달성했는데, 네 번의 올림픽에서 연달아 삼관왕을 차지한 것이다.

플라톤이 『법률』에서 제시하는 이상 국가에서는 무장을 갖추고 달리는 다양한 경기가 펼쳐진다. 그는 전쟁에 대비해 모든 시민이 이 경주에 참여해야 한다고 주장했다. 실제 전투에서 퇴각하거나 달아나는 적을 붙잡기 위해서는 동일한 여건으로 훈련해야 민첩성과 체력을 기를 수 있기 때문이다.

> 우린 무장을 하지 않은 경쟁자에게는 시상을 하지 않을 것입니다. 첫째는 무장을 갖추고서 스타디온 경주를 하게 될 사람이 입장하고, 둘째는 그 두 배 코스 경주를 할 사람이, 셋째는 경마 코스 경주를 할 사람이, 특히 넷째는 장거리 코스를 경주할 사람이 입장합니다. 그리고 다섯째는 첫 선수를 중무장을 시켜서 내보내는데, 아레스 신전까지 60스타디온의 거리를 갔다가 돌아오게 합니다. 더 무겁게 무장을 한지라 중무장을 한 선수로 일컫는데, 비교적 평탄한 길로 경주를 하나, 그의 경주 상대는 일체의 궁술 장비를 갖춘 궁수로서 아폴론과 아르테미스의 신전까지 100스타디온이 되는 산들과 온갖 지역을 거치는 길로 경주를 합니다.[15]

플라톤은 출전하는 선수의 연령대를 어린 아이, 수염이 나지 않은 소년, 성인으로 구분해 코스 길이를 세분한다. 예컨대 중무장 달리기의 경우 어린아이와 청소년들은 각각 성인의 절반과 2/3로 규정하고 있다. 또 여성들의 경우에도 사춘기 이전의 소녀, 13~18세 사이로 참가 연령을

---

15   플라톤, 『법률』, 박종현 옮김, 서광사, 2009, 833a~833c

헤라이아 대회에 출전한 '달리는 소녀'(기원전 460년)

나눴다. 연령에 따라 옷을 벗거나 적절한 의상을 걸치고 달리는 방식은 스파르타와 유사하다. 결과적으로 플라톤의 제안을 받아들이지 않은 듯하지만, 아테네는 올림피아보다 더 먼저 자신들의 축제에 호플리토드로미아를 도입한 도시이다.

이외에도 여성들은 올림피아에서 4년마다 자신들만의 축제 헤라이아Heraea를 개최하여 달리기 시합을 했다. 이 시합은 오직 미혼 여성들에게만 참가 자격이 주어졌다. 경주에 나서는 여성들은 13세 미만, 13~18세, 18~20세 등 세 연령대로 나눠 스타디온보다 30미터가량 짧은 경주로를 달렸다. 우승자는 남자 선수들과 동일하게 올리브 관을 머리에 썼으며, 여신에게 바친 암송아지 고기를 부상으로 받았다. 또한 그들도 헤라 신전에 자신의 조각상을 세울 수 있었다.

우리는 달리기 위해 태어났다

그리스 사람들은 경주 기록을 재지 않았다. 물시계와 해시계 외에 초 단위로 시간을 잴 수 있는 세밀한 측정 도구가 없었기 때문일 테지만, 당시에는 속도를 추정할 때 주로 동물들과 비교했다. 이를테면 '산토끼를 잡을 수 있을 만큼 빠른가?', '장거리 달리기에서 말을 이길 수 있을 만큼 빠른가?' 하는 식으로. 실제로 46회 올림피아 제전 소년부 스타디온에서 우승한 양치기 출신 폴림네스토르Polymnestor는 달리기로 산토끼를 잡을 수 있었다고 한다.

영국인들은 그리스인의 상상력을 실행에 옮겼다. 1980년부터 매년 6월이면 웨일스의 작은 시골마을 란티드 웰스에서는 인간과 말의 마라톤 경주가 열린다. 650명의 인간과 60마리의 말(과 기수)은 22마일(약 35킬로미터)

에 이르는 코스를 함께 달린다. 지난 40년 동안 이 레이스에서 두 발 주자가 네 발의 경쟁자보다 먼저 결승선으로 들어온 건 2004년과 2007년 단 두 차례에 불과했다. 하지만 인간에게는 언제나 장거리 경주에서 포유동물을 이길 수 있는 잠재력이 내재돼 있다. 이를테면 타라우마라족은 사슴을 사냥할 때 무기나 도구를 사용하지 않는다. 대신 발굽이 닳고 탈진해서 쓰러질 때까지 사슴을 쫓아간 다음 마지막 체념의 순간 손쉽게 잡는다. 극히 소수이지만 남아프리카의 부시먼도 이 방법을 고수하고 있다.

이런 사냥 방식이 어떻게 가능한 걸까? 진화생물학자 대니얼 리버먼은 『우리 몸 연대기』에서 인간과 침팬지가 갈라진 뒤 등장한 초기 인류인 호미닌이 직립보행을 '해야만' 했던 결정적 계기를 기후 변화에서 찾는다. 1천만~5백만 년 전 지구 전체의 기후가 내려가면서 열대우림이 크게 줄어들었다. 과일 등의 식량자원이 줄어들고 있던 상황에서 인류는 더 멀리 탐색을 나가야 했다. 이때 인류의 조상은 두 발로 걸음으로써 오랑우탄 등의 경쟁자보다 나무에 열린 과일을 더 쉽게 찾을 수 있게 됐다. 두 발 보행은 네 발을 사용하는 너클 보행보다 에너지를 훨씬 더 절약한다. 이런 변화 속에서 인류는 자유로워진 손으로 도구를 만들고 사용할 줄 아는 능력을 갖추고, 이어서 더 큰 뇌와 인지 능력 등을 얻는다. 하지만 두 발 보행의 치명적인 단점 중 하나는 속도 저하다. "초기 호미닌은 두 발 동물이 되었을 때 질주 능력을 포기했다. 우리 초기 조상들의 단거리 질주 속도는 전형적인 유인원의 속도보다 적어도 절반은 떨어졌다."[16]

창이나 활이 등장하기 전 나무 막대기와 돌멩이 같은 변변찮은 무기를 사용하던 수백만 년 전의 조상들이 고기를 먹기 위해 개발한 사냥 방식은 이른바 '끈질긴 추적 사냥'이다. 예컨대 인간은 달리는 동안 흘린 땀의 기화를 통해 체온을 식히지만, 대부분의 포유동물은 멈춰 서서 숨을 헐떡이며 몸의 열기를 가라앉힌다. 뜨겁고 건조한 사막에서 인간의 냉각 시스템은 열등한 사냥 능력을 보완했다. 우리가 유인원들보다 체모가 적은 이유도 피부에서 수분(땀)을 효율적으로 증발시키기 위한 선택이다. 이런 능력은 인류가 무기 사냥을 시작한 후에도 상처 입은 동물들을 추적하는 과정에서 큰 도움이 됐다. 자연은 가장 혹독한 조건에서도 동물을 오랫동안 쫓을 수 있는 개체들을 선택했을 것이다. 이를 증명하듯 인간과 말의 마라톤 대결에서

16   대니얼 리버먼, 『우리 몸 연대기』, 김명주 옮김, 웅진지식하우스, 2018, 78쪽

인간이 거둔 두 번의 승리는 모두 더운 날씨 속에서 경주가 치러진 경우다. 반면 2011년 말이 모든 사람을 17분 차이로 이겼을 때는 바람이 많이 불고 비가 오는 날씨였다.

인간을 포유동물 중 최고의 마라토너로 만들어 주는 또 하나의 비결은 발의 구조에 있다. 발바닥에서 아치라고 부르는 발바닥활과 발바닥힘줄(아킬레스건)은 걷거나 달릴 때 스프링 역할을 한다. 특히 달릴 때 발생하는 탄성에너지는 소모 열량의 최대 50퍼센트까지 줄여 준다. 또 다리보다 짧아진 팔은 장거리를 달릴 때 균형 잡기에 더 용이하다. 자연 선택에 의해 인류는 라라무리로 거듭났다.

달리기에서 인간은 세 부류로 나뉜다. 달리기에 중독된 자, 건강을 위해 의무적으로 달리는 자 그리고 뛰는 걸 죽도록 싫어하는 자. 세 번째 유형의 비중이 나머지 둘의 합을 압도한다. 그렇다면 우리가 가진 이 훌륭한 장점을 스스로 포기하는 이유는 무엇일까?

농경사회 이전 수렵·채집 활동의 가장 큰 특징은 짧은 시간에 집중적으로 가끔씩 이루어졌다는 것이다. 그들은 무리지어 이동하는 초식동물, 계절 따라 이동하는 철새 등을 사냥한 다음 그 즉시 말리거나 소금에 절이는 방식으로 보존 처리를 했다. 1년 치 동물성 단백질을 확보하는 데 드는 시간은 대략 1주일. 또 과일이나 견과는 열매를 맺는 주기에 맞춰 다른 부족이나 동물 경쟁자가 먹어 버리거나 썩기 전에 따야 했다. 이들은 정착지마다 매번 달라지는 자연의 템포에 맞추며 살아갔다.

물론 사냥은 매번 성공하지 못했다. 몰이에 실패하거나 사냥감을 다른 맹수에게 빼앗길 수도 있다. 식량 부족 상황에서 생존율을 높이는 방법은 에너지 절약이다. 검약 유전자Thrifty genotype 이론은 불필요한 순간에 에너지를 쓰지 않는 긴축 DNA가 수백만 년이 지난 지금까지도 여전히 우리 몸에 남아 있다고 말한다. 아이러니하게도 매일 새벽 규칙적으로 조깅하는 습관은 이러한 인간의 본성에 역행한다.

뇌는 우리가 달리는 것을 탐탁지 않아 하지만, 한편으로는 특별한 보상을 숨겨 놓고 있다. 장시간 달릴 때의 고통을 일정 구간 견뎌 낸 후 찾아오는 '러너스 하이'에서 도취감을 느끼는 건 뇌에서 분비되는 엔도르핀 덕분이다. 이 신경 전달 물질은 화학적으로 모르핀이나 아편과 유사하며 통증과 불안을 달래 준다. 잘 알려진 대로 엔도르핀은 흔히 웃을 때 분비되므로 '행복 호르몬'이라는 별명으로 불린다. 진화심리학자 로빈 던바는 실험을 통해 코미디 영상을 보고 웃은 피실험자 그룹이 지루한 영상을 본 대조군보다 통증역치(사람이 인식할 수 있는 통증의 최소 자극)가 더 올라갔다는 사실을 증명했다. 마라톤 같은 지구력 운동은 통증내성(참을 수 있는 통증의 최대 수준)도 증가시킨다. 실제로 울트라마라톤 선수 11명에게 얼음물에 손을 담그고 3분간 버틴 후 느껴지는 고통의 정도를 점수로 매겨 달라고 한 실험에서 10점 만점에 평균 6점이 나왔다. 반면 일반인으로 구성된 대조군은 같은 조건에서 3분을 버틴 사람이 3명에 불과했을 뿐더러, 나머지는 평균 1분 36초 만에 10점을 주고 포기했다.

이처럼 달리기는 스스로에게 부과한 고역을 통해 일상의 다른 질환과 고통을 이겨 낼 수 있게 도와준다. 고작 삼십 분에서 한 시간 안팎의 달리기가 우리의 일상 전체를 정돈시킨다. 아리스토텔레스의 소요학파가 걷기를 친교와 사유의 수단으로 삼은 것처럼, 달리기를 수양의 일부로 삼은 고대 철학자들도 있다. 세네카는 자신의 노예와 함께 달리는 것을 좋아했다. 그는 삶을 달리기에 비유하며 사치나 욕망이 우리를 미덕으로 향하는 주로走路 바깥으로 벗어나게 한다고 조언했다. 달리기를 즐겨 했던 오현제의 마지막 황제 마르쿠스 아우렐리우스 또한 『명상록』에서 온갖 가식과 위선, 번민, 다툼에서 벗어난 자연스럽고도 간결한 삶을 '짧은 길'에 비유하고 있다.

그리스에서는 1996년부터 4년마다 네메아 제전을 복원한 행사가
열리고 있다. 종목은 육상 경기에 한해 연령별, 성별로 나누어 진행되며,
부정출발을 방지하기 위해 밧줄로 연결한 고대의 장치도 이용한다.

『월든』의 저자 헨리 데이비드 소로의 스승이기도 한 랄
프 왈도 에머슨은 "문명인은 마차를 만들었지만 그 때문
에 두 발을 사용하는 법을 잊어버렸다. 지팡이로 몸을 지
탱하지만 근육 자체의 지지력을 상실했다"[17]라고 탄식했
다. 우리가 행복하지 않은 건 달리지 않았기 때문이라고

17   랄프 왈도 에머슨, 『자기신뢰』, 전미영 옮김, 창해, 2015, 133쪽

한다면 과장일까? 의사이자 러너였던 조지 쉬언은 이 생각에 확신을 더해 준다. "운동선수를 통해, 우리는 죄가 없다고 해서 신성하다고 부를 수 없는 것과 마찬가지로, 질병이 없다고 해서 건강하다고 부를 수는 없다는 걸 알게 된다."[18] 어쨌든 우리는 달리지 않았을 때 더 많은 질환에 시달릴 것이다. 조지 쉬언이 달렸던 이유는 그저 "제대로 살아가기 위해"[19]서였다.

매일 산책하는 사람들처럼, 규칙적으로 달리는 러너도 작고 사소한 것들에 주목한다. 에너지로 사용될 탄수화물을 비롯해 어떤 음식을 먹을지 신경 쓰고, 주변의 조깅 코스를 세심히 관찰한다. 심장을 비롯해 종아리와 허벅지, 발바닥 등 내 몸에서 보내오는 신호에 귀 기울인다. 인생이 등수나 성적으로 값이 매겨지지 않듯, 달리기는 완주가 최고의 선善이다. 자신이 어떤 사람인가를 설명하는 건 본질적으로 어려운 일이다. 발자취가 인생의 행보를 의미하듯, 달리기는 삶의 은유다. 하루하루 내가 달린 거리의 총합은 나라는 존재를 증명한다.

18   조지 쉬언, 『달리기와 존재하기』, 김연수 옮김, 한문화, 2003, 166쪽
19   조지 쉬언, 『달리기와 존재하기』, 김연수 옮김, 한문화, 2003, 77쪽

5장

스파르타,
아고게의 열정

그는 시민들이 손을 들어 올리지 않는
경기만을 할 수 있도록 해 놓았다.
누군가 그 이유를 물었다.
리쿠르고스는 "그렇게 하면 시민들이 힘든
투쟁 중에 포기를 선언하는 습관이 들지
않을 테니까요"라고 답했다.[1]

— 플루타르코스

1   플루타르코스, 「스파르타인들의 어록」, 『모랄리아』, 윤진 옮김, 한
     길사, 2021, 312쪽

그들에게 질병은 범죄였다

그들은 과묵했다. 대화는 언제나 간결했으며, 장황하고 유려한 말이나 글을 똑같이 싫어했다. 아테네와 달리 수사학은 출세에 아무런 도움을 주지 못했다. 헤로도토스는 이런 스파르타인의 특징을 잘 보여 주는 일화를 소개하고 있다. 기원전 525년경 정권을 찬탈한 폴리크라테스에 의해 추방되거나 망명한 사모스인들이 자신들의 복권을 위해 스파르타에 찾아와 원군을 요청했다. 첫 번째 접견에서 사모스인들은 자신들의 절박한 사정을 강조하기 위해 설명을 장황하게 늘어놓았다. 하지만 스파르타 당국자들은 연설이 너무 길고 복잡한 탓에 앞의 내용은 잊어버렸고, 때문에 뒷부분도 이해하기가 어렵다고 대답했다. 이후 사모스인들은 두 번째 접견에서 빈 자루와 함께 "자루에 곡식이 필요합니다"라고만 말했다. 그러자 스파르타인들은 자루란 말도 쓸 필요가 없다고 대답했다(스파르타는 사모스인의 원군 요청을 받아들였다).

스파르타에서는 아이 때부터 간결한 말을 사용하도록 교육시켰다. 짧은 말은 함축적이면서도 풍부한 의미를 담고 있도록 했다. 때문에 스파르타인은 평소에 과묵하지만 필요한 대목에서는 정곡을 찌르는 말로 상대방을 당황시킬 수 있었다. 플라톤은 그들의 촌철살인식 화법을 '투창'에 비유했다. 언젠가 한 아테네인은 아기스 왕에게 스파르타의 칼이 너무 짧아 곡예사도 능히 삼킬 수 있을 것이라고 비아냥댔다. 그들의 말하는 방식을 비웃은 것이다. 하지만 아기스는 짧아도 적을 능히 찌를 수 있다며 여유롭게 대답했다(스파르타 중무장 보병은 실제로 근접 전투 시 창을 대신하는 보조 무기로 단검을 사용했다. 플루타르코스는 스파르타인의 간결한 말투는 요점을 정확히 파고들기에 듣는 이를 사로잡는다고 평가했다).

위에서 소개한 사례들은 스파르타인 특유의 간단명료한 언어 습관과 강인함을 잘 보여 준다. 스파르타가 최강의 군사 도시가 될 수 있었던 비결은 전투 기술과 체력을 높이는 데 집중했던 법제에 있다. 소크라테스의 제자이자 탁월한 전술가였던 크세노폰은 스파르타인보다 더 건강한 사람을 찾기 어려운데, 그들은 모든 신체 부위를 똑같이 훈련하기 때문이라고 말했다.

스파르타의 법률과 제도의 기초를 만들어 건국 영웅으로 추앙받는 신화적 존재인 리쿠르고스는 헤라클레스의 11대손이라고 알려져 있다. 그리고 스파르타인들은 스스로를 헤라클레스의 후손Heraclidae이라고 불렀다. 스파르타가 펠로폰네소스의 맹주로 군림하던 때 그들은 마치 신화 속에서 사자 가죽을 어깨에 걸치고 몽둥이 한 자루로 위업을 달성한 헤라클레스 같은 존재로 묘사되곤 했다. 플루타르코스는 이 시기 스파르타가 지휘봉과 남루한 외투만으로도 충분히 주변을 복종시켰다고 적었다.

스파르타는 자국 시민들에게 농사와 상업, 수공업 등 그어떤 돈벌이도 허용하지 않았다. 청년들은 30세(스파르타에서 남성들의 결혼 적령기이기도 하다)까지 병영 생활을 했는데, 이 시기에는 시장에서 물건을 구입하는 것조차 금지됐다. 하지만 나이가 많은 이도 체면을 지키고자 시장 출입을 자제했다. 그러므로 시민 남성들은 일과의 대부분을 체육관에서 보냈다. 라케다이몬[2]에서 살찐 남자는 찾기

---

2   스파르타가 속한 지역이 라코니아인데, 보통 스파르타를 가리키는
    지명으로 사용한다.

어려웠다. 심각한 복부 비만은 공적 비난의 대상이었을 뿐만 아니라, 지역에서 추방될 수도 있었다. 윌 듀런트의 표현대로 스파르타인에게 건강은 기본 덕목 중 하나였으며, 질병은 범죄나 다름없었다.

아고게에서 탄생하는 스파르타 전사

무용을 강조했던 견유학파의 대표적인 철학자 디오게네스는 스파르타식 교육과 훈련에 우호적이었다. 어느 날 그는 그리스 어디에서 용기 있는 사람을 볼 수 있느냐는 질문을 받았다. 디오게네스는 "뛰어난 사람은 어디에나 있지만, '뛰어난 아이들'이라면 스파르타에서 볼 수 있다"라고 대답했다.[3] 아테네인들에게는 대단히 모욕적일 테지만, 그는 스파르타와 아테네를 각각 '사내의 방'과 '여인의 방'에 비유하기도 했다. 스파르타에서 남자아이는 태어나자마자 전사로서의 가능성을 시험받았다. 아버지는 아기를

---

3   디오게네스 라에르티오스, 「디오게네스」, 『그리스 철학자 열전』, 동서문화사, 2008, 355쪽

곧장 레스케Lesche라고 부르는 곳에 데려가 장로들에게 보여 주었다. 만약 아기가 건강하면 부모의 양육을 허락하며 아이 몫의 토지를 할당해 줬다. 반대로 아기가 기준에 미치지 못할 경우에는 아포테타이Apothetae라 불리는 곳에 버렸다. 또 검사 전 부모들은 아기를 포도주에 씻겼는데, 이는 건강한 아이를 보다 강하고 단단하게 해 주는 반면, 허약한 아이는 기력이 쇠약해진다는 믿음때문이었다. 이런 관습은 포도주가 약한 방부제 역할을 한다는 위생학적 요인에서 나온 것이라고 할 수 있다. 아이는 일곱 살이 되기 전까지 집에서 자랐는데, 이때부터 엄격한 훈련이 시작된다. 유모는 아이들이 이불을 덮지 못하도록 했고, 아무 음식이나 잘 먹는 습관을 가르쳤다. 또 어두운 곳에 혼자 있어도 두려움을 느끼지 않도록 했다.

일곱 살부터 아이들은 집을 떠나 아고게Agoge에 들어가 집단생활을 시작한다. 아고게 생활은 열여덟 살까지 이어졌다. '파이디온'이라고 하는 첫 6년 동안은 기본적인 읽고 쓰기를 비롯해 규율과 복종, 전사로서의 자질을 배웠다. 아이들은 머리를 짧게 깎고, 나체로 운동을 했다. 열세 살부터는 본격적인 훈련이 시작된다. 이때부터 열여덟 살까지를 '헤본'이라고 하며, 소년들은 맨발에 키톤 없이 단 한 벌의 히마티온[4]으로 1년을 지냈다. 이처럼 맨발로 단련된 소년들은 샌들로 발을 연약하게 만든 사람들보다 경사를 오르내리거나 뛰어오르는 능력이 월등하다고 생각했다. 그리고 옷을 적게 입을수록 피부의 저항력이 향상돼 추위와 더위에 보다 잘 적응할 것이라고 여겼다.[5]

소년들에게는 언제나 음식이 부족하다고 느낄 정도의 양만 주어졌는데, 풍족한 식사는 살을 찌울 뿐만 아니라 몸을 둔하게 만든다는 이유 때문이다. 또 소박한 식사가 건강은 물론 성장을 촉진시켜 줄 것이라고 믿었다. 아이들은 종종 배고픔을 참기 힘들었다. 이때 부족한 식량은 근처의 밭에서 훔쳐오게 했다. 하지만 도둑질이 발각돼 붙잡힐 경우에는 벌로 채찍질을 당했다. 그런데 이 체벌은 절도 행위에 대한 징계가 아니었다. 도둑질은 보급품을 확보하기 위한 일종의 모의훈련이었고, 이를 성공하기 위해서는 밤에 은밀하고도 신속하게 움직임으로써 매복과 잠입 능력을 높이는 게 궁극적인 목표였다. 아이들이 매를 맞는 이유는 그저 과제 달성에 실패했기 때문이다. 하지만 도둑질이 교과 과정의 일부였다는 데 반대하는 견해를 가진 학

---

4   키톤 위에 두르는 겉옷. 망토나 침구로도 활용했다.
5   우리는 다음 장에서 히마티온 한 벌만을 걸치고 이 방식을 실천하는 소크라테스를 보게 될 것이다.

자들도 있다.

스파르타의 교육 방식을 아테네와 비교해 보면 상당히 큰 차이가 있다는 것을 알게 된다. 아테네에서는 경제적 여유가 있는 경우 가정교사인 파이다고고스Paidagogos를 고용해 아이를 돌보게 했다. 이들은 아이에게 기본예절을 가르치고 등·하교 시에 동행하며, 복습을 지도했다. 아테네의 학교는 과목별 교사가 따로 존재했다. 반면 스파르타에서 아고게의 스승은 '소년들의 목자'라는 의미를 가진 파이도노모스Paidonomos 단 한 명뿐이었다. 파이도노모스는 왕보다 더 높은 권력을 지닌 다섯 명의 최고 감독관인 에포로이가 임명했기에 교육에 대한 그들의 높은 관심을 알 수 있다.

물론 파이도노모스 홀로 소년들의 교육을 도맡아 하는데는 무리가 있었다. 때문에 스무 살이 넘은 청년, 즉 에이렌 중 뛰어난 이들을 조교로 임명했다. 함께 숙식하며 집안의 가장이자 체육관의 사범 역할을 했던 에이렌이야말로 소년들에게 가장 엄격하고 두려운 존재였다. 에이렌은 저녁마다 조원들에게 질문을 던지며 시험을 봤는데, 틀린 답을 내놓을 경우에는 파이도노모스 앞에서 매를 맞거나 심지어 에이렌에게 엄지손가락을 물리는 벌을 받기도 했다.

이 기간에 소년들은 복종과 겸손이 담긴 절제된 몸가짐을 익힌다. 두 손은 외투 속으로 집어넣고 걸으며, 말없이 주위를 쳐다보지 않은 채 시선은 바닥에 고정시킨다. 크세노폰은 이런 습관의 결과로 석상이 소년들보다 먼저 말을 걸고, 청동상이 고개를 두리번거리는 걸 기대하는 편이 더 나을 것이라고 설명했다. 소년들은 말을 하지 않은 것을 넘어 몸 전체의 침묵을 배웠다.

오직 단 한 사람, 왕위 계승자를 제외하면 스파르타의 모든 남성은 시민으로 인정받기 위해 아고게를 거쳐야 했다. 예를 들어 아게실라오스 2세(재위 기원전 400~360년)는 선왕 아기스 2세의 이복동생이었기에 왕위 계승권이 없었으므로 아고게를 거쳐야 했다. 하지만 다리를 절었던 것으로 알려진 아게실라오스가 아고게를 성공적으로 마친 경력은 훗날 그가 조카 레오티키데스를 밀어내고 왕으로 즉위하는 데 매우 유리하게 작용했다(게다가 당시에는 '절름발이가 왕이 되면 스파르타가 파멸할 것'이라는 신탁이 내려져 있었다).

이처럼 왕자라고 해도 훈련을 통과하지 못하면 시민으로 인정받지 못했을 뿐더러, 회피하거나 거부할 경우에는 치욕과 불이익을 감수해야 했다. 그는 성인이 된 후 장로회 의원이나 감독관이 될 수 없었으며, 시민 남성들이 매

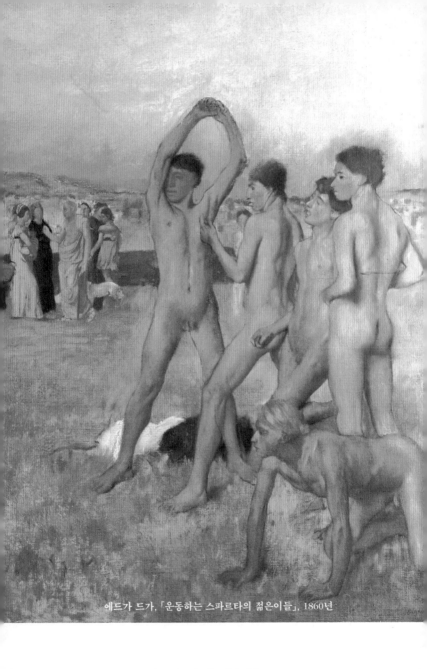

에드가 드가, 「운동하는 스파르타의 젊은이들」, 1860년

일 저녁 참석해야 하는 의무이자 특권인 공동 식사의 일원
으로 받아들여지지 않았다. 그렇다고 해서 훈련을 통과하
는 모든 생도가 스파르타 시민이 될 수 있었던 것은 아니
다. 예를 들어 모타케스는 아고게를 이수한 것만으로는 시
민으로 인정받지 못했다. 모타케스란 스파르타 시민 가정
에 입양된 아이 또는 스파르타 소년의 젖형제로서 함께 자
라는 노예(헤일로타이)의 자식을 가리킨다.

스파르타의 여성들

스파르타의 여성들은 다른 도시 국가와 달리 남성들과 거의 동등한 대우를 받았다. 레오니다스 왕의 아내 고르고의 일화는 그 이유를 아주 간단명료하게 설명해 준다. 한 외국 여인이 고르고에게 오직 스파르타 여인들만이 남자를 지배할 수 있는 것 같다고 말했다. 이에 고르고는 스파르타 남자를 출산하는 이는 오직 스파르타 여인들밖에 없기 때문이라고 대답했다. 스파르타의 전사들이 자신을 낳아 준 여성의 지배를 받는 건 너무도 당연한 이치였다. 스파르타 여성들은 토지와 재산을 상속받을 권한이 있었다. 아리스토텔레스는 이 점을 못마땅하게 여겼다. 그는 『정치학』에서 스파르타가 몰락한 이유 중 하나는 전쟁으로 인해 남성들이 부재한 상황에서 많은 재산을 소유한 여성들이 방종해졌기 때문이라고 주장했다. 물론 이런 분석은 여성에 대한 편견에서 비롯한 것으로 볼 수 있다. 아리스토텔레스는 남성의 미덕이 지배인 반면 여성의 미덕은 복종과 섬김이라고 했다.

아게실라오스의 여동생 키니스카가 올림피아 제전의 사두 전차 경기Tethrippon에서 2회 연속(기원전 396·392년) 우승한 일은 스파르타 여성의 지위를 상징적으로 보여 준다. 물론 그녀는 전차 기수로 참가하지 않고 마차의 소유주로 이름을 올렸다.[6] 아게실라오스는 본래 여동생을 경기에 내보내면서 경주용 말을 소유하고 기르는 일이 얼마나 사치스러운가를 보여 주고자 했다. 하지만 기념비에 새겨진 내용을 보면 오빠의 의도와는 상관없이 우승자로서 키니스카가 가졌던 자부심이 매우 높았음을 알 수 있다.

그리스인은 김나시온 외에도 거의 모든 운동 경기에서 여성들의 입장을 금지했다. 하지만 금녀라는 말이 무색하게 결혼하지 않은 처녀와 데메테르 여사제의 관람은 허용했으므로, 오로지 기혼 여성만 축제를 즐기지 못한 셈이

6   전차 경기는 무척 위험했기 때문에 보통 전차와 말의 소유주가 기수를 고용하는 식으로 출전했다. 그리고 전차 경기에서 우승할 경우, 모든 영예는 소유주의 차지였다.

다. 만약 이를 어기다 적발되는 여성은 티파에움Typaeum이라는 산에서 아래로 던져 버리는 관습이 있었다. 이 처벌을 면제받은 유일한 여성은 전설적인 복서 디아고라스의 딸이었다. 그녀는 권투 경기에서 우승한 아들 피시도로스를 축하하기 위해 트레이너로 변장하고 담을 넘다 정체가 드러났다. 하지만 그녀는 여러 우승자를 배출한 가문의 업적을 인정받아 처벌을 면했다. 이 사건을 계기로 트레이너들도 나체로 경기장에 와야 한다는 조항이 새로 추가됐다고 한다. 고전학자들은 미적 감각이 유달랐던 그리스인들이 범국가적 축제가 온통 아름다운 것들로 둘러싸이기를 갈망했기에 이런 규정이 생긴 것이라고 설명한다. 여성에 대한 고대의 편견을 감안하더라도 이 금지 조항은 납득하기 어렵다.

스파르타는 이런 관습에서 예외였다. 스파르타의 소녀들은 소년들과 마찬가지로 달리기와 레슬링, 원반던지기 등의 운동으로 몸을 단련했다. 리쿠르고스가 이런 제도를 만든 이유는 여성들이 건강한 신체를 유지해야만 아기의 건강은 물론 안전한 출산이 가능하다고 봤기 때문이다. 소녀들은 속옷 차림으로 운동 경기를 하거나 행진했으며, 때로는 춤을 추기도 했다. 플루타르코스는 그 이유가 연약함과 소심함 등의 여성스러움을 버리게 하기 위함이었으며,

외설스러움은 전혀 찾아볼 수 없었다고 설명한다. 플라톤 역시 『국가』에서 이상 국가의 수호자 계급 여성들은 체력 단련을 할 때 옷을 벗어야 한다고 했으며, 이를 비웃는 건 비난받을 행동이라고 했다. 나아가 이 여성들은 남성들과 공동생활을 할 것이라고 말했다. 스파르타의 남성들이 생계를 위한 노동을 하지 않았던 것과 마찬가지로 여성들도 실을 잣고 직물을 짜는 등의 일을 하지 않았다. 이들에게는 전사의 아내이자 어머니에 걸맞은 품위와 육체적 활력을 유지하는 게 더 중요했다.

올림피아 제전 최강국에서 몰락까지

스파르타인들의 일상은 축제와 사냥, 체력 단련으로 채워졌다. 스파르타 병사들은 심지어 페르시아 대군과의 전투를 앞둔 상황에서도 알몸으로 운동했을 정도다. 열 살이 넘은 소년들은 사냥 실력을 겨루었을 것으로 추측되는 운동 경기에 출전했다. 스파르타에서는 공동 식사에서 빠질 수 있는 사유를 종교 의식과 사냥에 나갔을 때만으로 한정했을 만큼 사냥을 중요시했다. 크세노폰은 『사냥술』에서 사냥이 가진 장점을 다소 장황하게 늘어놓았다. 먼저 사냥은 시력과 청력을 향상시키고, 노화를 막아 준다. 무엇보다 전투를 대비한 최고의 훈련으로 체력을 증진시키고, 야영지에서도 적응 능력이 뛰어나다. 낯선 지형지물을 활용하는 기술은 물론 대담함도 기를 수 있다. 4세기에 활동한

로렌스 알마 타데마, 「피로스 춤」, 1869년

로마의 군사 저술가 플라비우스 베게티우스 레나투스 역
시 대장장이, 목수와 더불어 사냥꾼 직업을 가진 이가 신
병으로 적합하다고 적고 있다.

　아폴론을 기리는 소년들의 나체 축제인 김노파이디아
Gymnopaedia[7]에서는 아고게에 속한 소년들, 군복무 중인 청

7　여기서의 gymnos를 '벌거벗은'이 아닌 '비무장'으로 해석하기도
　　한다.

년, 노인 등 세 연령대로 조를 나눠 춤과 노래를 겨뤘다. 이 제전에서는 피로스라는 전무戰舞가 가장 유명했다. 전투를 모방한 이 춤은 아울로스(관악기) 소리에 맞춰 후퇴와 도약, 포복, 공격 및 방어 동작 등을 표현했다. 그리스의 다른 도시에도 이 춤이 있었지만 경박하게 변질됐고, 스파르타에서만 원형이 보존됐다고 한다. 또 소년들이 박자에 맞춰 레슬링과 판크라티온 기술을 우아한 동작으로 선보이는 아나팔레Anapale, 즉 레슬링 춤은 이 축제에서 큰 인기를 끌었다.

성인들의 경기는 훨씬 더 격렬하고 야만적이다. 청년들은 매해 강 위의 섬에서 '리쿠르고스'와 '헤라클레스' 양 편으로 나뉘어 상대편을 떨어뜨리는 격투 시합을 벌인다. 실제 전투를 방불케 하듯 참가자들은 타격을 비롯해 물어뜯기와 눈 찌르기 등 모든 방법을 사용할 수 있다. 해마다 실시하는 구기球技 종목인 스파이로마키아Sphaeromachia 역시 골을 향해 공을 넣는 경기와는 거리가 멀었다. 스파이라는 둥근 물건을 의미하는 단어로 공을 가리킨다. 양 팀 선수들은 오로지 공을 차지하기 위해 특별한 규칙도 없이 공을 향해 맹렬히 돌진하고 방해하는 상대와 뒤엉켜 싸웠다. 이 경기는 단순한 훈련을 넘어 하나의 입문 절차였다. 젊은이들은 이 경기를 성공적으로 수행함으로써 성인으로 인정

'칼초 스토리코' 경기 장면

받았으며, '스파이레이스(구기 선수)'라는 칭호를 얻었다.

매년 피렌체에서 열리고 있는 칼초 스토리코Calcio Storico
는 사료가 부족한 고대 스파르타의 구기 시합이 구체적으
로 어떻게 진행됐는지 상상해 보는 데 도움을 준다. 칼초
스토리코는 500년 동안 여러 부침을 겪은 끝에 1930년에
부활했다. 각 팀 선수들은 27명으로 50분 동안 골Caccia을
넣을 때마다 1점씩 얻지만, 득점에 실패할 경우 상대팀이
0.5점을 획득한다. 그런데 이름과 달리(칼초는 '발로 차기',

'축구'라는 뜻) 선수들은 서로 펀치와 킥을 주고받는다. 득점을 노리는 12명의 선수들을 위해 나머지 15명은 중간에서 길을 터 주는 역할을 하는데, 이 과정에서 상대편과 격투가 벌어진다. 실제로 선수들은 축구와 럭비 외에도 권투와 레슬링 기술을 연마하는데, 이런 과격함으로 인해 경기 때마다 선수들은 대부분 골절과 탈구, 뇌진탕 같은 부상을 겪는다. 1530년 카를 5세가 피렌체를 포위했을 때 피렌체 시민들은 날아오는 포탄 속에서도 칼초 시합을 열어 적들에게 강건함을 자랑했다. 그리고 아무런 보수 없이 경기에 출전하는 칼초 스토리코 선수들과 피렌체 시민 모두 이러한 지난 과거에 큰 자부심을 지니고 있다.[8]

격렬한 구기 종목은 어느 시대에나 존재했다. 고대 로마의 하르파스툼Harpastum도 상대의 공을 빼앗기 위해 움켜잡거나 목을 꺾는 등의 레슬링 기술을 사용했다. 로마 제국의 의사 갈레노스는 공놀이가 레슬링이나 달리기보다 신체의 숙련도나 기민함을 더욱 요구하고, 모든 부위를 단련시킬 뿐 아니라 공과 상대 선수의 움직임을 계산해야 하므로 정신적 생기도 필요하다고 설명했다. 중세 프랑스의

8   넷플릭스에서 제작한 다큐멘터리 〈세계 스포츠 열전〉 '칼초 스토리코' 편에서 선수들의 인터뷰와 생생한 경기 장면을 볼 수 있다.

슐choule (또는 술soule) 역시 공을 둘러싼 드잡이 속에서 상대방을 걷어차거나 넘어뜨렸다. 역사에서 이런 공놀이의 등장은 일대일 대결을 펼치던 귀족 전사들이 퇴장하고 대오와 전술을 갖춘 보병 부대의 활약이 두드러진 것과 관련이 깊다. 예컨대 스파이로마키아는 전차를 타고 이동하던 귀족 전사가 중무장 보병으로 대체된 데에서 비롯하며, 하르파스툼은 보병 훈련을 위한 놀이였다. 또 피렌체의 칼초는 기사 계급이 군사적 의미를 잃게 된 시기, 비무장한 시민들이 전술을 익히는 놀이로 받아들여졌다.

'골이 없는' 칼초 스토리코를 연상시키는 스파이로마키아는 스파르타 중무장 보병에게 중요한 전투 훈련이었을 것이다. 실제로 군사 훈련과 공놀이 사이에는 많은 유사성이 있는데, 고대-중세의 공놀이와 현대의 축구를 전투에 대입해 보면 스파르타가 선호하는 전투 방식을 좀 더 쉽게 이해할 수 있다. 상대편의 골문 안으로 골을 넣는 데 전력하는 축구는 일종의 공성전이다. 즉 적을 얼마나 많이 죽이느냐가 아닌 적의 성(골)을 정복함으로써 승패가 갈린다. 그런 측면에서 칼초 스토리코는 공성전 못지않게 야전野戰의 비중도 높다. 골을 넣어 득점을 올리는 일 없이 오로지 공을 차지하고자 필드에서 뒤엉켜 싸우는 스파이로마키아는 중무장 보병의 전투 방식과 흡사하다.

아테네와 달리 스파르타는 펠로폰네소스 전쟁 이전까지 강력한 육군에 의지했는데, 이들의 중무장 보병은 고대 그리스에서 최강의 전력을 보유하고 있었다. 기원전 371년 레욱트라 전투에서 테베에게 충격적인 패배를 당하기 전까지, 그리스 세계에는 스파르타의 중무장 보병이 무적이라는 신화가 퍼져 있었다. 그런데 국토의 약 80%가 산악 지대와 좁은 계곡 등으로 이루어진 그리스에서 팔랑크스는 평원에서만 유효한 전술이다(군대는 적국의 영토에서 식량을 조달했고, 또 경작지인 평원을 황폐화시켜 사기를 꺾는 일이 일반적이었으므로 싸움은 평원에서 벌어졌다). 팔랑크스는 성벽으로 둘러싸인 도시나 요새를 만나면 그 위력을 상실한 채 포위나 봉쇄밖에는 달리 할 수 있는 게 없었다. 이런 전술적 특성(그리고 스파르타의 지형적 특성)의 영향 때문인지 스파르타인들은 기원전 2세기 전까지 도시 주변에 어떤 종류의 성벽도 쌓지 않았다. 그들은 성벽 쌓기를 나약함의 표시로 간주했고, 도시를 둘러싸는 것은 벽돌이 아닌 강인한 전사들이어야 한다고 믿었다. 흥미롭게도 바로 그런 이유 때문에 아테네인들 중에도 도시의 성벽을 허물어 버림으로써 스파르타만큼 강력한 중무장 보병을 양성할 수 있을 거라 생각하는 사람들이 있었다. 이에 대해 아리스토텔레스는 『정치학』에서 도시에 성벽을 두르지 않는 만용의 어리석음을 냉소적으로 지적한 바 있다. 이런 배경 속에서 놀이가 싸움과 전투를 모방한다는 요한 하위징아의 개념에 따르면 스파르타 전사들의 공놀이에서 골(성)을 얻는 것은 불필요했다.

우리는 고대 그리스의 폴리스 중에서도 단연 스파르타가 올림피아 제전에서 어떤 활약을 보여 줬는가가 가장 궁금할 것이다. 기원전 7세기 내내 스파르타의 강세는 압도적이었다. 15회 올림피아(기원전 720년) 장거리경주(돌리코스)에서 아칸토스의 우승을 시작으로 50회 올림피아(기원전 580년)에 이르기까지 스파르타인 우승자 비율은 자그마치 50퍼센트를 웃돌았기 때문이다. 게다가 이 시기에 몇몇 스파르타 선수들은 위업을 달성하기도 했다. 예컨대 키오니스Chionis는 28~31회 올림피아 제전에서 스타디온 연속 4회, 디아울로스 3회 우승을 차지하며 종합 7관왕에 올랐다. 또 히포스테네스Hipposthenes는 그의 아들 헤토이모클레스Hetoimokles와 더불어 레슬링 경기에서 5회 연속 우승하는 기염을 내뿜기도 했다.

하지만 이후부터 스파르타는 올림피아 무대에서 급격한 쇠락의 양상을 보이기 시작한다. 페르시아 전쟁과 펠로폰네소스 전쟁에서도 볼 수 있듯 기원전 5세기 전반에 걸쳐 스파르타가 군사적으로 맹위를 떨쳤음에도, 이 시기에 우승자 비율은 20퍼센트까지 떨어졌던 것이다. 이런 변화는 얼핏 당혹스러워 보이지만, 서서히 진행되어왔던 스파르타 안팎의 여러 문제들을 살펴보면 필연적이었다는 사실을 알 수 있다.

변화를 외면한 결과

먼저 외적 요인에 대해 살펴보자. 첫 1세기 동안 올림피아 제전은 경기를 주관하는 엘리스와 경기 장소인 올림피아가 있는 펠로폰네소스 반도의 지역 축제 정도에 불과했다. 실제로 이 기간에는 스파르타를 비롯해 엘리스와 메세니아, 코린토스 등 펠로폰네소스 지역의 폴리스에서 대부분의 우승자가 배출된다. 아마도 올림피아가 국제적인 명성을 얻는 데까지는 어느 정도 시간이 필요했을 것이다. 또 참가 선수들은 축전이 시작되기 한 달 전부터 엘리스에서 거주하며 훈련해야 했는데, 이런 강제 규정은 초창기 먼 지역의 참가자와 방문객들에게 교통과 안전 등의 측면에서 적지 않은 부담을 안겨 줬다.

그런데 올림피아 제전의 규모가 커지면서 다른 지역에서도 비슷한 경기들이 신설된다. 기원전 590년 델포이에서는 아폴론을 기리는 피티아 제전을 개최했다. 이어서 코린토스에서는 포세이돈을 기리는 '이스트미아 제전(기원전 582년)'이 열렸다. 아르골리스는 제우스를 기리는 '네메아 제전(기원전 573년)'을 개최했다. 이 무렵 아테네의 정치가 솔론[9]은 올림피아 경기 우승자에게 500드라크마, 이스트미아 경기 우승자에게는 100드라크마를 상금으로 주는 법안을 만들었다. 아테네는 한발 더 나아가 기원전 566년에 '판아테나이아 제전'을 신설하기에 이른다. 그 결과 판아테나이아 제전은 전 그리스에서 4대 제전 다음가는 위상을 얻는다. 게다가 시간이 흐르면서 많은 도시 국가가 제각각 올림피아 경기를 모방한 경기를 만들었다. 또 국위선양한 우승자에 대한 물질적 포상과 예우도 하나의 관례로 정착하기 시작했다.

이런 변화에도 불구하고 스파르타에서는 우승자에게 왕의 친위대가 될 수 있는 특권(!)을 주는 것 외에는 다른 포상 제도가 없었다. 한 스파르타 레슬러가 올림피아 제

---

[9]   그리스의 7현인 중 한 사람으로, 아테네의 개혁적인 정치가이자 입법가로 활동했다.

전에서 거액의 뇌물을 제안받았지만 이를 거절했다. 힘겹게 시합에서 우승한 그에게 누군가 "그대가 경기에서 열심히 싸워 이겨서 얻는 게 대체 무엇인가"라고 물었다. 그는 미소를 지으며 "왕 앞에서 싸우는 것"이라고 대답했다고 한다.

스포츠 경기의 증가 그리고 우승자에 대한 처우 개선은 결과적으로 다른 폴리스 선수들의 기량을 크게 높이는 마중물로 작용했다. 경쟁은 자연스럽게 새로운 수요로 이어졌다. 집체 훈련을 고집한 스파르타와 달리 아테네의 경우처럼 부유한 시민들은 값비싼 수업료를 지불하고 선수 경력을 가진 트레이너를 비롯해 영약학과 의학 서비스를 제공하는 각종 체력 단련 전문가를 고용했다. 반면 스파르타인은 트레이너를 고용하지 못했고, 운동 경기에서는 기술보다 순수한 힘과 지구력에 의존하는 경향이 강했다.

그들은 레슬링에서도 기술을 사용하는 걸 경멸할 만큼 순수하게 힘에만 의존했다. 때문에 스파르타인은 시합에서 기술이 뛰어난 선수에게 패배하더라도 상대를 자신보다 뛰어나다고 인정하지 않았다. 한 예로 올림피아 제전에서 패배한 스파르타인을 향해 누군가 "당신의 적수가 그대보다 나은 사람이란 걸 증명했다"라고 말했다. 그러자 스파르타인은 "아니오. 잔재주가 더 나은 사람"일 뿐이라고 응수했다.[10] 이처럼 스파르타의 훈련 목적은 오로지 강건한 군인을 양성하는 데 있었지, 올림픽 우승자를 배출하는 게 아니었다. 강도 높은 군사 훈련으로 올림피아 제전 초창기에 좋은 성적을 거뒀던 스파르타는 더 이상 과학적이고 체계적으로 설계된 전문 트레이닝의 상대가 될 수 없었다.

다른 도시 국가들은 물론 식민시에 이르기까지 고르게 경기력 향상을 보이자 스파르타는 대회 출전을 기피했을 가능성이 높다. 물론 스파르타는 이런 자신감 결여를 올림피아 제전에 대한 가치 폄하로 위장했다. 누군가 엘리스인들이 올림피아 경기를 공정하게 진행한다고 칭찬하자, 아기스 왕(재위 기원전 427~400년)이 4년에 단 하루 공정한 게 과연 대단한 일이냐고 책망했다는 일화는 그런 심리를 잘 보여 준다. 더구나 권투를 창안했다고 자부하면서도 손을 들어 항복 의사를 표시하는 복싱과 판크라티온 같은 격투기 종목의 출전을 금지시켰을 만큼 자존심이 강한 그들에게는 패배하느니 경기에 나가지 않는 게 명예를 위해 더 나은 선택이었을지 모른다. 이 정도로 항복을 터부시 여기

10   플루타르코스, 「스파르타인의 어록」, 『모랄리아』, 윤진 옮김, 한길사, 2021, 345쪽

는 스파르타였기에 펠로폰네소스 전쟁 당시 스파르타군이 스팍테리아에서 항복한 사건은 그리스 세계를 충격에 빠트렸다.

그런데 이런 변화의 근본적인 이유는 내부, 즉 스파르타가 최강의 군사 국가가 될 수밖에 없었던 배경에서 찾을 수 있다. 우리에게 각인된 스파르타의 초인적 이미지는 헤일로타이들에 대한 착취를 기반으로 하고 있다. 헤일로타이는 스파르타인에 의해 농노가 된 그리스 동족이다. 헤일로타이는 '포로'라는 뜻이다.[11] 스파르타인의 조상은 미케네 문명 몰락 이후 기원전 13~12세기 무렵에 펠로폰네소스로 남하한 도리스족이다. 이들은 스파르타에 정착한 이후 발전을 거듭하지만, 기원전 8세기에 들어서면서부터 자신들만의 경작지로는 늘어난 인구를 감당할 수 없게 됐다. 기원전 735년경, 이 문제를 해결하기 위해 스파르타는 이웃 도시인 메세니아를 침범했다. 19년간의 전쟁 끝에 승리한 스파르타는 메세니아인들을 복속시키고 토지를 빼앗았다.

11 이들이 원래 헬로스Hellos라는 도시의 주민이었다는 데서 유래한 말이라는 해석도 있지만, 현대 학자들은 이를 잘못된 견해라고 본다. (험프리 미첼, 『스파르타』, 윤진 옮김, 신서원, 2000, 85쪽; 폴 카트리지, 『스파르타』, 이은숙 옮김, 어크로스, 2011, 71쪽)

그런데 문제는 이들이 바로 같은 도리스족의 후예이자, 동일한 언어를 사용하는 그리스인이라는 데 있었다. 고대 그리스 사회에서 노예는 지극히 자연스러운 존재였다. 아리스토텔레스마저도 『정치학』에서 지배받는 노예와 지배하는 자유민의 관계가 필연적이라고 주장했다. 심지어 노예에게는 허드렛일과 노역奴役에 어울리는 신체가 주어지고, 자유인에는 시민 생활에 적합한 곧은 몸매가 주어지는 것이 자연의 섭리라고 여겼다. 그러나 아테네를 비롯한 다른 폴리스들은 대부분 해외의 전쟁포로 또는 '합법적' 매매를 통해 노예를 소유했다. 그리하여 기원전 670년경, 부당하게 자유와 땅을 빼앗긴 메세니아인들은 자신들의 권리를 되찾기 위해 반란을 일으켰다. 상실감과 분노에 가득 찬 메세니아인들의 저항은 1차 메세니아-스파르타 전쟁 때보다 훨씬 더 맹렬했다. 하지만 이 싸움에서도 스파르타는 모든 전력을 쏟아 부은 끝에 17년 만에 반란을 진압하게 된다.

스파르타는 힘겨운 승리 끝에 메세니아를 노예 상태로 지배하는 것이 얼마나 어려운 일인지를 깨닫는다. 메세니아와 라코니아 지역의 헤일로타이 수는 스파르타인보다 약 일곱 배나 많았고, 반란은 언제든 다시 일어날 수 있었다. 게다가 이들은 아리스토텔레스의 지적처럼 스파르타인들에게 불행이 닥치기를 항시 노리고 있었다. 하지만 그렇다고 해서 메세니아의 비옥한 토양과 인적 자원을 포기할 수도 없었다. 역사학자 아널드 토인비는 이 전쟁이 "스파르타인의 삶의 리듬을 통째로 바꾸어 놓았고 스파르타 역사의 전 과정을 엇나가게 했다"[12]라고 설명한다. 그들이 빼앗은 것을 계속 움켜쥐기 위해 모든 시민 남성이 경찰이자 군대가 되는 길을 선택했기 때문이다. 그 결과 기원전 7~6세기 스파르타의 중무장 보병은 8천~9천 명에 달했다. 이는 다른 그리스 도시 국가의 세 배에 달하는 규모다. 지배 계급이자 귀족으로서 스파르타인들은 스스로를 '동등자(호모이오이)'라고 부르며 결속력을 강화했다. 그리고 생산과 경제 활동을 헤일로타이와 페리오이코이[13]에게 맡겨 둔 채 모든 시간과 에너지를 병영 문화(규율과 복종)와 전투 기술을 익히는 데 투자했다.

메세니아 정복 후 스파르타에서 올림피아 제전 우승자를 가장 많이 배출했음에도 불구하고, 스파르타 내부에서는 운동선수보다 전사로서의 자질과 전투 능력을 더 높

---

12   아널드 J. 토인비, 『토인비의 전쟁과 문명』, 조행복 옮김, 까치, 2020, 60쪽
13   스파르타와 헤일로타이의 중간 계급. 자유가 보장됐으며, 군역 의무를 지고 상업과 수공업에 종사했다.

이 평가하는 문화가 퍼지기 시작했다. 이는 2차 메세니아 전쟁 당시 스파르타에서 활동하며 청년들의 용기를 독려했던 시인 티르타이오스의 서정시를 통해서도 잘 드러난다. "발이 행한 업적이나 권투에 뛰어나다고 해서 그 사람을 이야기하거나 훌륭하다고 나는 여기지 않겠다. (…) 그가 강력한 전투 명성이 없다면 말이다."[14] 플라톤은 『국가』에서 이상 국가의 모습을 제시하는 데 스파르타의 제도를 참조했으며, 또한 티르타이오스의 모범을 따라 이상 국가에서는 올림피아 경기의 우승자보다 전사(수호자)를 더 존경해야 한다고 강조했다. "이들이 거두는 승리는 온 나라의 보존이거니와, 부양에 있어서만이 아니라 생활에 필요한 온갖 것에 있어서도 이들 자신들과 이들의 자식들도 지원을 받으며, 자신들의 나라에서 살아서도 상을 받고, 죽어서도 걸맞는 무덤의 배분을 받을 걸세."[15]

스파르타가 체제를 유지하는 근간은 공동체의 강력한 결속이다. 공동체는 영속적인 것이고, 이 영속을 위해서라면 개개인의 필멸자는 마땅히 자기를 희생해야 한다. 전장

14   아르킬로코스, 사포 외, 『고대 그리스 서정시』, 김남우 옮김, 민음사, 2018, 26~27쪽

15   플라톤, 『국가』, 박종현 옮김, 서광사, 2005, 제5권 465d~e

에서 죽어간 이들은 티르타이오스의 시와 함께 살아남은 공동체의 기억 속에서 불멸의 존재가 될 수 있다. 이들의 문화를 단적으로 보여 주는 사례를 레욱트파 패전 기록에서도 찾을 수 있다. 당시 스파르타에서는 김노파이디아 축제가 벌어지고 있었다. 감독관(에포로이)들은 전령으로부터 전투 결과를 보고받았음에도 계속 경연을 이어 가도록 했다. 그리고 전사자의 가족들에게만 소식을 전해 주었다. 다음날 도시에 펼쳐진 풍경은 놀라웠다. 전사자의 가족과 친척들은 모두 밝은 얼굴로 축하를 나누었던 반면, 생존한 병사들의 가족들은 침울함에 빠져있었다. 전사자의 어머니는 자랑스럽게 말했다. "올림피아 제전에서 승리하고 돌아온 것보다, 전투에 승리하고 죽음을 맞이하는 것이 얼마나 더 고귀한가!"[16]

스파르타에서 개인의 개성은 다른 어떤 나라에서도 일찍이 보기 힘들 정도로 무시되었다. 그곳에서는 어떤 형태의 싸움도 편제되어야 했다. 유독 능력이 뛰어난, 영웅적 개인은 오히려 조직력을 저해시킬 수 있었다. 이렇게 강화된 공동체 의식은 개인 종목으로만 이뤄진 올림피아 제전

16   플루타르코스, 「스파르타 여성들의 어록」, 『모랄리아』, 윤진 옮김, 한길사, 2021, 354쪽

을 바라보는 시각에도 부정적인 영향을 미쳤을 수 있다.

스파르타가 병영 국가로 완전히 탈바꿈하기 전까지, 스파르타인들도 시와 음악 등 각종 예술을 향유했다. 올림피아에는 아리스톤과 텔레스타스, 테오클레스 같은 조각가들의 작품이 있었고, 공예품 또한 높은 예술성을 자랑했다. 또 티르타이오스뿐 아니라 알크만 등 여러 시인이 스파르타에서 활동하며 황금기를 장식했다. 칠현금의 창시자인 레스보스의 테르판드로스, 크레타의 탈레타스 등 위대한 음악가들을 외국에서 초빙하기도 했다. 하지만 이 모든 것이 메세니아 정복 이후 호전적이고 단순한 양식 속에 갇혀 버린다. 이렇게 경직된 체제는 200년 이상 스파르타 시민을 무적의 전사로 만들어 줬지만, 그 밖의 다른 분야에서는 고립과 퇴보를 피할 수 없었다.

스파르타에도 빈부격차는 존재했으나, 전성기에는 시민 모두가 검소하고 강직한 군인들이었다. 각자에게 할당된 토지는 증여를 제외하면 함부로 타인에게 양도할 수 없었으며, 정해진 소출의 초과분은 노예의 몫이었다. 화폐는 거의 쓸모없다시피 했다. 그러나 호모이오이의 정치·경제적 평등을 강조했던 이들의 제도에도 모순은 존재했다. 예컨대 공동 식사단의 일원으로서 법으로 정해진 할당량(농산물)을 치르지 못한 시민은 민회에서의 권리나 공직 피선

거권 등을 박탈당했으며 하위 시민 계층으로 전락했다. 이런 식의 시민권 박탈은 스파르타의 군사력을 점차 악화시키는 요인으로 작용했으며, 소수에게 토지가 집중되는 악순환을 낳았다. 그 결과 기원전 400년에서 250년 사이, 시민 수는 3천여 명에서 700명으로 크게 줄었다. 게다가 그들 중 100명만이 실질적으로 토지를 소유하고 있었다. 경제적으로 부패하고 군사적으로 쇠약해진 스파르타는 몰락의 기운을 바로잡을 수 없었다.

6장

김나시온의
철학자들

"신적 인간은 스스로를 느끼기를 갈망하고,
그 때문에 자신의 아름다움을
자신에게 마주 세우지.
그렇게 해서 인간은 스스로에게 자신의
신들을 부여했다네."[1]

- 횔덜린

1 프리드리히 횔덜린, 『휘페리온』, 장영태 옮김, 을유문화사, 2008, 130쪽

맨발의 철학자

어느 날 평소 자주 다니던 김나시온인 아카데미아에서 리케이온으로 걸어가고 있던 소크라테스를 청년 히포탈레스가 불러 세운다. 그는 최근에 새로 지어진 레슬링 체육관(팔라이스트라)에서 다른 청년들과 함께 운동과 토론을 즐기고 있던 중이었는데, 소크라테스에게 합류를 제안했다. 그는 이곳에 와 볼 만한 일이 있다며 솔깃한 제안을 한다. "여기 있는 저희들뿐만 아니라 다른 아주 많은 멋있는 사람들도 여기서 시간을 보냅니다."[2] 히포탈레스는 자신이 연모하던 소년(리시스)에게 사랑받을 수 있는 노하우를 알려 달려고 부탁한다. 『향연』과 『파이드로스』 등에

2   플라톤, 『뤼시스』, 강철웅 옮김, 이제이북스, 2014, 203a~b

서도 보여 주듯 사랑은 그가 큰 관심을 갖고 열렬히 탐구한 주제였다. 갑작스러운 요청에도 불구하고, 소크라테스는 그에게 어떻게 행동하고 대화해야 하는지 몸소 시범을 보여 준다. 이 장면은 플라톤의 『리시스』에 등장한다. 말하자면 체육관은 당시 젊은이들에게 가장 '힙'한 공간이었으며, 철학자는 본질적인 동시에 '핫'한 주제들에 대한 토론을 회피하지 않았다.

안타깝게도 소크라테스는 생전에 어떠한 저술도 남기지 않았다. 다행히 우리는 제자였던 플라톤의 대화편과 크세노폰이 쓴 회고록 등을 통해 그의 삶과 철학을 잘 알 수 있다. 많은 학자는 두 제자가 만들어 낸 스승의 이미지 중에서, 크세노폰의 소크라테스가 상대적으로 통속적이며 독창성이 떨어진다고 비판한다. 예컨대 버트런드 러셀은 플라톤과 크세노폰 사이의 오래된 논쟁 속에서 중립을 지키겠노라 말하지만, 그의 글을 읽다 보면 플라톤에게 더 깊은 신뢰를 보이고 있음을 쉽게 알 수 있다. 그는 크세노폰이 군인 출신으로 지력이 뛰어나지 못하고 관습에 얽매인 사람이기에, 무엇보다 소크라테스의 철학을 온전히 이해할 수 없는 인물이기에 그의 진술을 신뢰하기 어렵다고 지적했다. 하지만 우리는 크세노폰을 통해 보다 밝고 인간적이며 소탈한, 일상 속 철학자의 다양한 일면을 볼 수 있다.

반면 대부분의 학자가 플라톤의 기록을 더 신뢰하는 이유 중 하나는 그가 크세노폰보다 물리적으로 더 많은 시간을 소크라테스와 보냈다는 데 있다. 또 플라톤이 대화편 속 다양한 인물들과 주제 설정 등을 통해 소크라테스의 철학에 대해 완벽한 통찰력을 입증했다는 점도 있다. 그런데 두 번째 이유에는 양가적 측면이 있다. 바로 소크라테스가 일관성 있는 이야기를 하고 있지 않기 때문이다. 이는 그의 사유가 발전하는 과정의 산물이라기보다는 많은 등장인물과, 상이한 상황에서, 다양한 주제로 대화하기 때문으로 봐야 한다. 학자들은 그의 대화편을 세 시기(초기·중기·후기)로 구분해 놓고 있지만, 우리는 어느 것이 소크라테스의 진짜 생각이고 어느 것이 플라톤의 견해인지를 완벽하게 가려낼 수 없다.

소크라테스는 플라타이아이 전투 승리 10년 후인 기원전 469년에 태어났다. 그의 조부모와 부모는 페르시아와의 전쟁을 겪은 전쟁 세대다. 살라미스 해전 당시에는 크세르크세스의 군대를 피해 피난을 떠났고, 잿더미로 변한 아테네에서 도시를 재건해야 했을 것이다. 소크라테스라는 이름에는 아이에 대한 부모의 기대와 희망이 담겨있다. 소스Sos는 '온전한', '흠 없는', 크라토스Kratos는 '강력함', '힘'을 의미한다.

흉상을 통해 전해지는 소크라테스의 외모는 우리가 상상하는 철학자의 모습과는 거리가 멀다. 땅딸막한 체구에 큰 머리와 벗겨진 이마……. 소크라테스는 자신의 코가 들창코인 데다 배는 지나치게 튀어나왔다는 사실을 잘 알고 있었다. 이밖에도 플라톤의 『향연』에서 알키비아데스는 소크라테스가 실레노스[3] 조각상을 닮았다고 말한다(실레노스 조각상을 양쪽으로 열어젖히면 그 안에는 세심하게 조각한 신상이 있었다. 이와 마찬가지로 소크라테스도 외모는 못생겼지만 내면에는 아름다운 영혼과 지혜를 갖추었음을 의미한다). 그런가 하면 대화편 『테아이테토스』에서는 소크라테스가 퉁방울눈에 두터운 입술을 가진 것으로 나온다.

그러나 소크라테스는 이름처럼 쾌활하면서도 강인한 사내이자 뛰어난 군인이었다. 우리가 아는 한 그는 포티다이아 전투(기원전 432년), 델리온 전투(기원전 424년), 암피폴리스 전투(기원전 422년) 등 최소 세 차례 군사 원정에 참가했다. 신성모독 혐의로 고발돼 법정에 선 소크라테스

---

3   그리스 신화에서 반인반수인 사티로스들의 우두머리 혹은 노인으로 나온다. 나이가 많고 뚱뚱한 데다 못생긴 외모로 항상 술에 취해 있다. 반면 보통의 사티로스와 달리 지혜로우며 예언 능력도 있었다. 디오니소스의 동료이자 선생으로도 잘 알려져 있다.

아테네 아카데미 앞의 소크라테스 동상

는 스스로를 변호하는 연설에서 자신이 전장에서 얼마나 용감하게 싸웠는가를 강조한다.

그의 탁월한 신체 능력은 코린토스와 싸운 포티다이아 전투(펠로폰네소스 전쟁의 서막이었다)에서 잘 드러난다. 원정군으로서 종종 겪어야만 했을 상황으로, 식량 보급이 원활하지 않을 때면 그는 누구보다 배고픔을 잘 견뎠다. 소크라테스는 당시 함께 참전한 알키비아데스가 전투 중 부상을 입고 쓰러지자 그의 앞에 서서 적을 막아 내 생명을 구하기도 했다. 또 혹독한 겨울 날씨에 맨발로 다니면서도 신발을 신은 병사들보다 더 민첩하고 활동적이었다. 소크라테스보다 약 두 세대 뒷사람인 아테네의 정치가 포키온은 성품에서부터 죽음까지 소크라테스를 닮았다. 그는 한겨울의 전장에서도 키톤만 걸치곤 했는데, 병사들은 포키온이 외투를 입은 모습을 보면 강추위가 온 것이라고 농담을 했을 정도였다.

크세노폰은 스승 소크라테스가 당대의 아테네인 중에서도 식욕에 대해 가장 자제력이 강했으며, 추위나 더위를 비롯해 온갖 노고를 가장 잘 참고 견디는 사람이었다고 기록했다. 그의 강인함과 절제는 소크라테스만의 독특한 안티 패션⁴을 만들어 냈다. 소크라테스는 평소에도 신발을 신지 않았다. 그의 복식은 고대 아테네 사회에서 파격이었다. 맨발로 다녔던 스파르타인들과 달리 아테네에서 맨발은 노예 신분을 의미했기 때문이다. 경매장에서 노예들은 맨발을 백악(회백색의 연토질 석회암)이나 석고로 감쌌기 때문에 백악인간Cretati이라고 불렸다.

어느 날 소피스트 안티폰은 소크라테스의 남루한 차림새와 가르침의 대가로 돈을 받지 않는 것을 지적하며 그를 따르는 제자들 모두가 불행할 것이라고 조롱했다. 소크

---

4   주류 패션에 반대하거나 도전하는 패션

라테스는 자신이 돈을 받지 않으므로 그 어떤 금전적 의무에 구속받지 않는다는 데 자부심을 갖는다. 이어서 그는 신발과 옷의 본질적 기능을 상기시킨다. 겉옷은 추위와 더위에서, 신발은 발의 부상에서 보호하기 위함이 아니겠냐고. 그리고 안티폰에게 반문한다. "그렇다면 당신은 혹시라도 내가 추워서 다른 어떤 사람보다도 더 실내에 머무르거나, 아니면 더워서 그늘을 차지하려고 다른 어떤 사람과 다투거나, 아니면 발에 고통이 있어서 원하는 곳에 걸어가지 못한 것을 한 번이라도 본 적이 있나요?"[5] 맨발과 외벌은 오히려 그에게 있어 절제와 강건함의 상징이다. "천성적으로 몸이 약한 사람들이라도 운동을 하면, 천성적으로 아주 세지만 운동을 안 하는 사람들보다 운동하는 데 있어더 강해지고 체력 단련도 더 쉽게 참게 된다는 사실을 당신은 알지 못하나요? 그렇다면 내 몸에 닥치는 것들을 인내하려고 늘 연마하는 내가 연마하지 않는 당신보다 모든것들을 더 쉽게 참으리라는 것을 당신은 알지 못하나요?"[6]

5   크세노폰, 「소크라테스 회상록」, 『소크라테스 회상록·소크라테스의 변론』, 오유석 옮김, 부북스, 2018, 1권 6장 6절

6   크세노폰, 「소크라테스 회상록」, 『소크라테스 회상록·소크라테스의 변론』, 오유석 옮김, 부북스, 2018, 1권 6장 7절

소크라테스는 자신처럼 최소한의 물자로 자족하는 사람이 더 행복할뿐더러 전쟁과 같은 상황에서는 친구와 국가에 더 도움이 될 것이라고 여겼다. 알키비아데스는 델리온 전투에 기병으로 참전했는데, 당시 아테네군이 1천여 명의 중무장 보병을 잃고 퇴각하는 순간에도 소크라테스가 용기와 의연함을 잃지 않았다고 증언한다. 혼란스럽고 무질서한 와중에도 그는 마치 시내를 산책하며 주변을 살피듯, 침착하고 태연하게 곁눈으로 적과 아군을 바라보았다. 그리고 누구라도 자신을 공격하면 단호하게 응전할 것임을 멀리 떨어져 있는 자들에게도 분명히 했다. 이 장면을 회상하면서 알키비아데스는 또 다시 감탄하는 듯 했다. 패주하는 병사라고 볼 수 없는 소크라테스의 기백 덕분에 그와 동료들은 무사히 빠져나올 수 있었다. 『라케스』에서 델리온 전투에 함께 참전했던 라케스는 다른 장병들이 소크라테스처럼 행동했다면 아테네가 참패하지 않았을 거라고 말했다.

소크라테스의 강인함은 주연에서도 증명된다. 그는 술을 즐기지 않았지만 일단 대작하기 시작하면 아무도 술 취한 모습을 볼 수 없었다(그는 술을 마시며 얻는 육체적 쾌락은 경계했지만, 술 또는 음주 자체를 비난하지는 않았다). 아가톤의 비극경연대회 우승을 기념하며 열린 심포지온은 이른 저녁에 시작했지만 자정을 넘겨 날이 밝을 때까지 이어졌다. 결국 다른 참석자들은 모두 지쳐 나가떨어졌지만 오직 소크라테스만 리케이온에서 몸을 씻고, 평소와 똑같은 일정을 소화했다.

소크라테스라는 그릇

　서양철학에서 '소크라테스 이전 철학자'라고 일컫는 고대의 철학자들은 철학적 탐구의 초점이 자연의 본질을 규명하는 데 맞춰져 있었다. 때문에 이들을 '자연철학자'라고 부르기도 한다. 예를 들어 최초의 철학자이자 고대의 7현인 중 한 사람으로, 1년을 365일로 나누었던 탈레스는 만물의 근원이 물이라고 보았다(노년의 탈레스는 운동 경기를 관람하던 도중 더위와 탈수로 인해 갑작스럽게 사망했다). 또 피타고라스는 세계의 비밀을 수적 관계로 해석했다. 헤라클레이토스는 세상의 본질을 불로 봤다. 아낙사고라스는 천체 현상에 주된 관심을 기울였다. 그러나 자연세계 탐구에 중점을 두었던 철학자들과 달리 소크라테스는 인간의 본성에 집중했다. 디오게네스 라에르티오스는 소크라테스를 두고 인생에 대해 논한 최초의 인물이자, 철학자들 중에서도 유죄 판결을 받고 사형당한 최초의 인물이라고 기록했다.

소크라테스는 언제나 이른 아침이면 산책로를 거닐고 체육관을 찾았다. 심지어 그는 포티다이아 전투에서 복귀한 다음 날에도 어김없이 팔라이스트라를 찾았다. 또 제자들과 정치와 절제, 노력, 아름다움 등에 대해 논할 때면 운동 경기와 체력 단련 등을 비유로 즐겨 사용했다. 그는 자신의 몸을 성실히 단련했다. 마찬가지로 몸을 돌보지 않는 사람 역시 인정하지 않았다. 또 적절한 운동 습관은 건강에 좋을뿐더러 혼을 돌보는 일을 방해하지 않는다고 여겼다.

어느 날 소크라테스는 젊은 제자인 에피게네스가 운동을 하지 않아 몸 상태가 빈약한 것을 나무랐다. 그는 자신의 몸 상태를 이해하고 그에 맞는 운동을 하는 건 비단 전문 선수들만의 몫이 아니라고 설명했다. 건강하지 않은 자유민일수록 전쟁에서 죽거나 노예가 되는 비참함을 겪기 때문이다. 몸을 돌보지 않음으로써 잃는 것은 여기서 그치지 않는다.

"다른 어떤 경쟁 혹은 어떤 행위에서도 몸을 더 나은 상태로

준비하여 손해 보는 경우는 없네. 사람들이 행하는 모든 일에는 몸이 유용하니까. 또한 몸을 사용하는 모든 경우에, 몸을 최선의 상태로 유지하는 일은 특별히 중요하다네.

자네가 보기에 생각하는 일―즉 몸을 가장 덜 사용한다고 여겨지는 분야― 에서도, 몸이 건강하지 않기 때문에 많은 사람들이 실족한다는 것을 누가 모르겠는가? 또한 몸 상태가 나쁘기 때문에 기억상실과 낙심, 까탈스러움, 광기가 종종 많은 사람들의 사고에 생겨나서, 올바른 지식을 몰아내기까지 하지."[7]

소크라테스는 제자들에게 모든 일마다 건강에 유의해야 한다고 강조했다. 그는 건강한 삶을 살기 위해서는 운동과 식이요법 등 모든 분야에서 전문가의 조언을 구하고, 그것을 스스로에게 어떻게 적용할 수 있는지 공부해 가며 자신의 체질에 대해 알아 나가야 한다고 말했다.

대부분의 도시 국가와 마찬가지로 아테네는 가장 가난한 시민조차도 노예를 한두 명씩은 보유했을 만큼, 시민과 자유민보다 훨씬 더 많은 노예를 통해 경제가 운영됐다.

---

7   크세노폰, 「소크라테스 회상록」, 『소크라테스 회상록·소크라테스의 변론』, 오유석 옮김, 부북스, 2018, 3권 12장 5~6절

국가 경제와 군사력의 토대로 존중받았던 농업을 제외하면, 시민들은 생계를 위한 육체노동을 멸시하는 경향이 강했다. 하지만 소크라테스는 이런 자유가 나약함으로 이어져서는 안 된다고 보았다. 언젠가 한 사람이 먼 거리를 오느라 녹초가 되었다고 말하자, 소크라테스는 그에게 짐을 들고 왔는지 물었다. 여행자가 대답하길, 자신은 가벼운 외투만을 걸쳤을 뿐 침구를 비롯해 모든 짐을 시종이 들었다고 대답했다. 그러자 소크라테스는 종보다도 힘든 일을 감당할 능력이 부족한 사람이 어떻게 스스로를 단련할수 있겠느냐며 여행자를 책망했다. 자유 시민이든 노예든 그들이 바르는 향수 냄새는 똑같지만, 운동으로 땀을 흘려 나는 체취는 오직 시민들만 풍길 수 있다고 보았다. 그러므로 오랫동안 엄격하게 훈련할수록 그 사람에게는 자유민다운 향취가 짙게 배어 나온다는 것이다.

소크라테스(나아가 플라톤)의 철학은 육체가 영혼을 담는 그릇이라는 가치관을 잘 보여 준다. 16세기의 모럴리스트[8] 몽테뉴는 의미 있는 가교 역할을 해 준다. 그가 오랜 세월에 거쳐 집필한 단 한 권의 책, 『수상록』을 통해 에세

---

8   인간의 본성과 윤리에 대한 탐구를 수필이나 격언집 등에 담은 프랑스 작가들

이가 하나의 문학 장르로 자리 잡았다. 소크라테스가 "나는 나 자신이 거의 아무것도 아는 게 없다는 것을 안다"라고 이야기했던 것과 마찬가지로 그는 "Que sais je(나는 무엇을 아는가?)"를 일생의 화두로 삼았다. 『수상록』이 오랫동안 사랑받은 이유는 그리스·로마 고전에 대한 해박함과 더불어 솔직함에 있다. 특히 그는 몸과 마음의 조화에 각별한 관심을 가졌다. 건강하고 아름다운 몸은 미덕과 실용적 가치를 모두 지닌다는 점에 주목했다. 그는 소크라테스가 아름다운 영혼과 달리 얼굴과 몸이 못생겼다는 사실에 분개하며, 이를 "자연이 잘못한 것"이라고 적기도 했다.

호메로스와 알렉산드로스를 인간의 모범으로 삼았던 몽테뉴는 부친을 통해서도 적지 않은 영향을 받았던 것 같다. 해머던지기와 중량운동을 하고, 바닥을 납으로 때운 신발을 신고 체력 단련을 하던 아버지의 모습은 강렬한 기억으로 남았다. 그는 중년에 법관직을 그만두고 독서와 글쓰기에만 몰두했지만 운동을 소홀히 하지 않았고, 견실한 태도와 건강에 대한 자부심 또한 높았다. 몽테뉴는 육체를 보살피는 일을 냉대하거나 적대하게 만드는 지적 태도를 비인간적이라고 여겼다. 그리하여 단순히 지식을 쌓는 데 편중된 교육, 사유의 훈련에만 몰두하는 철학을 반대했다.

제자의 마음을 강하게 단련하는 것만으로는 안 된다. 제자의 근육도 강화해줘야 한다. (…) 이렇게도 부드럽고 민감하고 강한 몸이 마음과 함께하면 얼마나 기분 좋은지 나는 안다. 모든 스포츠와 훈련이 공부의 일환이 될 수 있다. 육상, 레슬링, 음악, 무용, 사냥, 무기와 말[馬] 다루기. 학생의 외적 태도나 품위, 그의 사람됨을 마음과 함께 빚어 줄 것이다. 왜냐하면 우리가 형성해 주는 것은 마음도 몸도 아니라 바로 인간이며, 교사는 비단 제자의 몸과 마음만 빚어내는 것이 아니기 때문이다.[9]

9   앙드레 지드, 『스스로를 아는 일: 몽테뉴 수상록 선집』, 임희근 옮김, 유유, 2020, 79~82쪽

아카데미아의 '넓은 어깨' 플라톤

소크라테스의 제자이자, 그를 대화편 속에 부활시킨 작가인 플라톤 역시 스승의 가치관을 충실히 계승했다. 그의 본명은 아리스토클레스Aristocles로 남자아이에게 조부의 이름을 물려주던 당시의 관례를 따랐다. '플라톤'이란 이름은 아리스토클레스를 지도했던 아르고스 출신의 레슬러 아리스톤이 그의 어깨가 '탄탄하고 넓기'에 붙여 준 것이다. 한편으로는 그 이름이 문장 표현이 풍부(플라티테스)했다거나, 이마가 넓었기(플라티우스) 때문이라는 설도 있다.

그는 이스트미아 제전의 레슬링 경기에서 두 번이나 우승했을 만큼 뛰어난 레슬러로 명성을 얻었다. 플라톤에게 철학이란 생활 공동체, 즉 학교에서 스승과 제자의 대화

실라니온에 의해 제작된 플라톤 조각상 사본(기원전 370년)

와 토론을 통해서만 실현할 수 있었다. 플라톤은 기원전 387년 '아카데미아'라는 교육 기관을 설립한 뒤 그곳에서 청년들을 모아 토론 수업을 했다. 아카데미아는 아테네의 신화적 영웅 아카데모스를 기리는 숲 근처에 있는 김나시온의 명칭이기도 하다. 아카데미아는 아테나 여신이 포세이돈과 경쟁할 때 아테네인들에게 선물한 올리브 나무를 옮겨 심은 곳으로 신성시됐다. 플라톤이 아테네 북서부의 아카데미아를 선택한 이유는 공원과 수도관, 빼어난 플라타너스 그늘이 있어 청년들의 집합소가 될 수 있다고 보았기 때문이다. 그는 아카데미아의 입구에 있는 에로스의 그림과 제단을 자신의 철학적 열정의 상징으로 삼았다. 이곳에서는 아테네의 최대 축제인 판아테나이아 제전 때마다 육상 경기가 열렸다. 아카데미아는 서기 529년 로마 황제 유스티니아누스가 폐쇄할 때까지 약 900여 년 동안 운영됐다.

플라톤은 대화편에서 소크라테스를 통해 인간이 세속적 성공보다 정의의 실현을 위해 살아가야 한다고 강조했다. 그리고 살아 있는 동안 정의를 실천하고자 욕구를 절제하고 온갖 어려움을 견뎌 냈다면, 사후에 영혼이 보상받을 것이라고 말한다. 또한 철학자는 이를 위해 기꺼이 죽음까지도 감수할 수 있다. 영혼이 육체를 지배한다는 그의 주장은 '영혼 불멸론'으로 수렴된다. 하지만 플라톤의 이론이 단순히 탈육체 혹은 육체의 경시만을 다루고 있지 않다는 건 대화편 곳곳에서 드러난다. 우선 그가 영혼의 속성을 어떻게 정의하고 있는지 간단히 살펴볼 필요가 있다.

사형 집행을 앞둔 소크라테스는 친구 크리톤을 비롯한 몇 사람이 자신을 탈출시키려고 한다는 것을 듣지만 이를 거절한다. 그는 아테네의 법률이 자신에게 조언하는 '목소리'에 따라 법을 지키기로 결심했기 때문이다. 죽음에 대한 소크라테스의 태도는 의연하다. 스승 곁을 지키던 제자 파이돈은 소크라테스의 마지막 모습에서 행복함을 보았기에, 친구의 임종을 지켜볼 때 같은 연민을 느끼지 못할 정도였다. 그리고 소크라테스는 『파이돈』에서 자신이 죽음을 두려워하지 않는 이유에 대해 들려준다.

소크라테스는 자신이 죽음으로써 지혜롭고 선한 신들 곁으로 갈 수 있다고 믿었다. 『파이돈』과 『고르기아스』 등에서 볼 수 있듯, 그는 죽음이란 영혼과 육체가 서로에게서 떨어져나가는 것이라고 정의했다. 살아 있는 인간에게 육체란 감옥 같은 존재다. 시각이나 청각 같은 몸의 감각 기능으로는 정의와 미, 덕의 참된 형상(이데아)을 발견할 수 없기 때문이다. 이데아는 우리에게 언제나 익숙하면서도 낯선 개념이다. 이데아는 사물과 관계, 행동, 가치에 따라 다양하게 존재한다. 예컨대 탁자와 침대와 의자의 이데아(많은 이에게 가장 익숙한 비유일 것이다), 작음과 큼과 동일함의 이데아, 색과 냄새와 음색의 이데아, 건강과 쉼과 운동의 이데아, 아름다움과 진리와 선의 이데아 등이 각각 존재한다. 이런 무수한 다양성에도 불구하고 이데아는 동일한 목적 아래 체계와 통일성을 갖추고 있다.

이데아의 개념을 좀 더 쉽게 설명하면 이렇다. 우리는 살아가면서 정의로운 행동과 정의로운 인간, 정의로운 사회를 만나곤 한다. 하지만 정작 정의로움 그 자체가 무엇인지는 볼 수 없다. 소크라테스의 설명에 따르면, 우리가 무엇을 정의롭다고 여기는 이유는 그것이 정의로움 그 자체에 참여하고 있기 때문이다. 마찬가지로 음악이나 미술 등 다양한 예술 작품이 아름답다고 여겨지는 이유는 그 자체로 아름다워서라기보다 아름다움의 이데아 일부를 나누어 갖고 있기 때문이다(이데아와의 이런 관계를 일컬어 참여, 모방, 분유分有라고 한다). 즉 운동선수와 아기, 노인의 건강함을 평가하는 기준은 신체적 특성에 따라 다르다. 하지만 이들 모두 건강하다고 볼 수 있는 건강의 이데아가 있다. 이런 식으로 형상계에는 정의, 아름다움, 용기, 건강, 힘 자체가 존재한다.

과연 이런 우주적 질서를 누가 구축한 것일까? 플라톤은 『티마이오스』에서 조물주인 데미우르고스가 세계를 창조하며 질서를 부여했다는 신화를 들려준다. 이는 신들의 교합과 출산으로 세계가 탄생했다는 헤시오도스의 설명과 큰 차이가 있다. 데미우르고스라는 이름이 장인을 의미하듯, 그의 우주 제작 과정이 마치 건축가나 목수, 예술가처럼 묘사되기 때문이다. 질료(와 이데아의 원리)는 그의 창조물이 아니라 이전부터 존재하고 있었다. 데미우르고스는 이를 가지고 치밀한 구상과 설계를 통해 우주의 혼, 천체, 별, 인간의 혼 등을 만들었다.

그런데 데미우르고스의 제작물 중에는 인간의 몸이 빠져 있다. 그가 이 작업을 자신이 창조한 다른 신(별의 신)들에게 맡겼기 때문이다. 이 우주가 완전해지기 위해서는 반드시 인간을 포함해 유한한 생명을 가진 존재들이 필요하다. "나를 통해서 그것들이 태어나고 삶을 나눠 갖는다면, 그것들은 신들과 동등해질 것이다."[10] 만약 데미우르고스가 인간의 혼에 이어서 육체까지 만든다면, 인간은 우주나 별처럼 영원한 생명을 가진 존재가 될 것이다. 이렇게 해서 데미우르고스가 만든 불멸의 영혼은, 보조자들이 제작한 사멸하는 육체(머리) 속에 담겼다. 이 영혼이 바로 '지성'이다. 그러나 보조자들이 만든 영혼인 '기개'와 '욕구'도 있다. 이 두 가지는 위해로부터 육체를 보호하고 영양섭취를 하며 생명 유지에 필요한 역할을 수행하므로 각각 가슴과 배 쪽에 위치시켰다. 때문에 지성과 달리 인간이 죽으

---

10   플라톤, 『티마이오스』, 김유석 옮김, 아카넷, 2019, 41c

면 육체와 함께 사라진다.

이처럼 한계를 지닌 육체의 감각 능력으로는 이데아를 발견할 수 없다. 우리를 둘러싼 세계는 모형, 단순한 현상에 불과하다. 절대 정의와 절대 미, 절대 선은 눈에 보이지 않는다. 그것은 오직 순수한 사유 속에서만 가능하다. 몸이 일으키는 온갖 욕구와 소란함은 사유를 방해한다. 그러므로 철학자는 청각이나 시각을 비롯해 고통과 즐거움 등 육체적 경험으로 인해 영혼이 혼란을 느끼지 않도록 해야 한다. 물론 즐거움을 탐닉하는 데 익숙한 대다수의 사람에게 이 정도 수준의 절제란 "죽어 있는 것과 최대한 가까운 상태"[11]로 여겨질 것이다. 따라서 소크라테스에게 철학이란 태연하게 죽음을 맞이하기 위한 수행이기도 하다. 이런 주장이 언뜻 육체를 경멸하는 것처럼 보일 수도 있다. 하지만 플라톤은 결코 육체를 부정하지 않았다. 비록 보조자의 역할에 불과하지만 감각은 이데아에 대한 이해를 돕는 자극제이자 전제 조건이다. 플라톤은 '상기설'을 통해 인간은 선천적으로 이데아에 대한 인식을 지니고 있다고 주장했다. 다만 전생의 영혼이 레테(망각)의 강물을 마셨기 때문에, 이 기억을 대부분 잃어버린 채로 세상에 태어

---

11   플라톤, 『파이돈』, 전헌상 옮김, 아카넷, 2020, 67e

난다. 그러므로 우리가 이데아를 인식하는 건 과거의 희미한 기억을 실마리로 삼는 것으로부터 출발한다. 하지만 태어난 지 얼마 안 된 아기의 학습 경험처럼, 우리가 무엇이 이데아의 재현 혹은 그림자에 불과한 것인지를 인식하기 위해서는 감각의 도움이 필요하다.

그는 영혼이 살아 있을 때의 몸 상태와 습성을 닮는다고도 말한다. "영혼이 오염되고 순수하지 않은 상태로 몸으로부터 해방되면, 내 생각에 그 영혼은 몸과 늘 함께 지내고 그것을 보살피고 사랑하며 그것과 그것이 가지는 욕망들과 즐거움들에 의해 미혹되어 왔기 때문에, 육체적인 것, 즉 잡을 수 있고 볼 수 있고 마실 수 있고 먹을 수 있고 성욕을 채울 수 있는 것 외의 어떤 것도 참된 것이라 생각하지 않네. (…) 과연 이런 상태의 영혼이 그 자체로 순수하게 해방될 것이라고 자네는 생각하나?"[12] 소크라테스는 폭식과 폭음을 즐겼던 사람의 혼은 배회 끝에 당나귀 비슷한 유형의 몸속으로 다시 들어갈 것이라고 경고했다.[13] 여기서 플라톤의 신체관을 이해할 수 있는 또 다른 단서가 나온다. 비록 차선이지만 철학자가 아닌 이들은 습관과 수

12   플라톤, 『파이돈』, 전헌상 옮김, 아카넷, 2020, 81b~c
13   플라톤의 윤회론은 피타고라스에게서 영향받은 것으로 보인다.

련을 통해 몸을 돌보며 미덕을 계발하면 좋은 결과를 얻을 수 있기 때문이다.

플라톤은 건강과 질병에 대해서도 철학적 입장을 견지한다. 먼저 그는 질병의 원인을 크게 세 가지로 구분하는데 이를 정리하면, ① 몸을 구성하는 네 가지 요소인 흙과 불, 물, 공기의 적정 비율이 깨지는 것 ② 뼈와 살과 힘줄 등의 생성 과정이 역행하는 것 ③ 호흡과 점액, 담즙 그리고 열에 의해 발생하는 것 등이다. 하지만 그는 이런 질병을 치료하는 데 의술과 약물은 가장 마지막에 고려해야 할 수단이라고 말한다. 최선의 방법은 바로 체력 단련이다. 그는 건강하고 질병 없이 살기 위해서는 영혼과 육체의 균형을 지켜야 한다고 말한다. 즉, 플라톤이 말하는 건강이란 심신의 조화다.

사실상 유일한 구제책이란 몸은 도외시하고 혼만 움직이게 한다거나, 혼은 도외시하고 몸만 움직이게 한다거나 하지 않는 것이지요. 이는 양자가 서로 견제함으로써 균형을 맞추고 건강을 유지하도록 하기 위함입니다. 그런 식으로 수학자라든가, 또는 추론 활동을 통해서 다른 분야를 탐구하는 데 열심인 사람들은 체육을 가까이 함으로써 몸에 대해서도 운동을 제공해 줘야 합니다.[14]

그는 『향연』에서 여사제 디오티마를 통해 육체의 아름다움을 사랑하는 일이 영혼의 아름다움으로 나아가는 발판이 된다는 이야기를 전한다. 여기에서 플라톤이 경계한 것은 육체적 쾌락이나 욕망이지, 몸을 아끼고 돌보는 좋은 습관이 아님을 보여 준다.

이 일을 향해 올바르게 가려는 자는 젊을 때 아름다운 몸들을 향해 가는 것으로 시작해야 합니다. 그래서 처음에는 이끄는 자가 올바로 이끌 경우 그는 하나의 몸을 사랑하고 그것 안에 아름다운 이야기들을 낳아야 합니다. 그다음에 그는 어느 한 몸에 속한 아름다움이 다른 몸에 속한 아름다움과 형제지간임을 깨달아야 하며, 종적種的인 아름다움을 추구해야 한다고 할 때, 모든 몸들에 속한 아름다움이 하나요 같은 것이라고 생각하지 않는 것은 아주 어리석은 일임을 깨달아야 합니다.[15]

데미우르고스가 설계한 우주 질서에 따라 인간의 영혼을 돌봐야 하듯, 플라톤에게 정치란 국가의 영혼들을 조화

---

14 플라톤, 『티마이오스』, 김유석 옮김, 아카넷, 2019, 88b~c
15 플라톤, 『향연』, 강철웅 옮김, 아카넷, 2020, 210a~b

롭게 하는 것이다. 공동체의 영혼은 세 계급인 통치자, 수호자(전사), 생산자(농민, 장인 등)로 나뉜다. 인간 영혼의 세 부분인 지성, 기개, 욕구와 동일한 구성이다. 플라톤이 그리는 이상 국가는 분업화의 질서가 유지되고 있다. 계급에 따른 전문화된 사회에서 시민들은 서로 협력하고 본성에 따라 자신의 직분을 넘어서는 일을 하지 않는다. 때문에 그곳에서는 어떤 분쟁이나 범죄도 발생하지 않는다.

그런데 외부에 위험 요소가 있다. 바로 빈곤하거나 혹은 많이 가졌기에 탐욕스러운 주변국들의 존재. 이들의 침탈을 방어하거나 전쟁에서 승리하기 위해서는 잘 훈련된 수호자(전사)가 필요한 것이다. 그는 수호자의 활동을 보호견에 비유한다. 잘 훈련된 개가 주인과 외부인을 구분하듯, 수호자들은 자국민을 보호하면서도 적에게는 사나워야 하기 때문이다. 또한 소크라테스가 포티다이아 전투에서 그러했듯, 언제나 보호견처럼 깨어 있어야 하며 예민한 시력과 청력을 갖추고, 어떤 악조건 속에서도 견딜 수 있는 강인함을 지녀야 한다. 이들은 엘리트 계급으로서 어린 시절부터 세심하게 설계된 시가와 체육 교육을 받는다. 아울러 임무에만 전념할 수 있도록 생계와 관련한 일체의 노동에서 면제된다. 플라톤은 여기서 스파르타의 리쿠르고스식 훈련 제도('5장 스파르타, 아고게의 열정' 참고)를 상당부분 참고하고 있다.

플라톤은 분명 육체를 도외시하지 않았지만, 그렇다고 둘을 대등한 존재로 여겼던 것은 아니다. 데미우르고스가 영혼을 육체의 지배자이자 주인으로 만들었듯, 국가도 인간도 이 질서를 따라야 한다. 용기와 의지를 추구하는 수호자들은 철인 통치자(지성)를 보조하는 한편, 생산자 계급(욕구) 개개인이 영역을 확장하여 불의가 발생하는 것을 막는다. 마찬가지로 체력 단련의 최종 목적은 영혼, 즉 기개를 일깨우는 것이지 단순히 몸을 강하게 만드는 데 있지 않다. 체육의 본래 취지에서 벗어난 몸에 대한 과도한 관심과 보살핌은 가정을 돌보는 일, 전쟁과 공직 수행 등에 지장을 준다고 지적했다. 무엇보다 가장 큰 문제는 공부와 사색, 수양을 방해하는 데 있다. 예컨대 두통과 현기증의 원인을 철학(지혜를 탐구하므로)에서 찾는 식이다. 이어지는 플라톤의 설명은 심기증(건강 염려증)과 정확히 일치한다. 이 상태에서는 자신이 항상 질병을 앓고 있다고 생각하며, 몸에 대한 관심과 고민을 멈추지 않는다.

사실 현대의 독자들이 보기에 그가 제시하는 이상 국가는 스파르타처럼 전체주의적 모순을 안고 있다. 예컨대 국가는 우생학적 인구 설계의 환상에 빠져 결혼과 출산에 이르는 모든 과정에 개입했다. 심지어 장애 등의 이유로 기준에 미달하는 아이는 버릴 수도 있다. 또 그가 주장하는 양성평등도 수호자 계급에나 해당할 뿐이다.

키노사르게스 김나시온의 '미친 소크라테스'

안티스테네스는 한때 소피스트 고르기아스의 제자였으나, 나중에는 소크라테스의 제자가 되었고 후에 키니코스주의(견유주의) 창시자가 된다. 키니코스학파라는 명칭은 그가 매일 키노사르게스('흰 개'라는 의미) 김나시온에서 사람들을 만나 대화했던 데에서 유래했다. 키노사르게스는 아카데미아나 리케이온과 달리 부모 중 한 명이 외국인인 혼혈 시민들이 드나들던 체육관이다. 평범한 시민이었던 아버지와 트라케 출신의 어머니 사이에서 태어난 살라미스의 영웅 테미스토클레스는 키노사르게스 김나시온에서 운동했다. 그는 명문가의 자제들을 이곳으로 불러들여 함께 운동했다. 플라톤이 스승 소크라테스를 처음 만났던 곳 역시 키노사르게스 김나시온으로 알려져 있다.

안티스테네스는 행복을 위해 덕을 갖추고자 한다면, 소크라테스적인 강인함 외에는 아무것도 필요치 않다고 주장했다. 키니코스학파는 소크라테스의 산파술을 이어받지는 않았지만, 가난과 욕망을 극복하는 법을 비롯해 절제와 단련 등을 물려받았다. 잘 알려진 대로 키니코스주의자는 청결함과 편안함, 복장, 예의범절 등 모든 유형의 인습을 거부했다. 그는 불편함과 노고가 주는 이로움을

장 레옹 제롬, 「시노페의 디오게네스」, 1860년

설명할 때 헤라클레스의 열두 가지 과업을 예로 들기도
했다. 키노사르게스에 헤라클레스의 성소가 있었고, 안
티스테네스가 헤라클레스에 대한 저술을 지었던 사실도
이와 무관하지 않을 것이다.

플라톤이 '미친 소크라테스'라고 표현했던 안티스테네스
의 제자 디오게네스는 이 가르침을 극단적인 수준으로
밀고나갔다. 과거에 화폐 위조범이었던 그는 스스로에게
'개'라는 별명을 붙였으며, 주변의 많은 사람 역시 그를
개라고 불렀다. 디오게네스는 항아리에서 잠을 자고, 한
여름에는 뜨거운 모래 위에서 뒹굴고, 겨울에도 맨발로

걸으며 눈으로 뒤덮인 조각상을 껴안았다. 또 생고기를 먹는가 하면(결국은 성공하지 못했다고 한다), 어린아이가 두 손으로 물을 떠서 마시고 빵 속에 수프를 넣는 장면을 본 후 자루에 있던 컵과 그릇마저 내던져 버렸다.

디오게네스가 키니코스적인 삶을 실천하는 것은 혹독한 단련과 관련이 있다. 사치와 허영, 온갖 편의는 육체와 영혼을 연약하게 만들기 때문이다. 이 같은 삶의 양식은 운동선수의 훈련을 방불케 하지만, 궁극적으로 자유와 독립성, 영혼의 평정을 얻어 모든 환경에 적응할 수 있게 해 준다. 그는 육체의 단련이 정신을 단련하는 것과 마찬가지로 덕을 실천하는 데 도움을 준다고 말했다.

디오게네스는 여행 중 해적에게 붙잡혀 노예 시장에 넘겨졌고 크세니아데스라는 사람이 그를 거둔다. 그 집의 가정교사가 된 디오게네스는 크세아니데스의 아들들에게 승마와 활쏘기, 창던지기 등을 지도했다고 한다. 또 아이들의 체육 교사에게는 선수 수준의 과도한 훈련 대신 좋은 컨디션을 유지할 수 있는 정도의 훈련을 시키도록 했다. 디오게네스는 자신이 그러했듯 아이들에게도 거친 음식에 만족하며, 신발을 신지 않도록 가르쳤다.

디오게네스의 여러 제자 중 한 명인 크라테스도 여름에는 두꺼운 외투를 걸치고, 겨울에는 누더기를 걸치는 식으로 자신을 단련했다. 사람들은 추레한 용모의 그가 체육관에서 훈련하는 모습을 보고 비웃곤 했다. 크라테스는 이런 말로 자신을 독려하며 조소를 견뎌 냈다. "그대를 비웃고 있었던 자들은 필연코 병에 걸려 쪼그라들어 그대를 부러워할 날이 올 것이다. 그때에는 부실한 자기 몸을 탄식하겠지."

리케이온의 산책자, 아리스토텔레스

기원전 347년, 플라톤이 숨을 거둔 후 아카데미아의 학장 자리에는 플라톤의 조카 스페우시포스가 올랐다. 이 일은 플라톤의 가장 총애받던 제자 아리스토텔레스가 20년간 머물렀던 아카데미아와 아테네를 떠나는 주요 계기 중 하나였을 것이다. 이후 그는 아소스와 레스보스섬 등을 여행했으며, 기원전 343년에는 마케도니아의 왕 필립포스 2세의 요청으로 당시 열세 살이었던 왕자 알렉산드로스의 가정교사가 됐다. 또 델포에서 열린 피티아 제전에 연대기 저자이자 역사 기술자로 참여하기도 했다.

기원전 338년, 마케도니아는 카이로네이아 전투에서 아테네와 테베 연합군을 격파하면서 명실상부 그리스의 맹주가 됐다. 그리고 3년 후인 기원전 335년, 아리스토텔레스는 다시 아테네로 돌아와 아폴론 리케이오스를 모시는 신전 근처의 김나시온인 리케이온에 학교를 세웠다. 리케이온은 과거에 소크라테스가 청년들을 만나기 위해 늘 드나들었던 곳이기도 하다. 아테네의 귀족이었던 스승과 달리 아리스토텔레스는 트라키아의 스타게이라 출신이었다. 그와 같은 외국인 신분의 자유인인 '메틱스'는 과세와 군역의 의무를 지녔으면서도 시민권이 없었으며, 토지를 소유할 수도 없었다. 리케이온이 학교 소유의 정원을 갖게 된 것은 아리스토텔레스의 제자이자 2대 학장이 된 테오프라토스 임기 때다.[16] 프랑스의 중등학교인 리세Lycée라는 명칭은 리케이온에서 유래했다.

리케이온에서 아리스토텔레스와 함께 공부한 사람들을 페리파토스[17], 즉 소요학파라고 부른다. 그는 제자들과 함께 리케이온을 거닐며 체력 단련을 위해 몸에 기름을 바르는 시간이 될 때까지 담론을 나눴다. 당시에는 운동을 일찍 시작했기에 이들은 이른 새벽부터 학교에 나왔고, 체육관에서 몸을 단련하기 전에 먼저 철학을 단련하고자 산책

---

16   테오프라토스 역시 레스보스섬 출신의 외국인이었으나, 당시 아테네를 10년 동안 통치했던 팔레론의 데메트리오스가 정원 소유를 도왔다.

17   '산책로'를 의미한다.

장 주변을 걸었다.

한편 소요학파라는 명칭이 오래전 아리스토텔레스가 제자였던 알렉산드로스 대왕과 함께 산책하며 많은 가르침을 준 데에서 기원한 것이라는 설도 있다. 니코스 카잔차키스는 장편소설 『알렉산드로스 대왕』에서 아리스토텔레스가 알렉산드로스와 긴 산책을 하며 플라톤을 비롯해 호메로스의 서사시와 비극 시인들의 작품에 대해 들려주는 장면을 묘사했다. 스승은 제자의 유연하면서도 튼튼한 몸을 보며 큰 기대를 갖는다. "저런 몸에 위대한 정신이 깃든다면 무슨 일이든 이루지 못하리오. 기적들을 이루어 낼 것이다."[18]

아리스토텔레스가 남긴 학문적 유산은 많은 부분 산책 중에 만들어진 것이다. 걷기를 두 발로 하는 사유라고 하지 않던가. 한곳에 오래 앉아 있으면 생각도 고이기 마련이다. 걷기는 내가 발 딛고 있는 환경을 가까이 그리고 자세히 관찰할 수 있게 해 준다. 속도를 추구하는 자동차 안에서 운전자의 시선은 전방에 고정되며, 오직 정지신호에만 잠시 멈춰 설 수 있다. 반면 길을 걸을 때 우리는 언제

---

18 니코스 카잔차키스, 『알렉산드로스 대왕』, 민승남 옮김, 열린책들, 2008, 31쪽

아리스토텔레스 흉상(기원전 330년)

라도 "잠깐 쉬었다 갈 수 있고, 내면의 평정도 찾을 수 있으며, 주변 환경과 함께 끊임없이 살을 맞대며 아무런 제한도 장애도 없이 장소의 탐험에 몰두할 수 있다."[19] 아리스토텔레스는 리케이온에서 매일 산책하고 강의하며 메모를 정리한 결과, 다른 고대 철학자들과는 비교할 수 없을 정도로 많은 저서를 남겼다. 아리스토텔레스가 남겼다고 하는 저서 중에서 지금까지 전해지는 것은 4분의 1 정도에 불과하다. 목록으로 남아 있는 그의 저서를 보면 백과사전을 방불케 한다.

아리스토텔레스의 후계자들 중에서 특히 눈길을 끄는 운동 경력을 가진 인물은 4대 학장이었던 리콘이다. 디오게네스 라에르티오스의 기록에 의하면, 리콘은 체육에도 남다른 소질과 열정이 있어 운동선수와 같은 몸을 갖고 있었다고 한다. 한 예로 그는 권투를 워낙 좋아했기에 언제나 귀가 찌그러져 있었다(당시 청년들 사이에서 찌그러진 귀는 하나의 유행이었다고도 한다). 또 고향인 트로이에서 열린 레슬링 경기에 출전했던 경력도 있다.

19   다비드 르 브르통, 『느리게 걷는 즐거움』, 문신원 옮김, 북라이프, 2014, 28쪽

라파엘, 「아테네 학당」, 1509~1511년

　라파엘로가 그린 「아테네 학당」에서 플라톤은 왼손에
『티마이오스』를 든 채 오른손으로 하늘을 가리키고 있다.
그의 옆에서 아리스토텔레스는 『니코마코스 윤리학』을 들
고 땅을 향해 손바닥을 펼치고 있다. 아리스토텔레스는 스
승을 존경했지만, 그의 사상을 맹목적으로 승계하지는 않
았다. 그는 『형이상학』과 『니코마코스 윤리학』에서 이데아
론을 비판했다. 플라톤은 데미우르고스 신화를 통해 우주

가 하나의 질서로 이뤄져 있다고 여겼지만, 아리스토텔레스는 각각의 만물 속에서 질서를 찾았다.

아리스토텔레스에게 영혼이란 독립된 실체가 아니다. 영혼은 몸 없이 존재할 수 없지만, 그렇다고 영혼을 몸 자체로 보지는 않는다. "영혼은 몸이 아니라 몸의 어떤 것이고, 이 때문에 영혼은 몸에, 그것도 이러한 종류의 몸에 내재한다."[20] 아리스토텔레스는 생명체의 영혼을 영양·감각·이동(운동)·사유 네 가지 능력으로 구분한다. 식물도 최소한 영양혼을 지닌다. 동물은 여기에 감각 능력이 더해지며, 욕구에서 비롯하는 이동 능력을 갖기도 한다. 인간은 모든 동·식물의 영혼을 소유하는 한편, 다른 생명체들에게는 없는 사유 능력이 있다. 이런 위계는 각 종류의 혼이 앞 단계의 능력을 전제로 한다는 걸 보여 준다. 예컨대 영양혼에 의한 생장 활동이 있어야만 인간과 동물은 감각할 수 있다. 성장하고 쇠퇴하는 모든 생명체는 영양 활동 없이 존재할 수 없기 때문이다. 인간 지성이 빛을 발하고, 그 결과물이 다음 세대에 전달되기 위해서는 필수적이다. 이 능력은 자신을 보존하고, 나아가 종種의 유지

---

20   아리스토텔레스, 『영혼에 관하여』, 오지은 옮김, 아카넷, 2018,
      414a20~24

를 가능케 한다.

우리가 주목해야 할 점은 아리스토텔레스가 영혼과 몸을 분리될 수 없는 단일체로 봤다는 것이다. "영혼과 몸이 하나인지는 물을 필요가 없다. 밀랍과 문양이 하나인지 물을 필요도 없고, 일반적으로 사물의 질료와 그 질료의 형상이 하나인지 물을 필요도 없듯이 말이다."[21] 인간의 영혼은 육체 없이 인간다운, 고차원의 이성적 사고를 할 수 없다. "인간의 몸에서 이른바 영혼이라는 것을 꺼내어 개구리에게 이식하면 무슨 일이 벌어질까? 그렇게 해도 당신은 여전히 전과 똑같은 눈으로 세상을 바라볼까?"[22] 아리스토텔레스는 육체가 죽음과 함께 영혼도 소멸한다고 보았다(그는 여기서 예외를 하나 두긴 했는데, 사유를 능동 지성과 수동 지성으로 나눠 능동 지성은 죽음 이후에도 소멸하지 않는다고 했다).

플라톤이 국가의 번영을 위해서는 철인 통치자의 능력이 중요하다고 본 것과 달리, 아리스토텔레스는 모든 시민 개개인이 탁월함을 발휘해야 한다고 생각했다. 한 사람의

21   아리스토텔레스, 『영혼에 관하여』, 오지은 옮김, 아카넷, 2018, 412b6~8

22   [재인용] 크리스티안 안코비치, 『아인슈타인은 왜 양말을 신지 않았을까』, 이기숙 옮김, 문학동네, 2019, 157쪽

좋은 삶은 오직 국가 안에서만 가능하다. 이를 위해 그는 모든 시민의 교육을 강조한다(그가 시민의 범주, 탁월함의 잠재력을 가진 사람들에게서 노예와 여성을 제외시켰다는 점은 분명한 한계다). 그리고 섭리에 따라 몸이 혼보다, 욕구가 이성보다 더 먼저 발달하기 때문에 교육은 몸에 관한 것부터 시작해야 한다. 좋은 부모가 되기 위해서는 적정한 수준의 체력 단련이 필요하다. 다섯 살이 될 때까지 어린 아이들은 가급적 많은 운동을 하는 것이 좋다. 이때의 습관은 아이들이 악천후에 견딜 수 있도록 해 준다. 특히 담당 감독관은 이런 운동이 적절한 놀이 행태로 잘 이루어지고 있는지 살펴야 한다.

청소년들은 스파르타처럼 지나치게 강도 높은 훈련이나 무리한 식이요법을 시켜서는 안 된다. 스파르타인은 무엇이 참된 용기를 길러 주는지를 모르는데, 진정한 용기란 가장 사나운 자들이 아니라 유순하지만 사자와 같은 기질을 가진 이들에게서 나오는 것이기 때문이다. 스파르타가 한때 강했던 것은, 단지 다른 도시가 적절하게 훈련받지 않았을 뿐이기 때문이다. 바람직한 훈련은 자기 안의 야성을 일깨워 주는 것이지, 성격 자체를 야수로 만드는 게 아니다. 아리스토텔레스는 같은 이유로 올림피아 제전에서 우승했던 소년들 대다수가 장년이 되어서도 그 기량을 유지하지 못하는 이유는 어린 시절 무리한 훈련으로 기력이 소진됐기 때문이라고 설명한다.

이 장의 주제와 관련해 가장 눈여겨볼 점은 아리스토텔레스가 여가의 가치를 부각시켰다는 데 있다. 전쟁의 목표가 평화이듯, 우리가 일하는 목표는 여가이다. 그는 여가를 "즐거움과 행복과 복된 삶을 자체에 내포하고 있는 것"으로 노동이 아닌 여가를 즐기는 자만이 이를 향유할 수 있다고 말한다.[23] 이 정의에 따르는 가장 이상적인 여가 활용법은 무언가를 배우고 익히는 것이다. 아리스토텔레스가 사용한 여가Schole는 영어 school의 어원으로 스스로 즐길 수 있는 시간, 즉 강제나 필요에서 벗어난 시간을 의미한다. 반면 노동은 '여가가 아닌 것Ascholia'을 의미한다. 그는 '강요'나 '의무', '필요'로 인한 노동에서 벗어나야 자유인의 품격을 찾을 수 있다고 보았다.

아리스토텔레스도 이완과 회복의 차원에서 휴식과 놀이가 주는 이점을 모르지는 않았다. 따라서 일로 인한 노고와 긴장을 해소하기 위해서는 놀이가 주는 휴식이 필요하다는 점을 인정했다. 하지만 놀이와 오락은 절제가 필요하다. 그렇지 않으면 놀이가 삶의 목적이 될 수도 있기 때

---

23   아리스토텔레스, 『정치학』, 김재홍 옮김, 도서출판 길, 2017, 1338a

문이다. 그는 내성을 경계하며 약을 처방하듯, 놀이를 허용해야 한다고 주장한다. 아리스토텔레스는 놀이를 좋아하는 사람은 고통을 회피하고자 거기에 지나치게 탐닉하므로 유약하다고 평가했다. 안타깝게도 그는 놀이가 가진 잠재력을 간과하고 있다. 놀이의 정수가 운동 경기 같은 자신들의 경쟁 문화 속에 담겨 있다는 점도, 체력 단련이 놀이의 최상급 가치로서 한 인간의 잠재력을 끌어올릴 수 있다는 점도 깨닫지 못했다.

7장

운동은 놀이다

"활동 없이는 즐거움이 생겨나지는 않으며,
즐거움은 또한 모든 활동을 완성시킨다."[1]

– 아리스토텔레스

1   아리스토텔레스, 『니코마코스 윤리학』, 강상진·김재홍·이창우 옮김, 도서출판 길, 2011, 제10권 제4장 1175a20

운동의 윤리학

저녁이 되면 산책로는 조깅하는 사람들로 가득하다. 누군가는 의자 위의 속박에서 벗어나 맑은 공기를 마신다는 사실 하나만으로 즐거워한다. 보도블록이 아닌 길 위에서, 목적 없이 걷는 한가로움을 공유하는 사람들은 앞서가거나 마주 오는 타인을 경계하지 않는다. 이들 사이에서 많은 러너가 사뭇 진지하게 달린다. 그들은 손목에 심박수, 러닝 거리와 시간을 알려 주는 스마트워치를 착용하거나, 어플리케이션을 통해 자신의 기록을 공유하며 경쟁에 참여한다. 그리고 자신이 달리는 코스의 지형과 구조 등을 면밀히 살핀다. 그저 건강을 위해 가볍게 달리는 사람들에게는 이런 열정이 유난스럽게 보일 수도 있다. 하지만 의사이자 마라토너였던 조지 쉬언은 "러너의 목표는 건강이 아니다"[2]라고 말한다. 러너의 목표는 최상의 능력을 발휘할 수 있는 몸 만들기이며, 건강은 그 과정에서 얻어지는 이익 같은 것이다.

No pain, no gain. 리프팅 중량을 올리고, 근매스를 키우기 위해 진지하게 운동하는 사람들 상당수는 고통이 '성장을 위해 지불해야 할 대가'라고 믿는다. 그래서 근육이 찢어지거나 혹은 타들어 가는 느낌이 들 때까지, 때로는 보조를 받아 가며 강제로 바벨을 든다(이런 통념은 절반의 진실만 담고 있다. 펌핑은 혈액이 근육에 몰린 현상이며, 근육이 타는 듯한 느낌 또한 젖산의 축적 때문이다). 나아가 탄수화물과 단백질의 섭취량을 조절하고, 통증이나 회복 상태 등 몸에서 보내는 신호에도 각별히 신경 쓴다.

잘 달리기 위해, 더 멋진 몸을 만들기 위해 자신의 잠재력을 최대치로 끌어올리는 열정과 노력. 아리스토텔레스는 이러한 마음가짐을 '탁월성Arete'으로 보았다.

모든 탁월성은 그것이 무엇의 탁월성이건 간에 그 무엇을 좋은 상태에 있게 하고, 그것의 기능Ergon을 잘 수행하도록 한다는 점을 지적해야 할 것이다. 예를 들어 눈의 탁월성은 눈

2   조지 쉬언, 『달리기와 존재하기』, 김연수 옮김, 한문화, 2003, 60쪽

과 눈의 기능을 좋은 것으로 만든다. 우리는 눈의 탁월성에 의해 잘 보는 것이니까. 마찬가지로 말[馬]의 탁월성은 말을 신실하고 좋게 만드는 데도, 달리는 데도, 사람을 실어 나르는 데도, 적과 맞서는 데도, 좋은 말로 만든다. 그래서 만일 다른 모든 경우에도 이와 같다고 한다면, 인간의 탁월성 역시 그것에 의해 좋은 인간이 되며, 그것에 의해 자신의 기능을 잘 수행할 수 있게 만드는 품성 상태일 것이다.[3]

어떤 운동 종목이든 상급자 수준에 오르기 위해서는 능력 이전에 용기, 노력, 끈기 등이 필요하다. 수시로 온갖 욕구에서 비롯하는 유혹을 이겨 내야 하기 때문이다. 아리스토텔레스는 육체적인 즐거움을 절제하는 과정에서도 기쁨을 느낄 수 있다고 말한다. 물론 숙련되지 않은 절제에는 스트레스가 따른다. 금연이나 금주에 번번이 실패하고, 소식과 저염·저탄수화물 식단에 익숙해지기 어려운 것도 그 때문이다. 하지만 이런 고통이 성취를 빛나게 한다. "기예뿐 아니라 탁월성도 언제나 더 어려운 것에 관계한다. 이렇게 더 어려운 경우에 잘 해내는 것이 더 나은 것

---

3   아리스토텔레스, 『니코마코스 윤리학』, 강상진·김재홍·이창우 옮김, 도서출판 길, 2011, 제2권 제6장 1106a15~24

이니까."[4] 그는 탁월성이 즐거움과 고통 사이에서 자신감을 쌓아가는 행위를 통해 성장한다고 규정한다.

모든 사람이 건강을 위해서는 규칙적인 운동이 필요하다는 사실을 안다. 또 원할 때면 언제든 유튜브에서 시간과 장소에 구애받지 않고 실행할 수 있는 다양한 운동법을 찾을 수 있다. 플라톤과 소크라테스는 우리가 앎을 습득함으로서 탁월성을 이룰 수 있다고 보았다. 하지만 몸의 탁월성과 관련한 식견을 아무리 많이 지녔다 한들, 단순히 그것을 소유하기만 한 상태에서는 건강을 얻을 수 없다. 아리스토텔레스는 알고 있으면서도 행동하지 않는 것을 '잠든 상태'와 다를 바 없다고 보았다. 탁월성에는 활동이 따르고, 반드시 행위를 동반한다. "올림피아 경기에서 승리의 월계관을 쓰는 사람은 가장 멋있고 힘이 센 사람이 아니라 경기에 직접 참가한 사람들인 것처럼(참가자들 중에 승자가 나오기 때문이다), 올바르게 행위하는 사람이 삶에서 고귀하고 좋은 것들을 실제로 성취하는 자가 되는 것이다."[5]

4   아리스토텔레스, 『니코마코스 윤리학』, 강상진·김재홍·이창우 옮김, 도서출판 길, 2011, 제2권 제3장 1105a9~10
5   아리스토텔레스, 『니코마코스 윤리학』, 강상진·김재홍·이창우 옮김, 도서출판 길, 2011, 제1권 제8장 1099a3~6

운동은 어떻게 놀이가 되나

아리스토텔레스는(그리고 플라톤도) 분명 체력 단련을 놀이가 아닌 자유민의 진지하고 신성한 의무로 여겼다. 하지만 상식적인 수준에서 생각해 봐도 운동의 어떤 면들이 놀이와 닮았다는 걸 어렵지 않게 알 수 있다. 조금 더 자세히 들어가 보면 어떤 면은 '모든 면'으로 바뀐다. 요한 하위징아가 규정한 놀이의 특성은 운동과 일치한다.

먼저 놀이는 의무가 아닌 '자발적 행위'다. 물론 어떤 운동은 비자발적이다. 가령 프로 선수에게 운동은 놀이가 될 수 없다. 그는 좋은 성적을 내 팀에 기여하고, 자신의 가치를 증명해야 하는 계약 의무를 지닌다. 이들은 감독과 트레이너의 지시에 따라 훈련한다. 하지만 퇴근 후 운동을 즐기는 사람들에게 체육관이나 트랙은 일터가 아니다. 우리에게는 바쁘거나 피곤하면 언제든 운동하지 않을 자유가 있다. 그럼에도 불구하고 일주일에 몇 번, 하루에 몇 세트 등 스스로가 세운 '규칙'과 '질서'를 지키기 위해 노력한다.

놀이는 '일상 혹은 실제 생활에서 벗어난 행위'다. 운동 역시 마찬가지다. 나는 기꺼이 체육관에서 수십 킬로그램의 바벨을 반복해서 들 수 있지만, 다른 상황에서 다른 이유로 그 무게의 짐을 계속 들고 나르는 일은 바라지 않는다. 또 운동장이나 트레드밀 위에서 인터벌 트레이닝을 할 수는 있지만, 약속 시간에 늦어 도로 위에서 질주와 걷기를 반복하는 상황을 맞닥뜨리고 싶지 않다. 그러므로 놀이는 '일상과 분리된 시간과 장소'를 요구한다. 아이들에게 놀이터가 필요하듯 체육관, 운동장, GX룸 또한 "형태와 기능에 있어서 모두 놀이터이다."[6] 일상의 세계 속에 자리 잡은 이 공간들은 모두 모험 서사가 창조되는 마법의 정원이다. 일상에서 분리되어 있지만, 일상을 부인하지 않는 놀이와 운동은 "짧은 삽화"[7]다. 그림은 본문을 방해하지 않고

---

6   요한 하위징아, 『호모 루덴스』, 이종인 옮김, 연암서가, 2010, 46쪽

7   노르베르트 볼츠, 『놀이하는 인간』 윤종석 외 옮김, 문예출판사, 2017

그 의미를 더욱 깊고 풍성하게 해 준다. 건강한 몸은 우리에게 활력을 불어넣고, 더 넓은 영역으로 추동하게 한다. 이로써 운동은 평범하고 건조한 것만 같았던 우리의 삶이 '특별판'이라는 사실을 알려 준다.

실용적 측면에서 보면 놀이는 생산성과 거리가 멀다. 탁구나 테니스, 축구 게임에서 이겼다고 해서 우리가 얻는 것은 아무것도 없다. 놀이는 그 자체로 '무욕한 행위'다. 게다가 모든 놀이는 언제나 처음부터 새로 시작된다. 이 과정에는 오피스 프로그램이나 비디오 게임처럼 '저장'과 '불러오기' 기능이 없다. 우리는 매일 스트레칭으로 시작해 같은 중량을 처음부터 들어야 하고, 전날 달렸던 달리기 코스의 출발 지점에 다시 선다. "놀이는 그 자체로 만족감을 얻는 일시적 행위이며 그것으로 놀이의 소임은 끝난다."[8] 우리는 시시포스의 노역을 연상시키는 이런 무한 반복을 통해 환희와 살아 있음을 느낀다. 놀이 바깥에 있는 사람, 안락함을 주는 휴식만을 추구하는 사람은 이 즐거움을 이해할 수 없다.

왜 누군가는 더 쉬운 선택을 놔둔 채 자신을 땀과 피로로 적시는 것일까. 로제 카이와가 제시한 놀이 개념은 이

---

8   요한 하위징아, 『호모 루덴스』, 이종인 옮김, 연암서가, 2010, 43쪽

궁금증을 이해하는 데 큰 도움이 된다. 하위징아가 놀이문화를 아곤(경쟁)으로 규정한 것과 달리, 카이와는 놀이의 성격을 모두 네 종류(아곤, 알레아, 미미크리, 일링크스)로 나눴다. 알레아Alea는 '주사위'를 뜻하는 라틴어로서 실력보다는 행운과 우연에 의해 승부가 나뉘는 놀이다. 대부분의 사행성 게임이 여기에 해당한다. 미미크리Mimicry는 '모방', '흉내 내다'라는 의미를 갖고 있는데 연극이나 뮤지컬, (아곤과 결합한) 프로레슬링 같은 엔터테인먼트 스포츠가 여기에 해당한다. 일링크스Llinx는 그리스어로 '소용돌이', '현기증'을 의미하며 롤러코스터 같은 놀이기구나 익스트림 스포츠처럼 아찔함이나 스릴의 요소를 담고 있다. 우리 주변의 많은 놀이를 보면 위의 두 가지 요소가 결합되어 있는 경우를 어렵지 않게 볼 수 있다.

카이와는 모든 놀이가 규칙이 없고 즉흥성이 강한 파이디아Paidia, 높은 기술과 어려운 과제를 추구하는 루두스Ludus라는 양극단 사이에 존재한다고 보았다. 고대 그리스에서 파이디아는 유치한 어린아이들의 놀이라는 개념이 강했고, 그 때문에 플라톤과 아리스토텔레스도 놀이의 가치를 높이 평가하지 않았다. 반면 라틴어 루두스 역시 놀이를 뜻하지만 파이디아보다 넓고 성숙한 개념이다. 자기 자신을 넘어서야 할 경쟁 상대로 여기는 도전 정신은 여기에서 기인한다.

> 아곤과 달리 루두스에서는 놀이하는 자의 긴장과 재능이 명
> 백한 경쟁심이나 적대감과는 무관하게 발휘된다 : 그는 장애
> 물과 싸우는 것이지, 한 사람이나 여러 사람의 경쟁자와 싸
> 우는 것이 아니다. (…) 루두스는 놀이하는 자에게 전에는
> 실패했지만 다음 번에는 성공할 것이라는 희망 또는 전번에
> 도달한 점수보다 더 높은 점수를 얻을 것이라는 희망을 역시
> 품게 한다.[9]

루두스는 스스로 자처한 고통을 기꺼이, 기분 좋게 받
아들이도록 한다. 몇 년 전 내게 복싱을 가르쳐 주었던 관
장은 "스파링 도중 턱을 맞으면 시원함을 느낀다"라고 이
야기한 적이 있다. 처음 그 말을 들었을 때 나는 솔직히 그
가 마조히즘 성향이 강한 변태가 아닐까, 생각했다. 하지
만 얼마 후 생활체육복싱대회를 준비하던 나는 그와 비슷
한 경험을 했다. 펀치를 맞았던 얼굴 몇 곳에 멍이 들고 혹
이 났었음에도 정작 스파링 중에는 통증을 전혀 느끼지 못

9   로제 카이와,『놀이와 인간』, 이상률 옮김, 문예출판사, 1994,
     61~64쪽

했던 것이다.[10] 반면 집에서 청소를 하다가 식탁 모서리에 머리를 부딪치면 더 유난스러운 반응이 나오는데, 얼굴을 찌푸리며 아픈 부위를 호들갑스러울 정도로 문지른다. 실제로 통증은 감정적이고 정서적인 반응이다. 1960년대 런던 유니버시티 대학의 패트릭 월Patrick Wall과 맥길 대학의 로널드 멜작Ronald Melzack은 신체 부위의 통증 신호가 척수를 통해 뇌로 전달되는 동안 여러 관문을 통과한다는 사실을 밝혀냈다. 뇌는 상황에 따라 이 관문을 제어해 통증 수위를 조절할 수 있다. 욕탕의 뜨거운 물이나 안마사의 손길을 시원하다고 느끼는 것도 마찬가지다.

열정을 동반하는 운동은 그 자체로 즐겁다. 즉 보상을 외부에서 찾지 않는다. 누군가 왜 그렇게까지 힘들게 운동을 하냐고 물을 때 마땅한 대답이 떠오르지 않는 까닭도 그러하다. 이따금 나도 (대체로 운동을 좋아하지 않는 사람들에게) 그런 질문을 받으면, 뭔가 논리적이거나 그럴듯한 이유를 대고 싶은 욕구를 느끼지만 이내 포기한다. 내가 보여 줄 수 있는 최선의 반응은 행복과 만족감이 깃든 미소와 함께 "그냥, 좋아서"라거나 "즐거우니까요"라고 대답하는 정도다. 그런데 놀이와 운동 사이에는 유의미한 차

---

10   스트레스 상황에서 나오는 투쟁-도피 반응의 영향도 있을 것이다.

이가 하나 있다. 놀이가 비생산적이고 순수한 소비를 통한 즐거움 그 자체라면, 운동은 실질적인 부가가치를 만들어 낸다. 그저 잘 달리거나 더 무겁게, 더 많이, 더 빨리 드는 것만이 목적이었더라도 종래에 더 강한 심장과 단단한 근육, 활력을 얻는다.

몰입, 삶을 긍정하기

아리스토텔레스는 인간의 행위가 지향하는 궁극의 목적을 '에우다이모니아Eudaimonia'(행복)라고 정의했다. 우리는 행복이란 단어에서 안락함이나 물질적 풍요로움을 떠올리기 쉽지만, 에우다이모니아는 전혀 다른 차원에서 존재한다. 물론 그는 삶을 좋게 해 주는 데에 부와 외모 등의 요소를 부정하지 않았다. 예컨대 아리스토텔레스는 행복을 구성하는 요소를 세 가지로 본다. 첫 번째는 낮은 단계의 행복으로 식욕이나 성욕, 안락함, 유쾌함 같은 감각적 쾌락에서 비롯하는 '몸의 좋음'이다. 하지만 동물도 이런 행복을 느낄 수 있다. 무엇보다 인간 행위의 숭고함은 더 소중한 무언가를 위해 이런 행복을 유보하거나 희생하는 데에 있기도 하다. 시험을 잘 보기 위해 잠을 줄이거나,

운동 경기에 나가기 위해 식단을 조절하는 것처럼, 우리는 저마다 더 나은 '좋음'을 위해 육체적 수고를 감내한 경험이 있다. 두 번째 행복의 요소는 '외적인 좋음'으로 부富와 명예, 외모 같은 것들을 포함한다. 아리스토텔레스는 마지막 세 번째인 '영혼에 관계된 좋음'을 진정한 행복의 요소라고 규정했다. 하지만 이 영혼에 관계된 좋음은 단지 학문적 지식이나 깨달음만을 의미하지 않는다.

아리스토텔레스는 앞의 두 가지(몸의 좋음, 외적인 좋음)가 일정한 양에 한해서만 행복에 기여한다고 말했다. 모두가 원한다고 가질 수 있는 것도 아닐뿐더러 영속적이지도 못하기 때문이다. 그러므로 행복의 완성을 위해서는 영혼에 관계된 좋음을 추구해야 하는데, 이것은 영혼은 물론 행위와 활동을 포함한다. 즉 진정한 행복은 행위이고, 앞서 말한 탁월성의 발휘를 통해 이루어진다. 다만 그 행위는 다른 목적을 위한 수단이어서는 안 되고, 놀이처럼 오로지 그 자체를 위해 추구하는 것이어야만 한다. 아리스토텔레스의 행복은 자족적이다. 그의 논리는 언뜻 단순해 보이지만 실천하기란 무척 어렵다. 내가 옳다고 여기는 가치를 제대로 실천하기 위해서는 경험과 기술이 필요하기 때문이다.

몰입 이론을 창시한 심리학자 미하이 칙센트미하이는 좀 더 선명한 방향을 제시했다. "삶을 훌륭하게 가꾸어 주는 것은 행복감이 아니라 깊이 빠져드는 몰입이다."[11] 그는 몰입을 기존의 사전적 단어 immersion 대신 '흐름Flow'으로 부른다. 우리가 무언가에 몰두해 있으면, 그 행동은 물 흐르듯 자연스럽게 이루어지는 느낌을 받기 때문이다.

자신의 몸과 마음을 여한 없이 쓸 때 사람은 어떤 일을 하고 있건 일 자체에서 가치를 발견한다. 삶은 스스로를 정당화하게 된다. 체력과 정신력이 조화롭게 집중될 때 삶은 마침내 제 스스로 힘을 얻는다.[12]

운동은 몰입을 경험할 수 있는 여러 행위 중 시간과 비용 측면에서 진입 장벽이 낮다. 그런데 이 말은 다소 오해의 소지가 있다. 단순히 운동화를 신고 달리거나 웨이트 머신을 움직인다고 해서 몰입 상태로 들어갈 수 있는 게 아니기 때문이다. 피트니스 센터에서는 레그 익스텐션이

---

11   미하이 칙센트미하이, 『몰입의 즐거움』, 이희재 옮김, 해냄, 2007, 46쪽

12   미하이 칙센트미하이, 『몰입의 즐거움』, 이희재 옮김, 해냄, 2007, 46쪽

나 레그 컬 등 양손이 자유로운 하체운동 기구 위에서 스마트폰을 사용하는 사람들을 종종 볼 수 있다. 대부분 힘들이지 않고 수십 회를 반복할 수 있는 중량을 고른다. 이와 비슷한 부주의 맹시Inattentional blindnes 상황은 우리에게 무척 익숙하다. 스마트폰을 보며 길을 걷다가 어딘가에 부딪히거나 발이 걸려 넘어진 경험을 한 번쯤을 해 봤을 것이다. 지루함을 견디기 위해 모니터를 보면서 러닝머신 위를 달리는 상황도 다르지 않다. 트레드밀Treadmill이 운동 기구 외에 '다람쥐 쳇바퀴 같은 일'이란 의미를 갖고 있는 것도 우연은 아니다. 트레드밀은 1818년 발명됐고, 런던 브릭스턴 교도소는 그것으로 죄수들에게 대형 톱니바퀴로 된 계단을 발로 밟아 돌리게 하는 형벌을 내렸다. 죄수들이 쳇바퀴 형벌을 두려워했던 이유는 가혹해서가 아니라 지독히도 단조로웠기 때문이라고 한다. 나는 모니터에 시선을 고정시킨 채 트레드밀에서 달리는 내 모습이 마치 이따금 캣 휠에서 반려묘들을 뛰게 하려고 간식으로 유혹하는 상황과 비슷하다고 생각한다.

몰입하는 그 상황 자체는 행복감이나 즐거움을 주지 않을 수 있다. 무거운 바벨을 들고 벤치프레스나 스쿼트를 할 때 우리는 오로지 중량과 자세, 호흡, 자극 부위에만 집중한다. 웨이트 트레이닝의 부상은 무거운 중량 자체의 문제가 아니라 흐트러진 집중, 잘못된 자세에서 기인한다. 이 순간에는 어떤 긍정 또는 부정적인 감정도 들지 않는다. 그저 동작에 충실할 뿐이다. 암벽 등반, 요가, 격투기, 달리기 등 거의 모든 운동이 오로지 순간에 몰두할 것을 요구한다. 이때 우리의 자의식은 사라지고 1시간이 10분처럼 흘러가는 시간의 왜곡을 경험한다. 물론 몰입은 모든 분야에서 찾을 수 있다. 같은 차원에서 속독은 빨리 읽기가 아닌, 시간 가는 것도 잊은 채 독서에 빠져드는 것이다. 행복과 만족감은 일이 마무리되고 모든 열정이 가라앉은 후에 비로소 찾아온다.

운동을 끝내고 욕실 거울 앞에서 자신을 바라볼 때, 어제보다 조금 더 나은 사람이 된 것 같은 기분을 느낀다. 성실한 아마추어들은 하루나 일주일 단위로 설정한 목표를 달성하기 위해 노력한다. 그리고 작은 성공들이 축적되면서 자신감이 형성된다. 구체적인 경험 위에 세워진 자신감은 더 큰 도전을 위한 용기를 안겨 준다. 수영장에서 강과 바다로, 클라이밍 센터에서 자연 암벽으로, 러닝머신에서 트레일이 있는 곳으로.

몰입의 순간은 흔치 않다. 몰입은 "쉽지는 않지만 그렇다고 아주 버겁지도 않은 과제를 극복하는 데 한 사람이 자신의 실력을 온통 쏟아부을 때"[13] 찾아온다. 너무 어려운 난이도의 과제는 싫증과 포기를 부른다. 반면 실력에 비해 과제가 너무 낮으면 지루하기만 하다(게임이 중독성이 강한 이유는 이 원칙을 가장 효과적으로 적용하고 있기 때문이다). 몰입과 놀이의 공통점은 스스로에게 '결과를 예측할 수 없는' 난관을 부여한다는 것이다. 현 상태에 안주하거나 정체된 실력에 만족한다면 몰입의 상태로 넘어갈 수 없다. 그래서 몰입은 매번 새로운 배움과 성장으로 이끌어 준다. 일상에서 권태를 몰아낸다. 이 과정이 매번 재미있지는 않을 것이다. 그런데 재미와 즐거움은 본질적으로 다르다. 재미와 즐거움의 차이는 기분 전환과 몰두의 차이와 비슷하다. 그래서 재미에는 특별히 전진하는 운동성이나 도전성도 없다.

이처럼 매일 반복되는 행위를 우리는 습관이라고 부른다. 현대의 과학자들은 습관의 메커니즘을 규명하는 데 상당한 성과를 올렸다. 미국 심리학자 웬디 우드는 실험을 통해 일상적 행동의 88퍼센트, 업무와 관련한 행동의 55퍼센트, 운동과 관련한 활동의 44퍼센트가 습관으로 이루어지는 등, 우리 삶에서 습관이 차지하는 비율은 평균적

13   미하이 칙센트미하이, 『몰입의 즐거움』, 이희재 옮김, 해냄, 2007, 44쪽

으로 43퍼센트 정도라는 사실을 밝혀냈다. 인간이 난관에 부딪히지 않고 긍정적인 변화를 만들어 가기 위해서는 습관을 잘 활용해야 한다. 관련 서적들이 많은 관심을 받는 것 역시 습관의 중요성에 대한 공감대가 넓어졌음을 의미한다.

아리스토텔레스는 탁월성이 습관을 통해 얻어진 것이라고 정의했다. 따라서 입법자들은 시민들이 좋은 습관을 들일 수 있는 정치 체제의 구축을 염원한다. 다만 여기서 그가 언급하는 습관은 의식의 노력 없이도 실행되는 '자동화 영역'의 습관과는 구분된다. 즉 숟가락질이나 양치질, 키보드 자판을 치는 행위처럼 무심결에 일어나는 행위와는 다르다. 이러한 자동 시스템은 신속하면서도 직관적이지만 대체로 사고思考 행위가 결여돼 있다. 반면 정해진 시간에 운동을 가거나 매일 독서하는 등의 행위는 자신이 무엇을 하는지 인지하고, 그에 따라 결정하는 숙고의 과정을 수반한다.

아리스토텔레스는『수사학』에서 이런 의식적 활동에는 집중과 진지함, 긴장이 따른다는 사실을 상기시켜 준다. 하지만 이 또한 익숙해지면 즐거움이 된다. 건축가가 집을 짓고, 기타라Kithara 연주자가 악기를 연주함으로써 기예가 완성되는 것을 예로 들 듯, 품성과 몸의 탁월성은 탁월성을 갖춘 행동(운동, 독서)을 반복적으로 수행했을 때에야 습관화가 된다.

　습관 연구자들은 원하는 결과를 얻는 데 있어 강력한 동기나 거창한 목표가 그리 효과적이지 않다고 입을 모은다. 나쁜 습관을 없애고, 좋은 습관을 안착시키는 최선의 방법은 지속적인 반복이라는 게 공통된 견해다. 찰스 두히그는 『습관의 힘』에서 습관을 바꾸는 황금률로 3단계의 고리를 제시한다. 이에 따르면 습관은 행위를 촉발시키는 '신호'에 의해 '반복 행동'이 일어난다, 그리고 주어지는 '보상'에 따라 뇌는 이 특정한 패턴을 앞으로도 계속할지를 학습 결정한다. 나쁜 습관이나 중독에서 벗어나는 가장 좋은 방법은 처음(신호)과 마지막(보상)은 그대로 유지하고 반복 행동만 바꾸는 것이다.

　시간이 흘러 완전히 뿌리내린 습관은 보상 없이도 유지된다. 어차피 운동으로 감량할 수 있는 체중에는 한계가 있다. 리프팅 중량이나 달리기 시간 등 수치화된 기록도 어느 지점이 되면 평행선을 그린다. 그럼에도 규칙적으로 운동하는 사람들은 여전히 존재한다. 이처럼 어떤 행위가 진정한 습관인지를 판단하는 기준은 보상에 대한 둔감성 Insensitivity에 있다. 앞서 언급한 놀이처럼 그 자체를 즐기는 자기목적성 Autotelic을 보이는 것이다. 그리스어 auto(자기)

와 telos(목적)가 결합한 이 말은 한 사람을 이해하는 데 중요한 열쇠다. 이런 습관을 두고 아리스토텔레스는 소피스트 에우에노스의 말을 빌려 제2의 천성이라고 불렀다. 많은 구직자가 자기소개서에 취미를 독서나 운동이라고 적는 이유는 그 때문이다. 우리는 순수한 즐거움 때문에 매일 독서하는 사람에게 지적인 면모를, 꾸준히 운동하는 사람에게서 건강함과 자기 관리의 성실성 같은 장점을 본다.

운동을 통해 자신을 새로 발견하고 삶의 즐거움을 되찾은 사람은 이 놀이에 타인을 초대하기도 한다. 유명 트레이너와 운동 유튜버 중에는 체육 전공자가 아닌 경우를 어렵지 않게 볼 수 있다. 이들은 한때 건강해지거나 살을 빼려고 체육관을 찾은 평범한 주부, 직장인이었다. 이들은 외부의 지원 없이 순수한 땀과 노력만으로 시합에서 입상하는 등 목표 이상의 성공을 거두었다. 아리스토텔레스는 인간이 본성상 사회적 존재이기 때문에 행복을 타인과 공유할 수 있다고 보았다.

고대 철학자의 사상과 연결시켰다고 해서 운동만이 우리에게 지복을 안겨 준다는 이야기를 하려는 것은 아니다. 하지만 분명 운동은 현실을 함축하며, 추상적이고 복잡한 일상을 좀 더 단순명료하게 이해할 수 있게 해 준다. 세상에는 자신의 소신과 신념을 저버려도, 법과 규정을 어겨도 성공하는 사람들이 얼마든지 있다. 신호 위반에서 탈세에 이르기까지, 때때로 현실에서는 일탈이 이익을 가져다주기도 한다. 하지만 운동은 자신에게 부과한 계획과 규칙을 성실히 지켜 나가는 사람에게만 자부심과 기쁨을 안겨 준다. 흘린 땀만큼 결실을 보장하는 순수한 세계를 경험한다.

실력과 열정이 커지는 만큼 슬럼프나 정체기도 찾아올 것이다. 그날의 목표 거리나 세트 수를 다 채우지 못할 수도 있다. 하지만 잃을 것이 없으므로 이런 경험을 통해 우리는 실패에 너그러워지는 법을 배운다. 패자에 대한 관용은 자신에게서 서서히 타인에게로 확장되어 간다. 몽테뉴는 우리의 영혼이 신체 동작과 그 변화의 영향을 받는다고 말했다. 오래 앉아 있는 생활로 인해 많은 질환이 생기듯, 안락함이 길어지면 우리 안의 본성도 위축된다. 우리는 꾸준한 운동을 통해 삶의 지평을 넓혀 나갈 수 있다.

8장

몸은 기억한다

"몸은 하나의 커다란 이성이고,
하나의 의미를 지닌 다원성이며,
전쟁이자 평화이며, 가축의 무리이자
목자이다. 나의 형제여, 그대가 '정신'이라고
부르는 그대의 하찮은 이성도 그대 몸의
도구이고, 그대의 커다란 이성의 작은
도구이자 장난감이다. 그대는 '자아'란
말에 자긍심을 느낀다. 하지만 보다 위대한
것은 그대의 몸이고 그 몸이라는 커다란
이성이다."[1]

- 니체

1   프리드리히 니체, 『니체의 지혜』, 홍성광 편역, 을유문화사, 2018,
     208쪽

운동을 프로젝트로 보는 시각

새해가 시작되는 1월 그리고 여름을 앞둔 6월 저녁, 피트니스 센터는 회원들이 내뿜는 열기에 휩싸인다. GX룸에서는 군무에 맞춘 기합 소리와 더운 숨이 뒤엉키고, PT를 받는 회원의 머리 위로 아지랑이가 피어오른다. 듬성듬성 돌아가던 트레드밀은 예약을 해야 할 정도로 이용자가 늘어나면서, 어느 새 '개인당 최대 30분'으로 이용 시간이 제한된다. 8시부터 10시 사이, 황금 시간대의 체육관에서는 한나절의 권태와 무기력이 땀과 함께 증발한다. 물론 코로나19 이후로 지금의 모습은 바뀌었다. 누군가는 '홈짐Home gym'을 만들어 집에서 운동을 하거나 온라인으로 PT를 받기도 한다. 하지만 운동에 대한 사람들의 열의만큼은 그대로다.

많은 직장인이 엑셀 데이터 속 그래프와 수치로 목표-성과를 측정하듯, 체육관에서 운동하는 사람들도 대부분 인바디 측정 결과에 따라 건강 상태와 운동 목표를 가늠한다. 동기도 비슷하지만 목적도 비슷하다. 예전보다 좀 더 건강해지기, 불규칙한 일상과 자신의 몸에 소홀했던 대가로 부채負債처럼 쌓인 체지방 걷어 내기.

이처럼 많은 사람이 매년 운동을 '다시' 시작한다. 하지만 3~5월, 9~12월이면 운동은 다시 중단된다. 역시 이 패턴을 십 년 넘게 반복하고 있던 한 지인은 내게 그것을 "반년 단위의 루틴"이라며 자조 섞인 농담으로 표현했다. 가벼운 분위기 속에서 우연히 운동 이야기가 나왔던 것이지만, 나는 좀 더 진지한 태도로 혹시 그 이유에 대해 생각해본 적이 있느냐고 물었다. 그는 옅은 미소를 유지한 채 잠시 생각에 골몰했다.

"음… 지금 생각해 보면 지금까지 운동을 좋아해서 시작했던 적은 한 번도 없는 것 같네요. 어떤 해에는 건강검진 결과가 나빠서 운동이 필요하다는 의사의 조언 때문이었고, 또 어떤 해에는 결혼 전에 즐겨 입던 바지가 허벅지에도 들어가지 않을 만큼 작아진 데 충격을 받아서였어요."

그는 "돌이켜 보면 내가 운동을 시작하기 위해서는 항상 어떤 동기와 목적이 필요했던 것 같아요"라고 말했다.

이처럼 누군가에게 운동이란 일상이 아닌 프로젝트가 된다. 일정한 기간, 명확한 과제(체중 감량, 바디 프로필 등)가 주어지고, 달성 후에는 자연히 종료된다. 이런 시각에서 보면 운동과 노동 사이에는 별 차이가 없다. 스쿼트와 데드리프트 같은 운동은 마치 불편한 자세로 긴 시간 반복해야 하는 단순 노동과 다를 바 없다.

운동을 그만두는 이유는 저마다 제각각이지만, 사실 그것은 우리의 의식이 사후에 그럴듯하게 만들어 낸 합리화일 가능성이 높다. 갑자기 회사 업무가 늘어나 바빠졌거나, 혹은 다른 자기계발보다 후순위로 밀리고, 연말에 각종 모임이 많아졌기 때문이라는 식의 핑계가 붙지만 본질적인 이유는 운동이 즐겁지 않기 때문이다.

운동을 지루하고 고된 행위이자 해결해야 하는 과제로 여기는 태도 속에는 정신과 신체가 대립하는 이원론적 가치관이 자리 잡고 있다. (대부분은) TV와 스마트폰을 보거나 (아주 가끔은) 독서를 하고, 친구들을 만나 대화하는 정신 활동에 비해 운동은 중요도가 무척 낮다. 육체는 망가진 부품만 교체해서 사용할 수 있는 기계가 아님에도 불구하고, 건강하던 몸이 이상 신호를 보내기 전까지 관심을 기울이지 않는다. 의도하지는 않았겠지만, 이 경우 사람들은 자신의 몸을 돌보는 것보다 훨씬 더 가치 있는 일이 있기라도 한 것마냥 몸을 연장(도구)처럼 다룬다.

　이원론의 영향으로 우리는 사고와 판단, 결정 등을 오로지 두뇌 혼자서 담당한다는 고정관념이 있다. 하지만 지적 행위는 뇌와 몸의 상호 작용이다. 마찬가지로 오스트리아의 저널리스트 크리스티안 안코비치의 비유를 빌리면, 신체와 정신의 상호 관계는 회전목마와 비슷하다. 회전목마에는 지정된 탑승 위치가 없다. 우리가 목마를 언제, 어느 위치에서 타든 중요하지 않다. 왜 거기서 타야 하는지도 문제 삼지 않는다. 그러나 일단 목마에 올라타는 순간, 크고 작은 변화를 경험한다. 다른 말과 마주보기도 하고, 마차 안에 들어앉을 수도 있다. 또 주변의 탑승객들도 달라진다(안코비치는 이것을 '사건'의 한복판에 들어간다고 표현했다). 마찬가지로 우리는 정신의 각성을 통해 신체에 변화를 줄 수도 있지만, 반대로 신체에 자극을 줌으로써 정신에 영향을 미칠 수 있다. 결국 어느 지점이 바뀌든 나머지도 변화로 이끌리기 마련이다.

몸, 은유의 보물창고

    방송에서 책을 소개하거나 서평을 쓰고, 대중강연을 하면서 공연을 기획하는 등 여러 역할을 맡고 있는 나는 업무 특성상 특정 시기에 일이 몰리곤 한다. 좋아하는 일을 직업으로 삼은 운 좋은 사람이라는 생각을 가진 터라 나는 이런 상황일수록 대개 활력을 얻는다. 하지만 긍정의 과잉은 상처를 남기기도 한다. 원하는 만큼 능률이 오르지 않아 스트레스와 부담 또한 늘어난다는 문제를 피할 수 없기 때문이다. 그럴 때 나는 '해야 하는 일'과 '할 수 있는 일' 사이에는 깊은 협곡이 존재한다는 걸 절감한다.

    우리는 다음과 같은 비슷한 경험이 있을 것이다. 계획한 일을 완수하지 못한 채 잠자리에 들었다가 아침에 눈을 떴을 때 온몸이 평소보다 더 무거운 느낌을. 우리가 잠든 동안 의식적으로 문제를 고심하는 뇌 영역과 동일한 영역이 무의식중에 계속 문제를 해결하려고 시도하기 때문이다. 불면증의 가장 흔한 유형은 한밤중에 자다가 깬 후에 다시 잠들지 못하는 것인데, 그 원인은 대개 이튿날이나 다음 주에 있을 사건 즉 가까운 미래에 해결해야 할 문제에 관한 불안에 있다. 우리가 해야 할 일을 회피했다면 의식과 무의식은 2교대로 움직이며 두뇌를 24시간 풀가동시켜 해결 방안을 요구한다.

알람을 따로 맞추지 않았어도 나는 보통 오전 6시 즈음이면 눈을 뜬다. 나 역시 많은 사람들처럼 긴장되고 분주한 오전 시간을 보낸다. 겹쳐 있는 마감들 때문에 며칠째 낮밤 없이 긴장 상태에 있곤 한다. 세안을 하거나 아침식사를 하는 동안에도 마음은 여전히 미완의 목표를 향해 있을 수밖에 없다. 이제 막 하루가 시작됐지만 나는 본격적으로 일과를 시작하기에 앞서 저녁의 이완이 필요하다는 걸 깨닫는다. 이럴 때 20년 동안 규칙적으로 해 오던 운동은 큰 도움이 된다. 나는 긴장의 연속을 단절시켜야 한다는 생각으로 가방을 챙겨 체육관으로 향한다.

국제보디빌딩연맹을 창설한 피트니스의 선구자 조 웨이더는 웨이트 트레이닝이 아직 대중적인 인기를 얻기 전인 1950년, 『유어 피지크』라는 잡지의 사설에서 이렇게 예

고했다. "보디빌딩의 기본 원리 중 하나인 이완하는 법이
더욱 중요해질 것이다. 긴장이 증가하는 상황에서 이완이
늘 필요하기 때문이다."[2] 웨이트 트레이닝에서 이완은 수
축만큼 중요하다. 예를 들어 이두근 운동으로 덤벨 컬을
할 때 덤벨을 들어 올려 근육을 수축시키는 건 단축성 수
축Concentric에 해당한다. 반면 덤벨을 내리면서 이두근이
이완되는 것은 신장성 수축Eccentric이다. 운동을 처음 시작
하는 경우 보통 포지티브 동작으로 부르며 중력에 저항하
는 단축성 수축에서만 근육이 성장할 거라 생각하기 쉽지
만, 상대적으로 느리게 수행하는 신장성 수축(네거티브 동
작) 또한 중요하다.

　상체나 하체 중 어떤 운동을 하든지 세트 수를 거듭할
수록 내가 들어 올리는 바벨의 무게도 올라간다(이것을 트
레이닝 용어로 '어센딩 세트'라고 한다). 세트 사이마다 나는
어플리케이션을(얼마 전까지는 수첩에) 이용해 중량을 기
록한다. 목표로 삼은 무게 대비 반복 수를 모두 마쳤을 때
찾아오는 만족감은 체육관 밖을 나설 때 즈음 자신감으로
확장된다. 조금 전 내가 들어 올린 바벨의 무게를 모두 합

2　『머슬앤피트니스』, 「피트니스의 신화, 조 웨이더의 와일드 라이프」
　온라인 기사

하면 대략 4.5톤(결코 대단한 숫자가 아니라는 걸 잘 알 것이다. 누구라도 중량에 상관없이 반복 혹은 세트 수만 많으면 그 이상도 가능하니까). 오늘 하루 내가 감당해야 할 역경, 삶의 무게의 총량도 이것보다 무거울까? 흔히 웨이트 트레이닝을 '쇠질'이라며 마초적으로 부르지만, 이 운동에는 우리가 미처 인식하지 못했던 기대 이상의 심리적 보상이 숨어 있다.

나는 듭니다.
예.
나는 들어올립니다!
무겁고 무거운
땀의 무게 고통의 무게
삶의 무게를.[3]

우리는 주어진 일의 비중이나 책임이 크고 중대할 때 '무겁다'고 말한다. 막중한 의무로 인해 그것은 '짊어져야' 할 '짐'이 되기도 한다. 또 양자택일의 기로에서 한쪽에 '무

---

3   장정일, 「역도 선수」, 『라디오같이 사랑을 끄고 켤 수 있다면』, 책읽는섬, 2018

게'를 실어 줘야 할 때도 있다. 이처럼 우리는 어떤 사안의 진지함과 중요성을 무게로 인식하거나 비유한다. 무게와 관련한 은유는 촉각 체험에 기반하고 있다. 때문에 어떤 일들이 나를 '짓누를' 때 무거운 바벨을 들어 올리는 행위는 세속적이지만 즉각적이고도 강력한 의식이 된다. 소설가 김별아는 국가대표 역도 선수들을 인터뷰하며 그들의 훈련을 이렇게 묘사한다. "역도는 성실과 인내로 오로지 자신에게 오롯이 집중해야만 하는 일이다. 오랫동안 자신을 들여다본 사람은 깊고 넉넉하다. (…) 매일 들어도 바벨은 무겁다. 하지만 들면 들수록 무게를 견딜 만큼 근육이 만들어지고 관절이 강화된다. (…) 그들은 버틴다. 침묵과 집중 속에서 자신을 벼린다. 어쩌면 역도는 삶과 많이 닮은 운동 경기일지도 모른다."[4]

운동을 통해 우리는 자신이 감당할 수 있는 삶의 무게라면, 그것을 이겨 낼 수 있는 힘도 내 안에 있다는 깨달음을 얻을 수 있다. 무엇보다 할 수 없는 것은 없다며 무한 긍정을 강요하는 세상에서 "감당할 수 없는 것은 들지 않는 것, 그것이 진정한 힘"[5]이라는 교훈을 온몸에 새긴다.

4   김별아, 『삶은 홀수다』, 한겨레출판사, 2012, 142~143쪽
5   한명희, 「역도 선수」, 『내 몸 위로 용암이 흘러갔다』, 세계사, 2005

이렇듯 삶의 가능성이란 곧 몸의 최대치 가능성에 이르는 일이다.

실제로 중요성과 무게 간의 연관성은 양방향으로 이루어진다. 물리적 무게는 중요성이라는 개념을 활성화시킨다. 또한 중요성이라는 개념은 무게가 지닌 신체 감각을 활성화시킨다. 게다가 우리의 무의식은 무게를 통해 타인을 사회적으로 평가한다. 자신은 논리적이고 냉철한 사람이기에 결코 그런 오류에 빠질 리 없다고 생각할지 모르지만, 심리학자들은 감각의 영향을 받는 무의식을 폄하하거나 무시하는 사람일수록 오히려 그런 편향에 쉽게 빠질 수 있다고 지적한다.

무게와 중요성 간의 연관성을 입증하는 실험이 있다. 연구자들은 54명의 실험 참가자들에게 구직자의 이력서를 검토해 달라고 요청했다. 그들이 읽은 이력서의 내용은 동일했지만, 무게에는 차이가 있었다. 한 그룹의 이력서는 가벼운(340.2그램) 클립보드에 끼워져 있었고, 다른 그룹이 읽은 이력서에는 그보다 훨씬 더 무거운(2041.2그램) 클립보드에 끼워져 있었다. 그 결과 무거운 클립보드를 받은 그룹은 전반적으로 가벼운 클립보드에 끼운 이력서를 본 그룹보다 입사 지원자들의 직책에 더 큰 관심을 보였을 뿐만 아니라, 자질이 더 훌륭하다고 평가했다. 흥미롭게도 클립보드의 무게는 지원자의 사교성, 동료들과 잘 지낼 것인지에 대한 내용에는 아무런 영향을 미치지 못했다. 오로지 수행 능력이나 진지함 같은, 무게의 은유와 관련 있는 덕목에만 영향을 미쳤을 뿐이다.

촉각으로 인지하는 세계

아리스토텔레스는 자연계의 만물이 저마다의 본성과 특성을 지님으로써 위계질서를 갖는다고 보았다. 오름차순으로 배열된, 이런 사다리 구조의 맨 아래에는 무생물(단순 물체, 복합 물체)이 있고, 그 위로는 식물이, 식물 위에 동물, 꼭대기에 인간이 있다. 6장에서도 언급했듯 그의 저서 『영혼에 대하여』에 따르면, 모든 살아 있는 것에는 영혼이 깃들어 있다. 영혼은 영양(섭취), 감각, 운동, 사고 등 네 가지의 능력을 갖고 있으며, 위로 올라갈수록 더 많은 특성을 갖는다. 아울러 상위 계층의 특성은 바로 아래 계층이 가진 특성 위에 더해진다. 이 위계에 따르면 영혼의 영양 능력은 식물과 동물 모두에게 있다.

영양 능력의 다음은 감각 능력으로, 모든 동물 안에 존재한다. 동물이 욕구(그리고 쾌락과 고통)를 느끼는 것은 바로 이 감각 때문이다. 감각은 우리를 움직이게 만든다. 이 감각 중에서도 가장 기본은 '촉각'이다. "촉각 능력 없이는 그 어떤 다른 감각도 없지만, 촉각은 다른 감각들 없이도 있다."[6] 흥미롭게도 그는 촉각 기관이 살이 아닌 살 아래 어딘가에 있다고 생각했다. 혀를 제외하면[7] 피부는 촉각을 느끼게 해 주는 중간 매체이다. 공기가 우리를 둘러싸듯 우리는 몸의 모든 부위에서 촉각을 경험한다. 촉각이 중요한 또 다른 이유는, 생명을 지키는 가장 마지막 방어선이기 때문이다. 멀리서 보이거나 들리는 위협은 예고와 징후이지만, 손에 닿는 위협은 이미 발생한 위험이다. 또 본능적으로 우리는 쓴 맛에서 위험(독성)을 감지하는데, 시각과 청각은 이것을 감지할 수 없다. 배고픔과 목마름, 아기를 향한 엄마의 보살핌, 외로움 등 촉각과 관련한 욕망, 쾌락과 고통은 생명의 유지 또는 종의 보존에 해당한다. 나아가 인간은 보고 듣는 경험과 더불어 촉각을 통

6   아리스토텔레스, 『영혼에 대하여』, 오지은 옮김, 아카넷, 2018, 2권
      3장 415a3~6
7   아리스토텔레스는 촉각은 미각을 포함한다고 봤다.

해 사고하고 성장한다.

촉각에서 기인하는 은유는 무게뿐 아니라 따뜻함/차가움, 부드러움/거침도 있다. 사실 우리의 삶은 타인과, 사회와의 '접촉'이다. 인체의 가장 넓은 장기이자 보호막인 피부는 세상과 소통하지만, 가식을 모른다. 붉어진 얼굴, 쭈뼛 선 머리카락, 밀려오듯 덮친 소름, 떨리는 손······. 긴장과 공포, 흥분, 분노와 기쁨 속에서 우리의 입은 냉정을 이야기하며 가식을 보여도, 피부만큼은 진실을 고수한다. 열정적으로 대화하는 사람의 손짓에서도 알 수 있듯, 때때로 우리 손은 말의 빈틈을 메운다. 햅틱Haptics이라는 말에서도 알 수 있듯 촉각은 아주 넓은 개념으로 감정과 정서, 인간관계, 분위기 등 많은 것을 포괄한다.

2008년 미국의 심리학자 존 바그는 대학원 제자와 함께 41명의 학생을 대상으로 촉각 온도가 무의식에 미치는 영향을 증명한 실험을 진행했다. 연구자들은 대학교 심리학 실험실 건물 로비에서 참가자를 맞았다. 그리고 이들과 함께 승강기를 타고 실험실로 올라가는 도중, 참가자에게 서류 가방에서 몇 가지 서류를 꺼내야 하니 커피가 담긴 종이컵을 잠시 들어 달라고 부탁했다. 이들은 약 10초 정도 뜨겁거나 차가운 커피 둘 중 한 가지를 들고 있었다. 마지막으로 실험실에 도착한 후에는 A라는 인물에 관한 글을 읽게 했다. 그러자 흥미로운 결과가 나왔다. 참가자들은 똑같은 내용을 읽었음에도 따뜻한 커피를 들고 있었던 사람이 차가운 커피를 들고 있었던 사람보다 A를 더 좋게 평가했다. 따뜻함이나 차가움을 느끼는 단순한 물리적 경험이 사회적 따뜻함이나 차가움의 감정을 활성화시켰고, 이것은 다시 타인에게 느끼는 호감에 영향을 미쳤던 것이다. 하지만 실험 후 대화에서도 참가자들은 아주 잠깐 들고 있던 커피의 온도가 자신의 결정에 영향을 미쳤을 거라는 생각을 전혀 하지 못했다.

이 유명한 연구에는 재미있는 일화가 있다. 존 바그는 연구 결과를 발표하고 몇 달 뒤, 과학 전문 기자의 전화 인터뷰에 응한다. 기자는 당시 함께 실험을 진행했던 연구자에 관해 물었는데, 존 바그는 아주 열정적인 표현으로 그를 칭찬했다. 존 바그의 다소 과장되고 흥분된 말투에 이상함을 느낀 기자는 다시 이렇게 묻는다. "혹시 지금 뜨거운 커피를 들고 계신가요?" 질문을 듣고서야 존 바그는 자신의 오른손에 따뜻한 커피가 담긴 종이컵이 들려 있다는 걸 깨달았다. 그의 경험은 2009년 네덜란드의 두 연구자가 진행했던 유사한 연구를 통해서도 이해할 수 있다. 당시 연구자는 참가자들의 손에 따뜻하거나 차가운 음료를 들고 있도록 했다. 이후 자신이 아는 실제 인물에 대해 떠올리고 그 사람과 얼마나 가까운지 평가를 부탁했다. 예상대로 따뜻한 음료를 들고 있었던 참가자들은 차가운 음료를 들고 있었던 다른 참가자들에 비해 그들이 마음속에 떠올린 인물을 더 친밀하다고 대답했다.

실제로 뇌 속 섬엽이라는 영역은 물건에서 느끼는 뜨겁거나 차가운 촉각과 심리적 온도(사랑, 배신 등) 모두에서 동일한 반응을 보인다고 한다. 섬엽은 전체적인 신체 지각에 기여하는데, 우울증에 걸린 사람은 이곳의 활동이 증가한다. 우리는 흔히 누군가가 매정하거나 쌀쌀맞다고 느낄 때 '차갑다'고 표현한다. 사람들의 냉대를 받으면 세상이 냉혹하게 느껴질 수밖에 없다. 실험에 따르면 우리는 사람들에게 따돌림을 당하거나 모임에서 배제된 기억을 떠올리는 것만으로도 체온이 내려간다. 차갑게 식은 마음을 녹이는 것은 누군가의 관심이다. 우리는 그 온화함을 '손길'에 비유한다.

브라질 인디언 카잉강족은 친밀한 촉각적 유대감을 자랑한다. 어른들은 아이가 원할 때면 언제든 쓰다듬고 껴안아 준다. 아이들이 성장해 청년이 되면 마치 연인처럼 서너 명씩 다리를 두르고 팔을 걸쳐 함께 자는 것을 좋아한다. 하지만 여기에는 성적 의미가 전혀 없다. 이곳의 남자들에게 의리란 서로 몸을 맞대어 체온을 나눈 횟수에 기초

한다. 접촉을 기반으로 수립된 관계는 공고하기 때문에 이들에게는 좀처럼 갈등이 없다고 한다. 신체 접촉은 언어나 감정적 접촉보다 몇 배 더 강력하다.

오늘날 우리가 느끼는 공허감과 외로움은 신체 접촉의 감소에서 비롯한 것일지도 모른다. 인스타그램 팔로워들은 언제나 그렇듯 가까이에 존재하지만 느낄 수 없는 존재들이다. 우리가 존재를 인식하는 방식은 오로지 몸을 통하는 것뿐이다. 성인이 하루 동안 자신의 얼굴을 만지는 횟수는 평균 400~800회 정도이지만 누구도 그 사실을 인지하지 못한다. 이러한 자기 접촉은 대부분 행동 기억에 저장되지 않기 때문이다. 중요한 사실은 인간은 이런 자기 접촉을 통해 감정과 주의력을 안정 상태로 돌려놓는다는 것이다.

물론 타인과의 접촉은 훨씬 더 큰 정서적 파장을 낳는다. 예컨대 교사가 격려의 의미로 가볍게 팔을 쓰다듬어준 학생들은 그렇지 않은 학생들보다 칠판에 나와 문제를 푸는 데 더 적극적이다. 또 의사와 간호사가 환자를 소중히 여긴다는 표시로 신체 접촉을 한 경우 회복 속도가 더 빠르다. 고객들은 의식하지 못할 정도로 잠깐 손을 스쳤더라도 그 점원에게 더 친절함을 느낀다. 우리는 살아 있다는 느낌, 고립되어 있지 않고 세상과 소통한다는 믿음을 촉각에서 얻기 때문이다. 터치로 소환되는 소셜미디어의 친구들은 해 줄 수 없는 부분이다.

우리는 운동을 통해 일체의 명분이나 가식 없는, 가장 순수한 형태의 '마찰'을 경험한다. 이를테면 유도나 주짓수에서는 종종 체급과 성별 구분 없이 스파링을 한다. 각자가 상대의 도복을 움켜쥐거나 잡아당겨 기술을 넣는다. 몸의 일부는 바닥에, 일부는 상대와 닿아 있다. 우리는 격렬한 움직임을 통해 사고를 재정비할 수 있다. 연습과 실전의 중간 지대에서 '거친' 상대를 맞닥뜨린다. 상대를 '누른다'는 표현은 물리적인 작용 외에도 경쟁에서의 승리를 의미한다. 복서는 피해를 줄이기 위해 더킹이나 위빙 같은 회피 기술을 사용하지만, 포기하지 않는 한 링에서 벗어날 수는 없다. 지지 않으려면 상대에게 정면으로 '돌파'해야 한다는 것은 위기나 어려움을 극복한다는 걸 상기시킨다. 모든 힘을 다 쏟고 난 다음 느끼는 후련함은 액션 영화를 볼 때와는 질적으로 다른 경험을 선사한다. 스마트폰이나 TV 스크린의 이미지가 어느 정도 위안을 주는 것은 맞지만 어디까지나 우리를 구경꾼으로 만든다. 프랑스의 문화 비평가 기 드보르의 말을 빌리면 그것은 스펙터클의 세계다. 여기에 깊이 빠져들수록 실제 삶의 영역은 축소되고, 현실에서 소외될 수밖에 없다.

지그문트 바우만도 같은 우려를 했다. "사람들은 하이테크가 발전하기 이전에 자신들의 근육이나 상상력 같은 것을 활용해서 그런 공허감에서 빠져나오던 수단들을 점점 더 잃어버린다."[8] 체육관에서 우리는 잃어버린 능력을 되찾을 수 있다. '거친' 세계이지만 그곳의 '온기'는 우리를 흠뻑 땀에 젖게 만든다. 운동은 우리를 소진시키는 한편 새롭게 시작할 힘을 부여한다. 아리스토텔레스는 촉각과 미각의 쾌락은 신체의 특정 부위(예컨대 성기나 혀처럼)에 관련된 것으로 동물적이며 인간을 방종하게 만든다고 보았다. 그러나 체육관에서 운동을 하고, 그 후에 몸을 마사지하며 얻는 즐거움만은 자유민다운 것으로 간주했다.

---

8   지그문트 바우만, 『고독을 잃어버린 시간』, 조은평·강지은 역, 동녘, 2012, 27쪽

손은 뇌를 대신한다

『파이돈』에서 소크라테스는 언젠가 아낙사고라스(기원
전 500년경~428년)의 책을 입수해 읽었던 경험을 소개했
다. 아낙사고라스는 세계를 구성하는 원소가 네 가지(흙,
공기, 불, 물)라는 엠페도클레스(기원전 490년~430년)의
견해를 계승했다. 나아가 그는 이들 원소와 더불어 '지성
nous'이 들어가 있어야 비로소 사물에 생명이 깃든다고 주
장했다. 이 지성은 물질적이지만 다른 원소들과는 섞이지
않은 채 순수한 형태로 존재하며, 만물에 질서를 부여한
다. 우주를 관장하는 지성은 인간에게 영혼을 불어넣는다.
원소들이 물질의 질료라면 정신은 운동과 에너지, 생명을
일으키는 연료인 셈이다.

소크라테스는 지성의 근본 원리에 대해 알 수 있을 것을 기대하며 서둘러 책을 구해 읽었지만 결과는 사뭇 달랐다. "이 엄청난 기대로부터, 벗이여, 나는 그만 내동댕이쳐지고 말았다네."[9] 아낙사고라스는 식물에서 동물, 인간에 이르기까지 지성이 완전히 동일하다고 보았기 때문이다. 이 논리로는 인간 영혼의 특별한 위상을 설명하기가 어려웠으므로, 소크라테스는 실망감을 감추지 못했다. 그의 우주적 지성은 이론적 진전 없이 단순한 운동 원리로서만 활용될 수 있을 뿐이라는 걸 깨달았다. 아리스토텔레스 역시 『형이상학』에서 전 세대의 전통적인 자연 철학 사상을 검토하면서 비슷한 이유로 아낙사고라스를 지적했다.

그런데 아낙사고라스는 인간이 생물들 가운데 가장 영리한 것은 손을 갖고 있기 때문이라고 주장했다. 인간과 동물의 차이는 육체적 경험에서 비롯한다. 인간이 손을 자유롭게 사용하는 것을 시작으로 다른 모든 정신적인 변화가 그 뒤를 따랐다. 이런 견해는 인류의 진화를 '이족 보행—양손의 자유, 도구 제작—두뇌 용적의 증가'로 연결해서 보는 시각과도 맞닿아 있다.

9   플라톤, 『파이돈』, 전헌상 옮김, 아카넷, 2020, 98b

『손으로 생각하기』를 쓴 미국의 철학자 매튜 B. 크로포드는 매우 독특한 이력을 갖고 있다. 그는 열다섯 살 때부터 자동차 정비소에서 일하며 기술을 배웠는데, 돈을 모아 자신의 자동차를 직접 개조할 정도로 기계 정비의 매력에 빠졌다. 이때만 해도 그는 정비가 소명이 될 줄은 전혀 예상하지 못했다.

대학원에서 석사 과정 수료 후 기업에 취직한 그는 학술 논문을 읽고 색인을 분류한 다음, 개요를 작성하는 업무를 맡는다. 그는 이 업무를 통해 자신의 지적 성장을 이룰 수 있을 거라는 기대에 부풀었다. 하지만 그가 하루에 소화해야 했던 논문의 양은 무려 평균 스물여덟 편. 그날그날의 데드라인을 맞추기 위해서는 양심적으로 논문을 꼼꼼히 읽고 개요를 작성하는 일이란 사실상 불가능했다. 이로 인해 자신이 어셈블리 라인(컨베이어 벨트 시스템)에서 창의성을 잃어버린 채 생산성과 속도에 압도당한 듯한 기분에 빠진다. "나는 할당량을 채우기 위해 머리를 비우려고 노력했지만 어셈블리 라인에서 레버를 당기는 작업과 달리 개요 작성 업무는 아무 생각 없이는 할 수 없었다. 내가 읽는 자료는 몹시 난해했고 그만큼 잘 다뤄야 했다. 그 주제에 인생을 바친 저자를 제대로 다루지 못하면 내 능력을 최대한 발휘하지 못한 기분이 들었다."[10] 물론 장인과 기술공도 일하는 과정에서 상처를 입거나 직업병을 얻기도 한다. "하지만 이런 상처들은 사람의 자아에 흠집을 내지는 않는다."[11] 결국 그는 넥타이를 맨 빈곤층이 됐다는 절망감을 느끼며 회사를 나온다.

대학으로 돌아와 정치사상사로 박사학위를 받은 그는 한 싱크탱크의 소장으로 부임한다. 높은 연봉이 보장된 자리였지만 결국 반 년 만에 일을 그만둔다. 자신이 만드는 보고서가 그곳에 자금을 지원하는 석유회사를 정치적으로 변호하는 데 사용됐기 때문이다. 근무 기간에 모은 돈으로 그는 모터사이클 정비소를 차린다. 비로소 그는 자기 세계의 모든 요소가 제자리를 찾았다는 안도와 기쁨을 느낀다.

그의 결단에는 "생각과 행동의 분리가 일어난 모든 곳에서 '노동의 쇠퇴'가 뒤따랐다"[12]는 문제의식이 있었다. 산업혁명 이전까지만 해도 공장의 업무는 전문성을 갖춘 장

10   매튜 B. 크로포드, 『손으로 생각하기』, 윤영호 옮김, 사이, 2017, 186~187쪽

11   매튜 B. 크로포드, 『손으로 생각하기』, 윤영호 옮김, 사이, 2017, 187쪽

12   매튜 B. 크로포드, 『손으로 생각하기』, 윤영호 옮김, 사이, 2017, 55쪽

인들과 숙련공들이 주도했다. 하지만 프레더릭 윈슬로 테일러가 등장하면서 수백 년의 전통이 무너진다. 흔히 테일러리즘으로 불리는 이 시스템에 그는 '과학적 관리 기법'이라는 진보적인 이름을 붙였지만, 사실 그것은 모든 사람을 표준화된 공정에 끼워 맞춘다는 걸 의미했다. 창의성을 빼앗긴 근로자들은 더 이상 생각하면서 일할 필요가 없었고, 이들의 기획과 의사 결정 권한은 고학력의 관리자에게 넘어간다. 블루칼라 대 화이트칼라, 19세기 후반에 이르러 산업계에서도 정신과 육체의 이원화가 시작된 것이다.

우리는 지금 노동 시장의 유연화라는 거악과 싸우고 있지만, 한편으론 개인의 차원에서 이직의 유연성도 존재한다. 나는 대학에서 문예창작을 전공했지만 졸업 후 10년 동안 신문기자와 카피라이터, 잡지사 편집장, 기업 홍보팀 등 직업을 바꾸며 일했다. 당시 나는 전공과 가치관에 맞는 일을 선택한 것이라고 판단했지만, 돌이켜보면 그때그때 바뀌는 직업에 맞춰 나를 새롭게 형성했을 뿐이다. 냉정히 말해 '글을 잘 쓴다'는 건 사실 모든 사무직 종사자에게 요구되는 미덕이기도 하다. 나는 지금의 일을 그 어느 때보다 사랑하지만 텍스트와 데이터, 이미지처럼 추상적인 성과물이 아닌 만지거나 맛볼 수 있는 무언가를 통해 자아를 확인받고 싶다는 욕망을 버리지 못했다. 그래서 일하는 틈틈이 바리스타 자격증을 따고, 쇼콜라티에 양성 과정을 통해 초콜릿 만드는 법을 배우거나, 서른 개가 넘는 가발에 가위질을 하며 이용 기술을 익혔다(안타깝게도 이용사 자격증은 필기시험까지만 합격했다). 나의 결과물은 언제나 단 한 명의 고객, 아내를 통해서만 피드백을 얻을 수 있었지만 충분히 만족스러웠다. 단 한 번도 이 기술로 돈을 벌어야겠다는 생각은 하지 않았기 때문이다. 직접 로스팅한 원두로 내린 커피와 파베 초콜릿은 부차적인 설명 없이도 나의 노력과 열정을 설명해 줬다. 무엇보다 층층이 추억을 쌓아 간다는 데에서 더없이 큰 기쁨을 느꼈다.

매튜 크로포드가 모터사이클 정비공을 선택한 이유는 '손 기술'에서 찾는 행위의 주체성 때문이다. "손으로 작업하는 능력을 통해 세상에 자신을 구체적으로 표출하는 만족감을 느끼면 사람이 차분하고 느긋해진다고 한다. 사람들은 그런 만족감을 통해 자신의 가치를 입증하기 위해 자질구레한 설명을 해야 하는 수고를 덜어 내는 듯하다. 그저 자신이 만든 건물, 자동차, 조명을 가리키기만 하면 된다."[13]

---

[13] 매튜 B. 크로포드, 『손으로 생각하기』, 윤영호 옮김, 사이, 2017, 26쪽

우리 세대가 물건을 대하는 성향은 과거보다 훨씬 더 수동적이고 의존적이다. 자신의 손으로 직접 물건을 만들거나 고치는 기회가 점점 줄어들고 있기 때문이다. 스마트폰이나 노트북은 고쳐야 할 시기가 오면 대개 신형으로 새로 교체해 버린다. 최근에는 벽에 드릴로 못을 박아 주거나 커튼을 달아 주는 작업을 대신 해 주고 5~10만원을 청구하는 업체들이 성황을 이루고 있다. 돈이면 무엇이든 다 해결할 수 있을 것 같지만, 결국 우리는 자기 물건에 대해 진정한 주인이 될 수 없음을 인정하는 셈이다.

그런데 우리 모두가 갑자기 일을 그만두고 숙련공이 되거나 DIY 공방에 다닐 수는 없는 노릇이다. 그러므로 여기서 중요한 건 어떤 기술이냐가 아니라 우리가 지금보다 더 많이 손을 사용해야 한다는 것, 의식이 가진 권력을 몸으로 재분배해야 한다는 것이다.

그럴 일은 없었을 테지만, 이런 질문을 한번 해 보자. 만약 이세돌이 직접 손으로 바둑돌을 두지 않고 시뮬레이션으로만 연습을 해 왔다면, 천재적인 기사가 될 수 있었을까? 세계적인 피아니스트의 창의성은 영적 선물일까 아니면 지독한 연습의 결과일까?

미국의 신경과학자 데이비드 이글먼은 컵 쌓기 아동부 세계 기록을 보유한 열 살 소년 오스틴 네이버를 찾아갔다. 오스틴이 한 줄로 쌓여 있는 컵을 움직여 세 개의 피라미드로 만들고, 이어서 두 개로 만든다. 그다음에 커다란 하나의 피라미드로 합치고 이어서 원래대로 한 줄로 겹쳐 쌓는 데 걸리는 시간은 단 5초! 데이비드와 오스틴은 전극들이 장착된 모자를 쓰고 컵 쌓기 대결을 벌이는 동안 신경 세포에서 발생되는 전기 신호를 통해 뇌 활동을 측정했다. 사전에 20분 동안 연습한 데이비드는 43초를 기록했다. 뇌전도 측정 결과 오스틴은 여덟 배나 빠른 움직임을 보였음에도 훨씬 더 적은 에너지를 사용했다. 심지어 이 컵 쌓기 장인의 뇌에서는 휴식할 때 발생하는 알파파 구역의 활동이 강했다.[14]

여기서 데이비드는 단기 기억에 해당하는 작업 기억에 의존했다. 반면 오스틴은 장기 기억 중에서도 절차 기억을 활용했다. 우리가 지금 아무렇지도 않게 할 수 있는 걷기와 숟가락질, 자전거 타기, 신발 끈 묶기 등도 과거에 무수한 시행착오 끝에 완성된 절차 기억이다. 다시 말해 많은 정보를 절차 기억에 새겨 넣을수록 에너지를 절약하여 보

14 이 대결 장면은 유튜브에서 〈The Brain with David Eagleman: Cup Stacking Champion〉이라는 제목으로 직접 확인할 수 있다.

다 더 중요하고 창의적인 일에 쏟을 수 있다. 세계적인 리더들이 비서의 도움을 받아 자잘한 선택의 고민에서 해방돼 그 순간 가장 중요한 일에만 집중하듯, 우리는 감각이라는 이성의 동반자이자 노련한 참모의 힘을 빌릴 수 있다. 미심쩍다면 빈 종이에 컴퓨터 자판의 키 순서대로 글자를 써 보면 된다. 의식적으로 노력해도 쉽게 떠오르지 않을 것이다. 그동안 일일이 고민하지 않고 1분에 수백 타씩 글자를 칠 수 있었던 것은 키보드 학습 경험을 근육 기억Muscle memory이라고 오해하고 있는 무의식 영역에 저장해 놓은 덕분이다.

바닷가의 모래가 부드럽다는 것을 책에서 읽기만 하면 다 되는 것이 아니다. 나는 내 맨발로 그것을 느끼고 싶은 것이다. 감각으로 먼저 느껴 보지 못한 일체의 지식이 내겐 무용할 뿐이다.[16]

이십 대의 마지막 해 겨울, 『지상의 양식』을 읽던 중 만난 이 문장은 지금까지도 내가 세계를 온전히 이해하고 받아들였는가를 가늠하는 준거로 삼고 있다. 기억은 때때로 너무도 허망하게 증발한다. 밤을 꼬박 새워 읽은 책의 내용이 며칠도 되지 않아 반 이상 잊혀지기도 한다. 책 자체가 상실을 의미한다던 알베르토 망구엘의 말처럼, 우리는 책을 읽을수록 상실에 익숙해져 간다. 예컨대 한 작가가 어떤 사물이나 사람에 대한 이야기를 책으로 쓴다면, 그것은 의미 있는 재창조이지만 그 대상을 완벽하게 표현한 것과는 거리가 있다. 책을 읽고 언어의 힘을 믿는다는 것은 이 재현 불가능함을 신뢰하고 받아들이는 것이라고도 할 수 있지 않을까.

다이앤 애커먼은 『감각의 박물학』에서 촉각은 최초로 점화된 감각이며 대개 맨 마지막에 소멸한다고 적었다. 태아는 엄마 자궁 속에서부터 다른 어떤 감각보다 먼저 촉각을 경험한다. 손과 발을 이리저리 움직이면서 자신의 신체적 특징을 파악해 나가는 과정을 일컬어 '신체 도식'이라고 한다. 어느 것이 자신의 신체 부위이고 아닌지를 매일 학습하면서 자아의 개념을 뇌리에 각인시키는 경험을 기반으로 외부 세계와 자신의 몸을 구분하는 능력을 지니게 되는 것이다. 그 덕분에 우리는 지금 눈을 감고도 머리와 팔, 다리의 위치는 물론 그것들의 길이나 움직임 등을 느낄 수 있다.

15   앙드레 지드, 『지상의 양식』, 김화영 옮김, 민음사, 2007, 39쪽

그러므로 촉각은 태초의 지식이다. 아기들은 무엇이든 손으로 쥐고, 그것을 입으로 가져간다. 수백만 년 전 초기 인류 역시 처음 마주친 미지의 사물에서 위험과 유용함을 감지하기 위해 촉각을 이용했을 것이다. 독성이 있는지 미심쩍을 때에는 바로 먹기보단 먼저 만져 보는 게(그다음 냄새를 맡아 보고) 훨씬 더 안전하다. 그런 측면에서 아기는 작은 유인원이라고 할 수 있다. 이 시기에 얻는 지식과 경험의 대부분은 촉각에서 기인한다. 아기는 촉각으로 대상을 탐색하며 그것의 특성을 기억에 저장한다.

(손)기술의 습득이 중요한 이유는, 우리가 무엇을 경험하느냐에 따라 뇌 역시 다른 형태로 변화하기 때문이다. 인간의 뇌에는 회백질과 백질의 두 가지의 세포 조직이 있다. 먼저 회백질에는 '뉴런'이라는 주요 신경 세포가 포함돼 있는데 뉴런은 생각, 지각, 운동, 인체 기능 조절 등을 담당한다. 때문에 뇌가 우리의 몸과 행동, 생각, 감정을 통제할 수 있으려면 이 뉴런들이 서로 연결돼 신호를 주고받아야 한다. 백질은 이 뉴런의 신호 전달을 돕는 배선 역할을 한다. 우리는 생애 주기에 따라 회백질과 백질의 비율이 달라진다. 이를테면 청소년의 뇌는 뉴런(회백질)은 흘러넘치지만 이를 연결해 줄 배선(백질)이 부족하다. 즉 무한한 정보들을 흡수할 수 있지만, 이것들을 어디로 보내야

할지를 잘 모르는 상태에 놓여 있는 것이다.

성인이 되면 회백질과 백질의 비율이 조화를 이룬다. 이른바 '신경 가지치기'를 통해 백질의 양이 증가하는 한편 회백질이 감소하기 때문이다. 신경 가지치기는 청소년기 중기에서 후기 동안에 가속화되는데, 말 그대로 사용하지 않아서 필요 없어진 뉴런을 없애는 과정이다. 신경 가지치기는 우리가 어렸을 때부터 다양한 경험을 해야 하는 중요한 이유다. 학습과 경험은 뇌에 자극을 준다. 뉴런은 자극이 반복되면 처음보다 더 강하게 반응한다. 꾸준히 숙련하거나 즐기는 무엇인가가 있다면, 그만큼 사라지는 신경 세포를 줄일 수 있다. 성인의 경우 뇌세포가 새로 만들어지는 영역은 과거보다 줄어들지만 변화의 가능성은 여전히 열려 있다. 이렇게 환경과 끊임없이 상호 작용하며 뇌의 능력이 발달하는 것을 '뇌 가소성'이라고 한다.

이제 우리의 논의를 마무리하기 위해 다시 운동 이야기로 돌아오려 한다. 만약 뇌 가소성으로 삶을 변화시키고 싶은데 예술엔 관심이 없고, 새로운 기술을 배울 여력도 없을 때(진심으로 아니기를 바라지만), 운동은 더없이 좋은 대안이다. 실제로 무술 유단자는 초심자보다 운동피질과 백질이 더 발달했다. 운동을 하면 뇌에서는 BDNF(뇌 유래 신경영양인자)가 분비돼 신경 세포의 연결을 강화하고 학습 능력을 높인다고 알려져 있다. 중년에 노화가 일어나기 시작할 때 운동은 이를 늦출 수 있는 몇 안 되는 방법 중 하나다. 200만 회가 넘는 조회 수를 기록한 신경과학자 대니얼 월퍼트의 TED 강연 중 한 대목은 지금까지의 이야기를 압축한다. 멍게는 유충 시절 자유롭게 바다를 떠다니며 먹이 구하기 활동을 하지만, 어느 정도 성장하면 바위에 달라붙어 더 이상 움직이지 않는다. 이후 멍게는 가장 먼저 자신의 뇌와 신경계를 먹어치운다. "움직일 필요가 없는 상태에서는 뇌라는 사치를 부릴 필요가 없어지는 것"[16]이다.

16   대니얼 월퍼트, TED 강연 〈뇌의 진정한 이유 The Real Reason for Brains〉

닫는 글

어느 날 소크라테스는 아테네에서 올림피아까지의 긴 여정을 두려워하던 한 사람을 만났다. 그는 자신이 그토록 오랫동안 걸을 수 없을 거라고 생각했다. 하지만 소크라테스는 그가 평소에도 많은 시간을 걸으며 일과를 보낸다는 사실을 알고 있었다. 때문에 그가 매일 하던 식으로 끼니때에는 식사를 하고, 밤에는 휴식을 취하며 닷새나 엿새 동안 걸으면 올림피아에 도착할 수 있을 것이라고 말해주었다. 이 여행자는 자신에게 이미 올림피아로 여행할 수 있는 충분한 체력이 있다는 걸 깨닫지 못했다. 소크라테스는 몇 마디 조언으로 그의 각성을 도왔다. 소크라테스는 『테아이테토스』에서 자신의 역할을 어머니의 직업에 비유했다. 그의 어머니 파이나레테는 산파였다. 산파가 산모를 돌보며 아기의 출산을 돕듯, 자신은 그저 상대가 이미 소유하고 있는 지혜를 끄집어낼 수 있도록 도울 뿐이다.

독서로 마음을 돌보고, 운동으로 몸을 살피는 일도 이와 같다. 이 둘의 요체는 바로 자신과의 대화다. 소크라테스는 산파가 아기를 직접 낳는 게 아니듯, 상대에게 질문을 던지는 본인 또한 진리를 알지 못한다고 말했다. 하지만 산모는 건강한 아기를 낳고, 그의 대화 상대는 지혜를 얻는다. 마찬가지로 책은 독자에게 질문을 던지고, 마침내 독자는 자기 자신에게서 답을 찾아낸다. 걷거나 뛰고, 중량을 들어 올리는 모든 운동 역시 스스로를 알아 가는 과정이다. 먼저 나의 한계를 규정하고, 이것을 점차 극복해 나가기 때문이다.

운동 기구들이 있는 체육관, 산책로와 트랙은 모두 그 자체로 살아 있는 책이다. 이 책들은 활자 대신 신선한 공기와 환한 햇빛, 사람들의 힘찬 움직임 등을 통해 삶의 지혜를 전달한다. 그것들은 우리에게 지금 이 순간에 충실하라고 말한다. 또 자신에게 주어진 젊음의 소중함을 일깨워 준다. 젊음은 상대적인 개념이다. 나이에 맞는 속도와 거리, 무게가 있기에 자신이 현재 갖고 있는 힘에 적합한 활동이 있다. 젊음을 유지하고 즐긴다는 건, 이 활동의 최대값을 경험하는 것이라고 할 수 있다. 매 순간 자신을 돌보아 오던 사람은 욕망과 한계 사이의 괴리에서 갑작스럽게 절망감을 느끼는 일이 없다.

나는 이 책의 첫 장에서 운동을 영웅의 모험에 비유했
다. 영웅의 여정은 현재의 안주를 포기하는 것으로부터 시
작한다. 모험 속으로 들어간 그는 어떤 목표를 달성한 뒤
다시 원래의 자리로 귀환한다. 모험을 두려워하는 이유는
익숙함에서 벗어나 낯선 환경을 마주해야 하기 때문이다.
조지프 캠벨은 이를 '문턱을 넘어간다'고 표현했다. 모험
을 거창하게 여겨서는 안 된다. 운동은 영웅의 여정을 재
현하는 일상의 작은 '의식'이다. 우리는 매일 사무실의 문
턱을, 거실의 문턱을, 의무와 속박, 권태라는 문턱을 넘어
잠재성이라는 숨겨진 보물을 발견할 수 있다. 이렇게 모인
작은 성취는 더 큰 세상으로 나아갈 발판이 되어 준다.

모험은 오솔길이 아닌 트레일 위를 걷는 일과 같다. 전
자가 계획과 목적을 갖고 인공적으로 만들어 낸 길이라면,
후자는 야생에서 누군가가 처음 밟고 지나간 흔적들로 형
성되는 길이다. 그러므로 이 길은 처음에 아주 희미한 흔
적으로 시작한다. 전인미답의 경로를 처음 개척한 누군가
는 불안과 외로움 속에서 매 순간 첫걸음을 내딛으며, 자
신의 발자취로 위험과 안전을 기록해 놓았다. 영웅 신화를
비롯해 고전이 주는 영감과 가르침은 이런 최초의 흔적과
다름없다. 실천과 운동은 이 경로를 따라 밟아 나가는 한

편 어렴풋한 흔적 위에 좀 더 분명한 선을 그어 놓는 것이다. 훗날 또 다른 이가 이 흔적을 따라 걸을 것이다. 이 길은 내가 닦았지만, 다른 누군가가 함께 닦아 나간다. 이처럼 우리는 몸으로 지성知性을 행한다. 단지 자신에게 의미 있는 일을 하는 것만으로도 타인에게 선한 영향을 미칠 수 있는 것이다.

과학자들은 어떤 종류의 움직임이든 규칙적으로 운동하는 사람이 뚜렷한 목적의식은 물론 감사와 사랑, 희망의 감정을 더 많이 경험한다고 말한다. 고대 그리스인들은 이런 체험을 정령, 다이몬Daimon이라고 여겼다. 자신을 아끼고 운동을 멈추지 않는다면, 다이몬은 우리 곁에 계속 머물러 있을 것이다.

참고 문헌

1장

강대진 외, 『플라톤의 그리스 문화 읽기』, 아카넷, 2020

구스타프 슈바브, 『그리스 로마 신화 1』, 조미영 역, 느낌이있는책, 2014

구효송, 『신들의 축제, 고대올림픽』, 상아기획, 2011

김복희, 「호메로스의 운동 경기에 나타난 영웅의 특징과 Arete」, 『한국체육학회지』
　　제43권 제4호, 2004

김산해, 『최초의 신화 길가메쉬 서사시』, 휴머니스트, 2020

김윤아 외, 『신화, 영화와 만나다』, 아모르문디, 2015

김주화, 「고대 올림픽 경기의 기원에 대한 연구」, 『한국체육학회지』 제38권 제2호,
　　1999

김주화, 「고대 이집트의 스포츠 발전 양상 및 그 특성에 대한 연구」,
　　『한국체육사학회지』 제18호, 2006

마이클 스티븐슨, 『전쟁의 재발견』, 조행복 옮김, 교양인, 2018

배은숙, 『로마 검투사의 일생』, 글항아리, 2013

베르길리우스, 『아이네이스』, 천병희 옮김, 도서출판 숲, 2007

베르너 예거, 『파이데이아 1』, 김남우 옮김, 아카넷, 2019

소포클레스, 『소포클레스 비극 전집』, 천병희 옮김, 도서출판 숲, 2008

아더 훼릴, 『전쟁의 기원』, 이춘근 옮김, 북앤피플, 2019

아리스토텔레스,『니코마코스 윤리학』, 천병희 옮김, 도서출판 숲, 2018

아리스토텔레스,『니코마코스 윤리학』, 강상진·김재홍·이창우 옮김, 도서출판 길, 2011

아리스토텔레스,『수사학』, 천병희 옮김, 도서출판 숲, 2017

아리스토텔레스,『시학』, 천병희 옮김, 문예출판사, 2002

아리스토파네스,『아리스토파네스 희극 전집 1』, 천병희 옮김 도서출판 숲, 2010

아폴로도로스,『원전으로 읽는 그리스 신화』, 천병희 옮김 도서출판 숲, 2004

앨런 라이언,『정치사상사』, 남경태·이광일 옮김, 문학동네, 2017

에우리피데스,『에우리피데스 비극 전집 1』(개정판), 천병희 옮김, 도서출판 숲, 2020

오홍식,「고대 그리스의 헤라클레스 영웅 숭배」,『서양고대사연구』24집, 2009

이성복,『불화하는 말들』, 문학과지성사, 2015

이진성,『그리스 신화의 이해』(개정판), 아카넷, 2016

장영란,『호모 페스티부스: 영원한 삶의 축제』, 서광사, 2018

조지 쉬언,『달리기와 존재하기』, 김연수 옮김, 한문화, 2003

조지프 캠벨, 빌 모이어스,『신화의 힘』(개정판), 이윤기 옮김, 21세기북스, 2020

주디스 스와들링,『올림픽 2780년의 역사』, 김병화 옮김, 효형출판, 2004

강성훈,「그리스 종교와 플라톤의 종교사상」,『플라톤의 그리스 문화 읽기』, 아카넷, 2020

탈레스 외,『소크라테스 이전 철학자들의 단편 선집』, 김인곤·김재홍 외 옮김, 아카넷, 2005

크리스토퍼 보글러,『신화, 영웅 그리고 시나리오 쓰기』, 함춘성 옮김, 비즈앤비즈, 2013

크세노폰,『소크라테스 회상록』, 천병희 옮김, 도서출판 숲, 2018

크세노폰,『페르시아 원정기』, 천병희 옮김, 도서출판 숲, 2011

폴 카틀리지,『고대 그리스』, 이상덕 옮김, 교유서가, 2019

플라톤,「법률」,『플라톤전집 6』, 천병희 옮김, 도서출판 숲, 2016

플라톤,『법률』, 박종현 옮김, 서광사, 2009

플루타르코스,『모랄리아』, 윤진 옮김, 한길사, 2021

플루타르코스,『플루타르코스 영웅전 전집 1』, 이성규 옮김, 현대지성, 2016

피타 켈레크나,『말의 세계사』, 임웅 옮김, 글항아리, 2019

피터 매캘리스터, 『남성 퇴화 보고서』, 이은정 옮김, 21세기북스, 2012

헤로도토스, 『역사』, 천병희 옮김 도서출판 숲, 2009

헤로도토스, 『역사』, 김봉철 옮김, 도서출판 길, 2016

호메로스, 『오뒷세이아』, 천병희 옮김, 도서출판 숲, 2015

호메로스, 『일리아스』, 천병희 옮김, 도서출판 숲, 2015

Edward Norman Gardiner, 『Greek Athletic Sports And Festivals』, Macmillan
　　　And Co., 1910, 필로스트라투스의 기록 참고

2장

김경현, 「고대 그리스 세계의 체육과 스포츠 문화- 김나시온의 역사를 중심으로」,
　　　『역사학보』 222호, 2014

나이즐 스피비, 『그리스 미술』, 양정무 옮김, 한길아트, 2001

니코스 카잔차키스, 『영혼의 자서전(상)』, 안정효 옮김, 열린책들, 2009

대니얼 J. 부어스틴, 『창조자들』, 이민아·장석봉 옮김, 민음사, 2002

데이먼 영, 『인생학교: 지적으로 운동하는 법』, 구미화 옮김, 프런티어, 2016

디오게네스 라에르티오스, 『그리스철학자열전』, 전양범, 옮김, 동서문화사, 2008

로이 스트롱, 『권력자들의 만찬』, 강주헌 옮김, 넥서스BOOKS, 2005

모티머 J. 애들러, 『모두를 위한 아리스토텔레스』, 김인수 옮김, 마인드큐브, 2016

바이바 크레건리드, 『의자의 배신』, 고현석 옮김, 아르테, 2020

베른트 브루너, 『눕기의 기술』, 유영미 옮김, 현암사, 2015

브루노 스넬, 『정신의 발견』, 김재홍·김남우 역, 그린비, 2020

사라 카우프먼, 『우아함의 기술』, 노상미 옮김, 뮤진트리, 2017

스테판 비알, 『철학자의 디자인 공부』, 이소영 옮김, 홍시, 2012

아더 훼릴, 『전쟁의 기원』, 이춘근 옮김, 북앤피플, 2019

아리스토텔레스, 『수사학』, 박문재 옮김, 현대지성, 2020

아리스토텔레스, 『니코마코스 윤리학』, 천병희 옮김, 도서출판 숲, 2018

아리스토텔레스, 『니코마코스 윤리학』, 강상진·김재홍·이창우 옮김, 도서출판 길,
　　　2011

아리스토텔레스, 『영혼에 관하여』, 오지은 옮김, 아카넷, 2018

아리스토파네스, 『아리스토파네스 희극 전집 1』, 천병희 옮김, 도서출판 숲, 2010

에디스 홀, 『열 번의 산책』, 박세연 옮김, 예문아카이브, 2020

에릭 샬린, 『처음 읽는 수영세계사』, 김지원 옮김, 이케이북, 2018

윌 듀런트, 『문명이야기 2-1』, 김운한 옮김, 민음사, 2011

이디스 해밀턴, 『고대 그리스인의 생각과 힘』, 이지은 옮김, 까치, 2020

크리스토퍼 올드스톤-모어, 『수염과 남자에 관하여』, 마도경 옮김, 사일런스북,
     2019

크세노폰, 『크세노폰 소작품집』, 이은종 옮김, 주영사, 2016

크세노폰, 『소크라테스 회상록』, 천병희 옮김, 도서출판 숲, 2018

크세노폰, 『소크라테스 회상록·소크라테스의 변론』, 오유석 옮김, 부북스, 2018

크세노폰, 『헬레니카』, 최자영 옮김, 아카넷, 2012

토드 로즈, 『평균의 종말』, 정미나 옮김, 21세기북스, 2018

투퀴디데스, 『펠로폰네소스 전쟁사』, 천병희 옮김, 도서출판 숲, 2011

플라톤, 『고르기아스·프로타고라스』, 천병희 옮김, 도서출판 숲, 2014

플라톤, 『고르기아스』, 김인곤 옮김, 아카넷, 2021

플루타르코스, 『플루타르코스 영웅전 1』, 이다희 옮김, 휴먼앤북스, 2010

플라톤, 『국가』, 박종현 옮김, 서광사, 2005

플라톤, 『국가』, 『플라톤전집 4』, 천병희 옮김, 도서출판 숲, 2017

한스 U. 굼브레히트, 『매혹과 열광』, 한창호 옮김, 돌베개, 2008

한스 요아힘 그립, 『읽기와 지식의 감추어진 역사』, 노선정 옮김, 이른아침, 2006

헤로도토스, 『역사』, 천병희 옮김, 도서출판 숲, 2009

헤로도토스, 『역사』, 김봉철 옮김, 도서출판 길, 2016

호메로스, 『오뒷세이아』, 천병희 옮김, 도서출판 숲, 2015

호메로스, 『일리아스』, 천병희 옮김, 도서출판 숲, 2015

W. D. 로스, 『아리스토텔레스: 그의 저술과 사상에 관한 총설』, 김진성 옮김,
     세창출판사, 2016

Kelly Twardzlak, 「10 Facts About Bodybuilding Legend Eugen Sandow」,
     『Muscle&Fitness』(미국판)

3장

강대진 외, 『플라톤의 그리스 문화읽기』, 아카넷, 2020

김복희, 「고대 그리스 예술에 나타난 우승자 찬양 관습」, 『체육사학회지』 제9호, 2002

김혜진·박성희, 「기원전 4세기 아테네의 大판아테나이아와 운동 경기장 연구: 공간의 분리와 확장」, 『서양고대연구』 54권, 2019

김효진, 「고대 아테네 참주정기 대大 판아테나이아 제전祭典의 변화와 그 의미」, 『서양고대사연구』 51권, 2018

니코스 카잔차키스, 『영혼의 자서전(상)』, 안정효 옮김, 열린책들, 2009

대니얼 J. 부어스틴, 『창조자들』, 이민아·장석봉 옮김, 민음사, 2002

도널드 케이건, 『펠로폰네소스 전쟁사』, 허승일·박재욱 옮김, 까치, 2006

로제 카이와, 『놀이와 인간』, 이상률 옮김, 문예출판사, 1994

루키우스 안나이우스 세네카, 『세네카와의 대화』, 김남우 외 옮김, 까치, 2016

아리스토텔레스, 『니코마코스 윤리학』, 강상진·김재홍·이창우 옮김, 도서출판 길, 2011

아리스토텔레스, 『니코마코스 윤리학』, 천병희 옮김, 도서출판 숲, 2018

아리스토파네스, 『아리스토파네스 희극 전집 1』, 천병희 옮김, 도서출판 숲, 2010

아폴로도로스, 『원전으로 읽는 그리스 신화』, 천병희 옮김, 도서출판 숲, 2004

에픽테토스, 『왕보다 더 자유로운 삶』, 김재홍 옮김, 서광사, 2013

요한 하위징아, 『호모 루덴스』, 이종인 옮김, 연암서가, 2010

윌 듀런트, 『문명이야기 2-1』, 김운한 옮김, 민음사, 2011

조지 바이런, 『바이런 시선』, 윤명옥 옮김, 지식을만드는지식, 2015

존 폭스, 『더 볼』, 김재성 옮김, 황소자리, 2013

찰스 스키너, 『식물 이야기 사전』, 윤태준 옮김, 목수책방, 2015

투퀴디데스, 『펠로폰네소스 전쟁사』, 천병희 옮김, 도서출판 숲, 2011

프리드리히 니체, 『차라투스트라는 이렇게 말했다』, 홍성광 옮김, 웅진씽크빅, 2009

플라톤, 『국가』, 박종현 옮김, 서광사, 2005

플라톤, 『국가』, 『플라톤전집 4』, 천병희 옮김, 도서출판 숲, 2017

플루타르코스, 『플루타르코스 영웅전』, 천병희 옮김, 도서출판 숲, 2010

피터 매캘리스터, 『남성 퇴화 보고서』, 이은정 옮김, 21세기북스, 2012

핀다로스 외, 『고대 그리스 서정시』, 김남우 옮김, 민음사, 2018

헤로도토스, 『역사』, 천병희 옮김, 도서출판 숲, 2009

헤로도토스, 『역사』, 김봉철 옮김, 도서출판 길, 2016

Edward Norman Gardiner, 『Greek Athletic Sports And Festivals』, Macmillan
　　　　And Co., 1910

4장

김복희, 「고대 그리스의 운동 경기와 희생제의」, 『한국체육사학회지』 15권 1호,
　　　　2010

김주화, 「고대 이집트의 스포츠 발전 양상 및 그 특성에 대한 연구」,
　　　　『한국체육사학회지』 제18호, 2006

김현덕, 「스포츠가 고대 그리스의 문화에 미친 영향」, 『스포츠과학연구소논총』
　　　　제16권, 1997

대니얼 리버먼, 『우리 몸 연대기』, 김명주 옮김, 웅진지식하우스, 2018

디오게네스 라에르티오스, 『그리스 철학자 열전』, 전양범 옮김, 동서문화사, 2008

랄프 왈도 에머슨, 『자기신뢰』, 전미영 옮김, 창해, 2015

루키우스 안나이우스 세네카, 『세네카의 대화: 인생에 관하여』, 김남우 옮김, 까치,
　　　　2016

리 골드먼, 『진화의 배신』, 김희정 옮김, 부키, 2019

마르쿠스 아우렐리우스, 『명상록』, 천병희 옮김, 도서출판 숲, 2005

마빈 해리스, 『작은 인간』, 김찬호 옮김, 민음사, 1995

박용남, 「마라톤 기원설의 사실성과 허구성」, 『한국체육학회지』 제55권 제1호, 2016

배리 스트라우스, 『트로이 전쟁』, 최파일 옮김, 뿌리와이파리, 2010

알렉스 허친슨, 『인듀어』, 서메리 옮김, 다산초당, 2018

조지 쉬언, 『달리기와 존재하기』, 김연수 옮김, 한문화, 2003

크리스토퍼 맥두걸, 『본 투 런』, 민명진 옮김, 여름언덕, 2016

토르고타스, 『러닝: 한편의 세계사』, 석기용 옮김, 책세상, 2011

톰 홀랜드, 『페르시아 전쟁』, 이순호 옮김, 책과함께, 2006

플라비우스 베게티우스 레나투스, 『군사학 논고』, 정토웅 옮김, 지식을만드는지식,

2011

플라톤, 「법률」, 『플라톤전집 6』, 천병희 옮김, 도서출판 숲

플루타르코스, 『모랄리아』, 윤진 옮김, 한길사, 2021

플루타르코스, 『플루타르코스 영웅전』, 천병희 옮김, 도서출판 숲, 2010

플루타르코스, 『플루타르코스 영웅전 2』 이다희 옮김, 휴먼앤북스, 2010

헤로도토스, 『역사』, 천병희 옮김, 도서출판 숲, 2009

헤로도토스, 『역사』, 김봉철 옮김, 도서출판 길, 2016

호라티우스, 『카르페 디엠』, 김남우 옮김, 민음사, 2016

호메로스, 『일리아스』, 천병희 옮김, 도서출판 숲, 2015

Edward Norman Gardiner, 『Greek Athletic Sports And Festivals』, Macmillan
        And Co., 1910

「The Man Versus Horse Marathon Takes Racing to a Whole New Level」,
        〈Runner's World〉 홈페이지, 2017

5장

김경현, 「고대 그리스 세계의 체육과 스포츠 문화- 김나시온의 역사를 중심으로」,
        『역사학보』 222호, 2014

디오게네스 라에르티오스, 『그리스 철학자 열전』, 전양범 옮김, 동서문화사, 2008

박재욱, 「통과의례의 관점에서 고전기 스파르타 교육의 특징」, 『서양고대사연구』
        제35권, 2013

브루노 스넬, 『정신의 발견』, 김재홍·김남우 옮김, 그린비, 2020

아널드 J. 토인비, 『토인비의 전쟁과 문명』, 조행복 옮김, 까치, 2020

아더 훼릴, 『전쟁의 기원』, 이춘근 옮김, 북앤피플, 2019

아르킬로코스 외, 『고대 그리스 서정시』, 김남우 옮김, 민음사, 2018

아리스토텔레스, 『정치학』, 김재홍 옮김, 도서출판 길, 2017

아리스토텔레스, 『정치학』, 천병희 옮김, 도서출판 숲, 2013

윌 듀런트, 『문명이야기 2-1』, 김운한 옮김, 민음사, 2011

크리스토프 바우젠바인, 『축구란 무엇인가』, 김태희 옮김, 민음인, 2010

크세노폰, 『크세노폰 소작품집』, 이은종 옮김, 주영사, 2016

폴 카트리지, 『고대 그리스』, 이상덕 옮김, 교유서가, 2019

폴 카트리지, 『스파르타 이야기』, 이은숙 옮김, 어크로스, 2011

플라비우스 베게티우스 레나투스, 『군사학 논고』, 정토웅 옮김, 지식을만드는지식, 2011

플라톤, 「국가」, 『플라톤전집 4』, 천병희 옮김, 도서출판 숲, 2017

플라톤, 『고르기아스·프로타고라스』, 천병희 옮김, 도서출판 숲, 2014

플라톤, 『국가』, 박종현 옮김, 서광사, 2015

플루타르코스, 『플루타르코스 영웅전』, 천병희 옮김, 도서출판 숲, 2010

플루타르코스, 『플루타르코스 영웅전 전집 2』, 이성규 옮김, 현대지성, 2016

플루타르코스, 『모랄리아』, 윤진 옮김, 한길사, 2021

플루타르코스, 『플루타르코스 영웅전 1』, 이다희 옮김, 휴먼앤북스, 2010

플루타르코스, 『플루타르코스 영웅전 전집 1』, 이성규 옮김, 현대지성, 2016

플루타르코스, 『플루타르코스 영웅전 전집 2』, 이성규 옮김, 현대지성, 2016

한스 리히트, 『그리스 성 풍속사 1』, 정성호 옮김, 산수야, 2003

험프리 미첼, 『스파르타』, 윤진 옮김, 신서원, 2000

헤로도토스, 『역사』, 천병희 옮김, 도서출판 숲, 2009

헤로도토스, 『역사』, 김봉철 옮김, 도서출판 길, 2016

Edward Norman Gardiner, 『Greek Athletic Sports And Festivals』, Macmillan And Co., 1910

6장

니코스 카잔차키스, 『알렉산드로스 대왕』, 민승남 옮김, 열린책들, 2008

다비드 르 브르통, 『느리게 걷는 즐거움』, 문신원 옮김, 북라이프, 2014

디오게네스 라에르티오스, 『그리스 철학자 열전』, 전양범 옮김, 동서문화사, 2008

로리 롤러, 『신발의 역사』, 임자경 옮김, 이지북, 2002

몽테뉴, 『몽테뉴 수상록』, 손우성 옮김, 문예출판사, 2007

버트런드 러셀, 『러셀 서양 철학사』, 서상복 옮김, 을유문화사, 2019

빌헬름 딜타이, 『고대 그리스와 로마의 교육』, 손승남 옮김, 지만지, 2012

아리스토텔레스, 『니코마코스 윤리학』, 천병희 옮김, 도서출판 숲, 2018

아리스토텔레스,『니코마코스 윤리학』, 강상진·김재홍·이창우 옮김, 도서출판 길, 2011

아리스토텔레스,『영혼에 관하여』, 오지은 옮김, 아카넷, 2018

아리스토텔레스,『정치학』, 천병희 옮김, 도서출판 숲, 2013

아리스토텔레스,『정치학』, 김재홍 옮김, 도서출판 길, 2017

앙드레 지드,『스스로를 아는 일: 몽테뉴 수상록 선집』, 임희근 옮김, 유유, 2020

움베르토 에코·리카르도 페드리가,『경이로운 철학의 역사 1』, 윤병언 옮김, 2018

크리스티안 안코비치,『아인슈타인은 왜 양말을 신지 않았을까』, 이기숙 옮김, 문학동네, 2019

크세노폰,『소크라테스 회상록』, 천병희 옮김, 도서출판 숲, 2018

크세노폰,『소크라테스 회상록·소크라테스의 변론』, 오유석 옮김, 부북스, 2018

프랭크 틸리,『틸리 서양철학사』, 김기찬 역, 현대지성, 2020

플라톤,「국가」,『플라톤전집 4』, 천병희 옮김, 도서출판 숲, 2017

플라톤,「라케스」,『플라톤전집 2』, 천병희 옮김, 도서출판 숲, 2019

플라톤,「뤼시스」,『플라톤전집 2』, 천병희 옮김, 도서출판 숲, 2019

플라톤,『뤼시스』, 강철웅 옮김, 이제이북스, 2014

플라톤,「에우튀프론」,「카르미데스」,『플라톤전집 2』, 천병희 옮김, 도서출판 숲, 2019

플라톤,『소크라테스의 변론·크리톤·파이돈·향연』, 천병희 옮김, 도서출판 숲, 2017

플라톤,「티마이오스」,『플라톤전집 5』, 천병희 옮김, 도서출판 숲, 2016

플라톤,『국가』, 박종현 옮김, 서광사, 2005

플라톤,『파이돈』, 전헌상 옮김, 아카넷, 2020

플라톤,『향연』, 천병희 옮김, 도서출판 숲, 2017

플라톤,『티마이오스』, 김유석 옮김, 아카넷, 2019

플루타르코스,『플루타르코스 영웅전』, 천병희 옮김, 도서출판 숲, 2010

플루타르코스,『플루타르코스 영웅전 전집 1』, 이성규 옮김, 현대지성, 2016

플루타르코스,『플루타르코스 영웅전 전집 2』, 이성규 옮김, 현대지성, 2016

피에르 아도,『고대철학이란 무엇인가』, 이세진 옮김, 열린책들, 2017

7장

노르베르트 볼츠, 『놀이하는 인간』 윤종석 외 옮김, 문예출판사, 2017

로제 카이와, 『놀이와 인간』, 이상률 옮김, 문예출판사, 1994

리베카 솔닛, 『걷기의 인문학』, 김정아 옮김, 반비, 2017

미하이 칙센트미하이, 『몰입의 즐거움』, 이희재 옮김, 해냄출판사, 2007

벤 핀첨, 『재미란 무엇인가』, 김기홍 역, 팬덤북스, 2020

아리스토텔레스, 『니코마코스 윤리학』, 강상진·김재홍·이창우 옮김, 도서출판 길,
     2011

아리스토텔레스, 『니코마코스 윤리학』, 천병희 옮김, 도서출판 숲, 2018

요한 하위징아, 『호모 루덴스』, 이종인 옮김, 연암서가, 2010

웬디 우드, 『해빗』, 김윤재 옮김, 다산북스, 2019

조지 쉬언, 『달리기와 존재하기』, 김연수 옮김, 한문화, 2003

8장

김별아, 『삶은 홀수다』, 한겨레출판사, 2012

노먼 도이지, 『스스로 치유하는 뇌』, 장호연 옮김, 동아시아, 2018

다이앤 애커먼, 『감각의 박물학』, 백영미 옮김, 작가정신, 2004

데이비드 이글먼, 『더 브레인』, 전대호 옮김, 해나무, 2017

리하르트 다비트 프레히트, 『세상을 알라』, 박종대 옮김, 열린책들, 2018

마르틴 그룬발트, 『손길이 닿는 순간 당신에게 일어나는 일』, 강영옥 옮김, 2019

매튜 B. 크로포드, 『손으로 생각하기』, 윤영호 옮김, 사이, 2017

모헤브 코스탄디, 『신경가소성』, 조은영 옮김, 김영사, 2019

버트런드 러셀, 『러셀 서양철학사』, 서상복 옮김, 을유문화사, 2019

살마 로벨, 『센세이션』, 오공훈 옮김, 시공사, 2014

아리스토텔레스, 『니코마코스 윤리학』, 강상진·김재홍·이창우 옮김, 도서출판 길,
     2011

아리스토텔레스, 『니코마코스 윤리학』, 천병희 옮김, 도서출판 숲, 2018

아리스토텔레스, 『영혼에 대하여』, 오지은 옮김, 아카넷, 2018

알베르토 망겔, 『서재를 떠나보내며』, 이종인 옮김, 더난출판사, 2018

앙드레 지드, 『지상의 양식』, 김화영 옮김, 민음사, 2007

애슐리 몬터규, 『터칭』, 최로미 옮김, 글항아리, 2017

움베르토 에코·리카르도 페드리가, 『경이로운 철학의 역사 1』, 윤병언 옮김, 아르테, 2018

장 그르니에, 『일상적인 삶』, 김용기 옮김, 민음사, 2020

장석주, 『은유의 힘』, 다산책방, 2017

장정일, 『라디오같이 사랑을 끄고 켤 수 있다면』, 책읽는섬, 2018

존 바그, 『우리가 모르는 사이에』, 문희경 옮김, 청림출판, 2019

지그문트 바우만, 『고독을 잃어버린 시간』, 조은평·강지은 옮김, 동녘, 2012

크리스티안 안코비치, 『아인슈타인은 왜 양말을 신지 않았을까』, 이기숙 옮김, 2019

프랜시스 젠슨·에이미 엘리스 넛, 『10대의 뇌』, 김성훈 옮김, 웅진지식하우스, 2019

플라톤, 『파이돈』, 전헌상 옮김, 아카넷, 2020

플라톤, 『파이돈』, 천병희 옮김, 도서출판 숲, 2017

한명희, 『내 몸 위로 용암이 흘러갔다』, 세계사, 2005

후루야 신이치, 『피아니스트의 뇌』, 홍주영 옮김, 끌레마, 2016

Joshua M. Ackerman, Christopher C. Nocera, John A. Bargh, 〈Incidental Haptic Sensations Influence Social Judgments and Decisions〉, Science. 2010, 328(5986), 1712–1715. / 미국 국립의학전자도서관 펍메드센트럴(PMC) 게재 내용(www.ncbi.nlm.nih.gov/pmc/articles/PMC3005631)

도판 출처